D1684060

BASTEI LÜBBE

Shelley Sessions
Peter Meyer

Dunkle Begierde

Ins Deutsche übertragen
von Inge Holm

**TRUE CRIME
Der wahre Kriminalfall**

BASTEI LÜBBE

BASTEI-LÜBBE-TASCHENBUCH
Allgemeine Reihe
Band 13352

Erste Auflage: November 1991
Zweite Auflage: November 1991
Dritte Auflage: April 1992
Vierte Auflage: Juli 1993

© Copyright 1990 by Shelley Sessions
All rights reserved
Deutsche Lizenzausgabe 1991
Bastei-Verlag Gustav H. Lübbe GmbH & Co.,
Bergisch Gladbach
Originaltitel: Dark Obsession
Titelfoto: Bastei-Archiv
Satz: KCS GmbH, 2110 Buchholz/Hamburg
Druck und Verarbeitung:
Brodard & Taupin, La Flèche, Frankreich
Printed in France
ISBN 3-404-13352-8

Der Preis dieses Bandes versteht sich
einschließlich der gesetzlichen Mehrwertsteuer.

Inhalt

Prolog: Ein Grund fürs Dasein 7
Entführung 16
Ein Motelzimmer 26
Bobby und Linda 29
Herzlichen Glückwunsch zum Geburtstag 44
Horror in Houston 51
Die Hölle auf der Ranch 59
Schande 73
Küß die Jungen nicht 83
Gewehre 99
Linda 103
Unterwegs 112
Auf der Flucht 121
Mißlungener Selbstmord 145
Das Geschäft 167
Feier 181
Timberlawn 192
Endgültiger Betrug 215
Ricky und Cherry 220
Flucht in die Gesundheit 229
Shelley kommt heraus 241
Wieder zu Hause 257
Der Prozeß 277
Epilog 312

Dieses Buch ist allen mißbrauchten Kindern und den Menschen gewidmet, die mich zu dem gemacht haben, was ich heute bin.

Den Layfields, die sich um meinetwillen in eine gefährliche Situation begaben, mich in ihr Haus aufnahmen und liebten, als sei ich ihr eigenes Kind.

Williams, Pattillo & Squires — meinen Anwälten, meinen Freunden, meinen ›Vätern‹, die stets an mich glaubten und es möglich machten.

Meinem Bruder Michael, der eines Tages alles begreifen und dann wissen wird, wie sehr ich ihn liebe.

Und besonders meinem Mann Rob. Seine unerschütterliche Liebe und sein Verständnis haben mich erst zu einem vollständigen Menschen gemacht, und mit ihm genieße ich die Freude an unserem kleinen Sohn Brandon.

Ich liebe euch alle.

Shelley Sessions

Niemand weiß, wie kompliziert alles war. Niemand kennt alle Einzelheiten. Sie glauben, es sei ein paarmal passiert — oder einmal.

Sie wissen nicht, daß er Fotos von mir gemacht hat. Sie wissen nicht, wie widerlich es war. Sie denken: »Oh, er hat einen kleinen Fehler gemacht, aber jetzt ist alles in Ordnung.« Das denken sie. Sie denken nicht an die ganze Obsession...

Prolog: Ein Grund fürs Dasein

Jeder nennt es das letzte Tabu, mit Ausnahme derjenigen, für die es tagtäglich zur schrecklichen Pflicht wird. Für sie, die Kinder, bedeutet das jahrhundertealte Verbieten wenig. Sie spüren nur die kleinen Bisse der Zeit und wie ihre Seelen langsam gemordet werden. Selbst der Inzest unter Erwachsenen ist in fast allen Kulturen eine verwerfliche und ungesetzliche Tat, die ungesunde Auswirkungen auf die Beteiligten hat. Doch wenn Kindern von einer Person, die sie für den Mittelpunkt ihres Lebens halten, die Unschuld genommen wird, dann hat das entsetzliche Folgen.

Die Geschichte, die auf den folgenden Seiten erzählt wird, beschreibt die Hölle eines jungen Mädchens. Shelley Sessions war acht Jahre lang Opfer der sexuellen Perversionen ihres Vaters. Er mißbrauchte sie von ihrem achten bis zum sechzehnten Lebensjahr. Der erwachsene Mann, der sie eigentlich hätte beschützen sollen, wurde zu ihrem Peiniger, und sie war seine Geisel.

Um Inzest zu verstehen, muß man den besonderen Schrecken erkennen, unter dem so viele Kinder leiden. Dann werden wir begreifen, was James B. Twitchell in seinem Buch *Dreadful Pleasures: An Anatomy of Modern Horror* meint, wenn er sagt: ›Die Furcht vor dem Inzest liegt allen Horrormythen unserer Kultur zugrunde‹.

Doch trotz einstimmiger Verdammung lebt das letzte Tabu weiter. Im Jahre 1976 gab es 6000 registrierte Fälle von sexuellem Kindesmißbrauch in Amerika, die meisten davon waren Fälle von Blutschande. Laut des National Committee for the Preventation of Child Abuse (Nationales Komitee zur Verhinderung von Kindesmißbrauch) stieg die Zahl der registrierten Fälle 1986 auf 250 000. Über 72 Prozent der Mißbräuche waren vom Vater oder Stiefvater begangen worden. Doch für die meisten Experten stellen diese Zahlen nur die Spitze des Eisbergs dar, denn nicht weniger als 90 Prozent aller Fälle werden aus Scham nicht gemeldet.

Gelegentlich gelingt es uns, einen Blick auf die Vielzahl der Fälle zu werfen, die in keinem öffentlichen Bericht auftauchen. So zum Beispiel im Jahr 1984, als ABC einen Fernsehfilm über Inzest über den Sender schickte und dazu für etwaige Opfer die Telefonnummern eines ›heißen Drahts‹ einblendete. Die Sozialämter in 35 Städten registrierten 2000 Anrufe.

Den meisten Schätzungen zufolge gehen die Mißbräuche in die Millionen. Einige sagen, daß nicht weniger als zwölf Prozent aller amerikanischen Mädchen zwischen fünf und siebzehn Jahren sexuell mißbraucht werden. Die American Psychological Association schätzt, daß zwölf bis fünfzehn Millionen aller amerikanischer Frauen von einem Verwandten mißbraucht wurden; Mißbrauch, der vom Streicheln bis zum Geschlechtsverkehr reicht.

Ein Grund, weshalb Inzest so weitverbreitet ist, liegt darin, daß es hierbei keine Klassenunterschiede gibt. Opfer- und Täterklischees passen oft nicht.

›Der Mann nebenan, der zur Kirche geht und Werke der Nächstenliebe tut, mag des Inzests schuldig sein‹, sagt Dr. Stan J. Katz, ein in Beverly Hills ansässiger Psychologe, der regelmäßig vom Obergericht in Los Angeles als Gutachter herangezogen wird.

›Er war Personalchef eines Krankenhauses, und wir gehörten zur Cadillac- und Country-Club-Szene‹, berichtete ein Inzestopfer über ihren Vater.

Shelley Sessions' Vater war wohlhabend und angesehen in der kleinen Gemeinde in Texas, wo die Familie lebte. Shelley besaß hübsche Kleider und teure Pferde, jede Menge Spielzeug, ihr eigenes Zimmer – alles, was ein Mädchen sich nur wünschen konnte. Aber Wohlstand schützt nicht gegen Inzest. Geld und der Respekt der Gemeinde hindern Väter nicht daran, sich nachts in die Schlafzimmer ihrer Töchter zu schleichen.

Und Geld und Klasse ändern auch nichts am Schmerz.

Inzestopfer berichten von einer Art emotionaler Taubheit, die einsetzte, als ihre Väter oder Stiefväter sie zu belästigen begannen. Es handelt sich um eine instinktive Schutzreaktion; eine Art Verweigerung, nicht dem Inzest, sondern der überwältigenden Verwirrung und Abscheu gegenüber, die ihn begleitet. ›Die Gefühle im Innern sterben, übrig bleibt eine Hülle‹, sagte Dr. Kathleen Oitzinger, Therapeutin des Inzestopfers Cheryl Pierson, eines New-Yorker Mädchens, das angeklagt wurde, 1986 ihren Vater getötet zu haben.

Opfer können sich über nichts mehr freuen, auch nicht über sich selbst. Sie schämen sich zu sehr. Ein Gefühl, das oft noch Jahre nach Beendigung des Mißbrauchs anhält.

Das hat nach Ansicht der Psychiater und der Opfer sexuellen Mißbrauchs mit der besonderen Beziehung zwischen Kind und Eltern zu tun. Kinder sind vollkommen abhängig von ihren Eltern. Kinder vertrauen darauf, daß ihre Eltern sie beschützen. Wenn sich der Beschützer dann in einen Schänder verwandelt, zerbricht der Spiegel. Durch die Tat verliert das Kind die Fähigkeit, überhaupt noch jemandem zu vertrauen, einschließlich seiner selbst.

›Vertrauen ist die Basis im Leben eines Kindes‹, schrieb das Inzest-Opfer Lana Lawrence in *The Washington Post*. ›Mein Vater nutzte dieses Vertrauen aus, als er Inzest beging. Ohne die Fähigkeit zu vertrauen, kann man keine liebevolle Beziehung entwickeln.‹

Ein anderer Grund dafür, daß es noch immer Fälle von Inzest gibt, liegt darin, daß Kinder eine so leichte Beute sind. Sie suchen keine Hilfe *gegen* die Eltern, sondern erwarten Hilfe *von* den Eltern. Der Inzest ist wie ein grausamer Schlag, denn er beraubt die Kinder ihres einzigen Schutzes. Deshalb kann sich der sexuelle Mißbrauch durch Vater oder Stiefvater manchmal über Jahre dahinziehen. Nur wenige Verbrechen werden derart ungestraft so lange verübt.

Inzest stellt sich für alle außer den direkt Betroffenen als unsichtbare Gewalt dar. Anders als bei Kindesmißhandlung mit ihren Verbrennungen, Blutergüssen und gebrochenen Knochen, der jährlich 2000 amerikanische Kinder zum Opfer fallen, sind die Folgen eines sexuellen Mißbrauchs nicht so leicht zu erkennen. Aber was noch schlimmer ist, die Kinder begreifen oft gar nicht, was mit ihnen geschieht. Und wenn sie es verstehen, schämen sie sich so sehr — eine Scham, die ihnen regelmäßig vom Mißbrauchenden einsuggeriert wird —, daß sie schweigen. Es gibt keine gebrochenen Rippen oder Schädel, aber die emotionalen und psychologischen Schläge sind ebenso ernst.

Die Opfer geben sich selbst die Schuld am Geschehen. Eine Stille senkt sich über das Gefühlsleben des Kindes; eine furchtbare Lähmung des Gefühls.

›Es ist schwer zu glauben, selbst wenn man daran denkt‹, sagte Karla Digirolamo, leitende Direktorin der New Yorker Governor's Commission on Domestic Violence. ›Inzest ist ein Tabu. Wir, als Gesellschaft, möchten nicht darüber sprechen. Einige können nicht einmal davon hören.‹

Die Opfer bewahren über das Geheimnis — auch als ›das verborgene Trauma‹, ›das alltägliche Geheimnis‹, ›verabredetes Stillschweigen‹ oder einfach ›Das Geheimnis‹ bekannt — so gut Stillschweigen, daß niemand einen Mißbrauch vermutet. Und der Mißbrauchende, unterstützt durch eine Kultur, die an die Heiligkeit der Familie und die Autorität der Eltern über die Kinder glaubt, ist sicher und doppelt geschützt.

So war es auch bei Cheryl Pierson, die einem Klassenkameraden tausend Dollar zahlte, damit er ihren Vater tötete. Nachbarn und Freunde erinnerten sich, gesehen zu haben, wie sie mit ihrem Vater im Bett lag und fernsah. Aber, wie ein Freund sagte: ›Ich hielt mich für krank, weil ich mutmaßte, das sei nicht ganz unschuldig‹.

Die meisten Opfer lernen mit der Doppelbindung — einerseits der Angst vor dem Täter, andererseits der Abhängigkeit von ihm — fertig zu werden. Sie entwickeln Methoden, den Akt an sich abgleiten und ohnmächtig alles mit sich geschehen zu lassen. Sie blocken Gefühle ab. Sie schauen in die andere Richtung. Sie betäuben sich psychisch.

Der Mißbrauch wird zu einem Muster, und das Muster wird Teil der Familiengemeinschaft, der einzigen Quelle des Trostes für das Kind. Und zu der Last der Schande und Schuld kommt die Angst, daß die Familie auseinanderbrechen könnte, wenn das Opfer den Mißbrauch enthüllt. Ein weiterer Grund, nicht darüber zu sprechen.

›Das Kind schützt die Eltern, weil es damit die Hoffnung leben läßt‹, erklärte Dr. Alvin Rosenfeld, psychiatrischer Direktor der in New York beheimateten Jewish Child Care Association.

›Mißbrauchte Kinder fügen sich und tun alles, was sie können, um die Familie zusammenzuhalten‹.

Dr. Ruth Cohen, Psychiaterin und stellvertretende klinische Professorin am Cornell University Medical College, berichtete: ›Es besteht ein heimliches Einverständnis des Schweigens, was oft mit erheblichen emotionalen Kosten verbunden ist‹. Es gebe aber auch ›viele Gründe, den Mißbrauch abzustreiten. Kinder vertrauen voll und ganz darauf, von ihren Eltern geschützt zu werden. Eine intakte Familie ist für sie sehr wichtig. Sie fürchten, in fremde Pflege gegeben zu werden und schämen sich des Geschehens‹.

Mütter der von ihren Vätern oder Stiefvätern mißbrauchten Kinder haben oft Entschuldigungen für ihr Wegschauen. Die Töchter möchten sie nicht verletzen oder einen Kampf heraufbeschwören, der zum Auseinanderbrechen der Familie führen würde.

In manchen Fällen gehen die Mütter noch weiter. ›Meine Mutter drängte mich in diese Rolle‹ (die Frau und Mutter zu vertreten) berichtete eines der Opfer, ›weil dadurch ihr Leben einfacher wurde. Sie sagte: ›Dein Vater kommt nach Hause — du kannst dafür sorgen, daß er sich wohlfühlt.‹ Mir war bewußt, daß ich ein großes Mädchen war und daß niemand im Haus verprügelt würde, wenn ich tat, wie mir befohlen, und daß — sollte ich mich weigern — alle verprügelt würden.‹

Verdammt, wenn es willfährig ist, und verdammt, wenn es sich weigert, besitzt das Opfer dennoch eine perverse Form von Macht: Das kleine Mädchen kann auf diese Art die Stimmung in der Familie bestimmen.

Aber die meisten Inzestopfer leiden schweigend, bis sie alt genug sind, von zu Hause fortzugehen, nehmen den Schmerz mit sich und tragen noch Jahre danach die Narben des Miß-

11

brauchs. Die Frauen, die nicht darüber reden, leben es oft aus, schlagen und mißbrauchen ihre eigenen Kinder, stoßen Freunde und Liebhaber vor den Kopf. Manchmal tötet das Opfer den Täter, um sich zu befreien.

Doch stets ist das bedrückende, erzwungene Schweigen nur eine Maske, hinter der sich Wut, Haß und Zorn verbergen. Der Teufelskreis des Mißbrauchs ist nur sehr schwer zu durchbrechen. Wir werden in der folgenden Geschichte miterleben, wie der Teufelskreis entsteht und fortdauert. Mißbrauch erzeugt Wut, Wut Mißbrauch.

Ein Mädchen ging Jahre, nachdem es von seinem Vater mißbraucht worden war, mit der Axt auf ihn los, während er auf der Wohnzimmercouch lag. Die Jury sprach sie frei.

Nach ihrem berühmten Prozeß im Jahre 1987 wurde Cheryl Pierson für die Rolle, die sie beim Mord ihres Vaters gespielt hatte, zu sechs Monaten Gefängnis verurteilt. Der verantwortliche Richter sagte, er habe über hundert Briefe erhalten, in denen Mitleid für das ausgedrückt war, was sie durchgemacht hatte, aber er könne nicht verstehen, sagte er dem Mädchen, warum es nie etwas gesagt habe.

Lana Lawrence beschrieb zehn Jahre nach dem Ende einer dreizehnjährigen Blutschande, weshalb das Sichmitteilen so fürchterlich schwierig war. ›Der Gedanke, vor Gericht gegen meinen Vater auszusagen, entsetzte mich. Ich brach das von ihm befohlene Schweigen — ich verriet ihn. Ich schämte mich, als ob ich für den Mißbrauch verantwortlich gewesen wäre, als hätte ich ihm Einhalt gebieten können. Ich konnte bei meiner Zeugenaussage den Haß in seinen Augen sehen. Meine Mutter saß neben ihm. Sie hatten mich im Stich gelassen. Daß sie zu meinem Vater stand, verstärkte mein Gefühl, ein sehr schlechter Mensch zu sein.‹

Die tragische Ironie bei einem Inzest ist, daß die schlimmsten Befürchtungen der Kinder — daß man sie für den Mißbrauch verantwortlich macht, daß die Familie entzweit wird, daß man ihnen nicht glaubt — sich manchmal bewahrheiten. ›Ich habe Familien durchdrehen sehen‹, berichtete Joyce N. Thomas, Direktorin der Children's Hospital's Division of Child Protection in Washington. ›Es kann gefährlich werden ... oft wird die Tochter dafür verantwortlich gemacht.‹

Und selbst wenn ein Kind den Mut hat, über alles zu sprechen, muß es mit einer eingehenden öffentlichen Untersuchung rechnen, falls der Fall vor Gericht kommt. Manche Kinder brechen unter diesem Druck zusammen. Sie geben schreckliche Zeugen ab.

Anklagevertreter von King County im Gebiet von Seattle sprechen von einer Verurteilungsrate von 80 bis 90 Prozent bei Schwerverbrechen, aber nur 60 Prozent bei Fällen von Mißbrauch.

In dem entgegengesetzten Teil des Landes klagt Elizabeth Holtzman, Bezirksstaatsanwältin des New Yorker King County, darüber, daß ein Gesetz aus dem 19. Jahrhundert die Verurteilung der Kinderschänder verhindert, wenn Zeugen fehlen, um die Aussage des Kindes zu bestätigen. ›Das Problem ist, daß der sexuelle Kindesmißbrauch fast nie in aller Öffentlichkeit geschieht ... Der Staat glaubt einem Kind, das angibt, sein Fahrrad sei gestohlen worden; aber nicht, wenn es sagt, daß es vergewaltigt wird oder der Vater sexuelle Beziehung mit ihm hat, oder daß sein Stiefvater oder ein Fremder es sexuell mißbraucht.‹ Eine Studie über 145 Fälle von sexuellem Mißbrauch in New York zeigt, daß es nur in zwei Fällen zu einer Verurteilung kam.

›Das Kind muß die Schmach erdulden, von der Polizei befragt zu werden, vor dem Gericht aussagen zu müssen und von vielen Menschen als Lügner bezeichnet zu werden‹, so Dr. Katz. ›Der Vater könnte ins Gefängnis kommen, die Eltern lassen sich vielleicht scheiden. Das macht das Kind zu einem zweifachen Opfer – eines, das mißbraucht und dann für das Auseinanderbrechen der Familie verantwortlich gemacht wird.‹

Nur wenige Kinder sind leichten Herzens bereit, sich zu offenbaren, weil sie befürchten, dadurch ihre Familien zu zerstören.

Eine zerbrechliche, kaum ausgeformte junge Psyche wird von einem physischen und emotionalen Giganten terrorisiert. Die Opfer eines Inzests sind derart in Bindungen verstrickt, daß sie ein Leben lang brauchen, um sich davon zu lösen.

Lana Lawrences Vater wurde für sein verbrecherisches Verhalten zu zwei Jahren auf Bewährung und einer Geldstrafe von 750 Dollar verurteilt. ›Ich wurde zu den gefühlsmäßigen Nachwirkungen des Mißbrauchs verurteilt‹, schrieb Lana Lawrence. ›Um die Wunden meiner Kindheit zu heilen, bedurfte es mehr als nur Zeit.‹

Ein anderes Inzestopfer erzählte der *New York Times*-Reporterin Nadine Brozan: ›Wir sind für den größten Teil unseres Erwachsenenlebens verdorben. Wir mißtrauen jedem, besonders Menschen, die uns nahestehen, selbst unseren Männern. Wir neigen zu extremen Gefühlsschwankungen. Wir werden von einem Gefühl der Wertlosigkeit heimgesucht; wir betreiben absolute Geheimhaltung, um unsere Identität zu bewahren.‹

Die Opfer können nur erlöst werden, wenn sie den Teufelskreis durchbrechen und das Geheimnis offenbaren. Der Inzest darf nicht mehr ihre Identität ausmachen, sondern muß zu einer Erfahrung werden.

Wie Lana Lawrence sagte: ›Ich mußte mich immer und immer wieder an den Mißbrauch erinnern, ehe ich die Erinnerungen akzeptieren und mich von ihnen befreien konnte. Bis zu diesem Zeitpunkt haben mich die Erinnerungen beherrscht und verfolgt. Jetzt besitze ich die Kontrolle über sie.‹

Shelley Sessions hat mit den gleichen Erinnerungen zu kämpfen. Sie hat sie für dieses Buch wieder aufleben lassen, was recht schmerzhaft war. Sie versucht dadurch nicht nur, ihre eigenen Erinnerungen zu kontrollieren, sondern auch anderen eine Möglichkeit der Kontrolle zu verschaffen.

Kindesmißbrauch ist ein heimtückisches Verbrechen. Es Verrat an den schwächsten und schutzlosesten Mitgliedern unserer Gesellschaft. Dieses Buch wurde in der Hoffnung geschrieben, daß der Schrecken solcher Verbrechen nicht nur bewußt gemacht, sondern auch verhindert werden kann. Wut, Mißbrauch und Mißtrauen müssen durch Liebe ersetzt werden.

›Das Wesentliche am Inzest ist die Geheimhaltung‹, erklärte Dr. Judith L. Herman von Harvard. ›Alles, was das Stillschweigen durchbricht — das Tabu bricht, indem man darüber spricht

– macht es für die Opfer und die anderen leichter, darüber zu sprechen.‹

Das ist Shelleys Hoffnung. Sie weiß, daß Inzest verkrüppeln kann. Aber sich der Tatsache nicht zu stellen, heißt, nicht nur sich selbst im Stich zu lassen, sondern auch die Zehntausende junge Menschen, die verzweifelt versuchen, ihrer privaten Hölle zu entrinnen. Shelley Sessions sprach darüber – nicht, weil es einfach, sondern, weil es notwendig war. Das letzte Tabu soll nicht länger das letzte Geheimnis bleiben.

Entführung

Shelley stieg die teppichbelegte Treppe im Ranchhaus hoch. Es war nach Mitternacht, ihre Mutter würde schon im Bett sein.

Am obersten Treppenabsatz zögerte die vom Alkohol schwankende Shelley einen Moment, dann beschloß sie, ihrer Mutter Gute Nacht zu sagen.

In den letzten Wochen hatte Shelley – zumindest im nüchternen Zustand – das Gefühl, als verstünde ihre Mutter sie allmählich besser. Vielleicht stand Linda nach all den Jahren endlich auf ihrer Seite. Natürlich stritten sie sich gelegentlich noch. Aber seit Bobby fort war, fühlte Shelley sich ihrer Mutter näher als in den vergangenen siebzehn Jahren. Shelley schlich durch den Flur zum Elternschlafzimmer, das jetzt allein von ihrer Mutter benutzt wurde.

Es war eine heiße Julinacht, doch die kühle Luft, die ständig durch die Circle-S-Ranch wehte, wirkte belebend. Shelley fühlte sich standfester als an der Haustür, wo Ricky sich von ihr verabschiedet hatte.

In dieser Nacht hatte Shelley mehr getrunken, als ihr guttat, aber erheblich weniger, als sie noch kürzlich in sich hineingeschüttet hatte. Was nicht heißen soll, daß sie ihre Eskapaden bedauerte. Sie feierte – und zwar aus gutem Grund. Die Behörden hatten ihren Vater, den Millionär, abgeholt. Endlich war sie frei. Und warum sollte sie nicht feiern, solange es ihr gefiel? Nach all den Jahren, in denen sie sich den Launen ihres Vaters hatte fügen müssen, war Shelley der Meinung, sie hätte es verdient, zu feiern. Sie war überaus erleichtert, daß er fort war. Sie war sehr glücklich. Sie wäre noch glücklicher, wenn er tot wäre.

Unter der Schlafzimmertür drang ein dünner Lichtstreifen hervor. Shelley öffnete sie und spähte vorsichtig um die Ecke. Sie hatte nicht erwartet, daß Linda um diese Zeit noch wach war, aber sie saß hellwach mit Shelleys siebenjährigem Bruder

Michael im Bett. Das war eine noch größere Überraschung, denn Michael hätte längst schlafen sollen.

Shelley wußte, daß Michael durch die Ereignisse der letzten beiden Monate völlig konfus geworden war. Ihr helläugiger, blonder Bruder war zu verwirrt und verärgert, um glücklich zu sein. Um ihn zu trösten, hatten Shelley und Ricky ihm einmal einen Erdkuckuck geschenkt, den Ricky gefangen hatte. Aber obwohl Michael Tiere liebte, hatte er den Kuckuck getötet.

Linda hatte Shelley gebeten, ihrem Bruder mehr Zeit zu widmen. Daraufhin verbrachte Shelley fast den ganzen Tag mit Michael. Sie nahm ihn in das acht Meilen entfernte Einkaufszentrum nach Corsicana mit, kaufte ihm Hemden und ging mit ihm ins Kino. Das hatte ihm sehr gefallen. Denn er verehrte seine Schwester immer noch, trotz allem was passiert war. Doch als Shelley jetzt das Schlafzimmer betrat, sagte er nichts. Er wirkte ungewöhnlich scheu und wich ihrem fragenden, wenn auch unsteten Blick aus.

Shelley war zu betrunken, um die befremdliche Tatsache zu bemerken, daß sowohl ihre Mutter als auch ihr Bruder trotz vorgerückter Stunde komplett angezogen unter der Bettdecke lagen.

In letzter Zeit, genauer gesagt, seit ihren öffentlichen Enthüllungen über ihren Vater und dem folgenden Aufruhr, und seinem Selbstmordversuch vor einem Monat, konnte Shelley nichts mehr überraschen. Ihre Mutter war schon länger etwas sonderbar gewesen, griff nach jedem Strohhalm. Doch jetzt, wo Bobby fort war, hing sie in der Luft. Geld war zwar kein Problem, aber Geld war nicht alles. Linda hielt ihre Tochter für ausschweifend. Ihr Sohn litt unter Depressionen. Sie kannte sich im Geschäft nicht aus. Es schien, als sei Gott die Antwort auf all ihre Fragen. Sie sah Shelley mit großen, dunklen Augen an und lächelte matt. Michael blieb stumm.

»Gute Nacht, Mom«, sagte Shelley leichthin, als sie schwankend in der Türöffnung stand. »Gute Nacht, Michael.«

»Nacht, Shelley«, sagte der kleine Junge mit dünner Stimme.

Shelley fragte nicht, weshalb ihre Mutter und ihr kleiner Bruder um diese Stunde noch wach waren. Sie konnte kaum noch etwas erschüttern. In den letzten beiden Monaten wurde sie einzig und allein von dem Gedanken beherrscht, daß ihr Vater/ Peiniger fort war.

»Shelley«, rief ihre Mutter, »ich liebe dich.«

Shelley zögerte einen Moment. Sie hatte das undeutliche Gefühl, daß irgend etwas nicht stimmte. Aber sie hakte nicht nach, sondern sagte noch einmal »Gute Nacht«.

Linda war eine gefühlsbetonte Frau, eine geborene Texanerin. Sie liebte Shelley, aber das Mädchen bereitete ihr die Hölle. Linda spürte, daß sie es nicht länger leugnen konnte: Shelley war vom Teufel besessen. Ihre Freunde aus der Kirchengemeinde hatten sie überzeugt. Später würde Linda sagen: »Ich liebte sie so sehr, daß es mir lieber war, wenn sie mich für den Rest ihres Lebens haßte, als zuzusehen, wie sie sich selbst zerstörte, indem sie sich in den Straßen herumtrieb.«

Nach Lindas Meinung wurde Shelley von Tag zu Tag ausschweifender. Linda wurde zugetragen, man hätte gesehen, wie Shelley in Kerens, einer kleinen, nur wenige Meilen entfernten Stadt in Mitteltexas, mitten auf der Straße die Bluse ausgezogen hatte. Linda wurde immer aufgewühlter, je mehr sie hörte. »Shelley trank, und ich wußte nicht, was sie sonst noch anstellte. Ich argwöhnte, daß sie Drogen nahm, denn sie benahm sich manchmal recht seltsam.« All das ließ Linda überaus nervös und unschlüssig werden. Ihre frommen Freunde und Ratgeber trugen ihr zu, Shelley tanze ihr auf dem Kopf herum. Das durfte nicht sein. Linda wurde noch nervöser. Sie wollte Gottes Willen tun, aber sie wußte nicht genau, was Er wollte. So vertraute sie immer mehr auf die Worte der Pastoren und Prediger, die ihr sagten, Shelley gehöre in ihre Schranken verwiesen.

Nachdem Shelley das Schlafzimmer verlassen hatte, knipste Linda das Licht aus und wartete.

Shelley zog sich in ihrem Zimmer rasch aus, schlüpfte in ihr Nachthemd und fiel ins Bett. Im Badezimmer nebenan lag ein säuberlich zusammengefalteter Zettel auf dem Waschbecken, den sie übersehen hatte. Und wenn sie aufmerksamer und nicht so betrunken gewesen wäre, hätte sie geahnt, daß etwas nicht in Ordnung war. ›Danke, daß Du Zeit für Michael gehabt hast‹, stand dort, ›danke, daß Du es versucht hast. Ich bin froh darüber, und ich liebe Dich.‹

Die siebzehnjährige Shelley Sessions wurde von ihren Klassenkameraden in der Kerens High-School beneidet. Sie lebte auf einer großen Ranch, fuhr einen funkelnagelneuen Silverado-Pickup, reiste mit ihrem Vater übers Land, stellte von ihr aufgezogene preisgekrönte Rinder aus und konnte ihr Bild in der Zeitung bewundern. Sie war beliebt und begehrt bei den Jungen. Und sie war, wie alle wußten, der Liebling ihres Vaters, ein Einheimischer, der es zu etwas gebracht hatte. Bobby Sessions war noch jung, sah gut aus und hatte im launischen Ölgeschäft sein Glück gemacht. Er hatte eine sanfte, honigsüße Stimme und war eine beliebte Gestalt im ganzen Navarro County. Sein Grundbesitz umfaßte tausend Morgen Land knapp hundert Kilometer südöstlich von Dallas. Seine Familie hatte mehr als nur ein gutes Leben.

Die Menschen sahen mich oft an, als wollten sie sagen: ›Du hast alles.‹ Wir lebten in einem luxuriösen Haus mit fünf Schlafzimmern, Billard- und Spielzimmer und Fitness-Raum — sogar mit Weinkeller. Aber ich habe immer nur gedacht: Ihr wißt nicht, wovon ihr redet. Ich habe gar nichts.

Sie ahnten nichts von Shelleys Geheimnis. Ihre innere Leere zeigte sich einzig in ihren Augen, wenn man sie lange anschaute. Und selbst jetzt, nachdem ihr Geheimnis auf den Titelseiten ausgebreitet wurde, beschuldigten viele Menschen sie, den Ärger verursacht zu haben. Die Last des Geheimnisses hatte sie hart gemacht, es zu enthüllen, hatte sie verwundbarer gemacht, als sie erwartet hatte. Sie war gerade im Begriff, die komplizierten Mechanismen der Erwachsenenwelt zu erkennen, eine Welt, die verzwickter war, als sie dachte. In jener Julinacht schlief Shelley ein, ohne zu sehen, ohne zu ahnen, was auf sie zukam.

Shelley hatte keine Ahnung, wie lange sie geschlafen hatte, aber das Telefon mußte schon eine Weile geläutet haben, ehe sie sich herumwälzte, um den Hörer abzunehmen. Warum war ihre Mutter nicht drangegangen? dachte sie benommen.

»Hallo?«

»Shelley, hier ist Talulah!« Talulah war Mutters beste Freundin. Sie klang hysterisch. »Wo ist deine Mutter?«

»Weiß nicht«, seufzte Shelley.

»Hol sie ans Telefon!« befahl Talulah. »Rasch.«

Shelley schlug die Bettdecke zurück und glitt langsam aus dem Bett. Sie stolperte benommen durch den dunklen, großen Flur. Die Schlafzimmertür stand offen, aber Linda war nicht da. Auch Michael war nicht da. »Mom?« rief Shelley. Dann ging sie zum Treppenabsatz und rief noch einmal. Niemand antwortete. Shelley ging in ihr Zimmer zurück.

»Sie ist nicht da«, sagte sie zu Talulah.

»Okay. Danke, Shelley«, antwortete sie und hängte rasch ein.

Ich legte mich wieder ins Bett, ohne mir darüber Gedanken zu machen. Ich war ja so dumm.

Knapp eine Stunde später wurde das Licht in Shelleys Schlafzimmer angemacht. Draußen war es noch dunkel. Shelley hatte es nicht klingeln gehört, aber jetzt standen zwei Menschen, eine Frau und ein Mann, in der Türöffnung und traten rasch an ihr Bett. Die Frau beugte sich über Shelley und rüttelte sie. Shelley hielt sich das Kopfkissen vors Gesicht und stöhnte. »Du mußt gehen, Shelley«, flüsterte die Frau.

»Schnell, Shelley«, drängte die Frau. »Wir sind Freunde deiner Mutter. Wir haben keine Zeit zu vergeuden. Wir wollen dir helfen.«

Schließlich drehte sich Shelley um und blinzelte. Sie glaubte, die Frau von irgendwoher zu kennen, war sich aber nicht sicher. Der Mann kam ihr nicht bekannt vor. Was hatten sie in ihrem Schlafzimmer zu suchen? Plötzlich wurde ihr klar, daß etwas nicht stimmte. Sie setzte sich abrupt auf.

»Wer sind Sie? Was wollen Sie?«

»Wir sind Freunde deiner Mutter«, antwortete die Frau. »Wir sind gekommen, um dir zu helfen. Du mußt jetzt aufstehen.«

Er muß geflohen sein, dachte Shelley. Sie erinnerte sich an das, was der Sheriff gesagt hatte: »Wenn dein Vater herauskommt, schicke ich jemanden, der dich abholt. Geh mit ihm.« Sie sagten, Bobby habe im Krankenhaus phantasiert und gedroht, sie zu töten. Sie kannte diese Todesdrohungen. Sie hatte sie selbst gehört, als er sie vom Krankenhausbett angerufen hatte. Er sei noch immer besessen von ihr, sagten die Psychiater. »Ich ziehe mich an«, sagte Shelley. Ihr Kopf schwirrte.

»Nein, nein«, drängte die Frau. »Wir haben keine Zeit! Beeil dich. Wir müssen sofort gehen.«

Nur mit ihrem Nachthemd und ein paar Schmuckstücken bekleidet, die sie vor dem Zubettgehen nicht abgelegt hatte, Bettdecke und Kopfkissen hinter sich herziehend, ließ sich Shelley willenlos in den vor der Haustür parkenden Lieferwagen schubsen. Jetzt fiel ihr wieder ein, wer die Frau war. Sarah Conn, Mutters Freundin und Beraterin in Glaubensfragen. Und der schlaksige Junge am Steuer war ihr Sohn, dem sie einen Korb gegeben hatte, obwohl ihre Mutter sie gebeten hatte, nett zu ihm zu sein. Der Mann, der zusammen mit Sarah in ihr Schlafzimmer eingedrungen war, mußte wohl ihr Mann sein, dachte Shelley.

Die Nacht war immer noch warm und klar, als Shelley auf die Rückbank geschoben wurde.

Sie war sicher, daß ihr Vater von Dallas aus unterwegs zu ihr war. Sie traute ihm alles zu. Genau deshalb fürchtete sie sich. Als der Wagen aus Corsicana hinausfuhr und Richtung Süden sauste, war Shelley beruhigt.

»Wohin fahren wir?« fragte sie. Allmählich wurde sie wacher.

Die Fremden — jetzt wünschte Shelley sich, sie hätte sich mit ihnen unterhalten, als sie ihr zum ersten Mal vorgestellt worden waren — lächelten beruhigend. Ihre Gesichter wurden von den Lichtern des Armaturenbretts beleuchtet. »Wir bringen dich in Sicherheit«, antwortete Sarah, dann wiederholte sie monoton: »Wir sind Freunde deiner Mutter.« Shelley fühlte sich gut aufgehoben, bis sie Fragen zu stellen begann. »Wo ist meine Mutter?«

Sarah Conn antwortete nicht.

Was war mit ihrer Mutter geschehen? Warum hatte ihre Mutter sie nicht weggebracht? Shelley hatte immer mehr Fragen, je weiter sie sich von zu Hause entfernte, und sie fühlte sich immer mehr verunsichert.

Sarah hatte das Steuer übernommen. Ihr Sohn saß neben ihr, ihr Mann hinten, neben Shelley. Die Straße zog sich dahin. Niemand sagte ein Wort. Im Radio spielte man Spirituals. Shelley dämmerte es, daß man sie nicht in ein sicheres Versteck bringen würde. Wenn es darum ging, hätte sie auch zu Ricky gehen können, einfach die Straße runter. Ihr Freund und seine Familie hätten sie beschützt. Sie starrte den großen, stummen Mann an ihrer Seite an und wußte, daß er sie nicht beschützen, sondern *bewachen* sollte, für den Fall, daß sie zu fliehen versuchte.

Shelley riß die Tür auf, als sie erkannte, daß sie entführt wurde. Der Fahrtwind rauschte. Der Mann warf sich auf sie wie ein nasser Sack. Er schlug die Tür zu.

»Wohin fahren wir?« schrie Shelley, als er sie derb in den Sitz drückte. Niemand antwortete.

»Wohin fahren wir?« fragte sie wieder, als der Wagen an Austin vorbeiraste, inzwischen 240 Kilometer südwestlich von zu Hause.

»Wir bringen dich an einen Ort, wo man dir helfen kann, Shelley«, antwortete Sarah schließlich.

Shelley schrie: »Wer sind Sie? Sie wissen doch nicht, ob ich Hilfe brauche. Wer sind Sie? Warum tun Sie das?«

Sarah fuhr ruhig weiter, aber ihr Mann neben Shelley wirkte angespannt. »Du brauchst Hilfe, Shelley«, sagte Sarah.

Hätte ich doch auf die Zeichen geachtet, dann wäre ich ihnen vielleicht entkommen. Mutter hatte meinen Wagen genommen, deshalb konnte ich nicht weg. Sie hat ihn irgendwo versteckt. Aber ich hätte mit dem Pferd davonreiten und mich im Wald verstecken können. Ich hätte durch den See schwimmen oder den Dreiräder nehmen können. Irgend etwas – wenn ich nur die Zeichen wahrgenommen hätte. Ich hätte abhauen können. Jemand hätte sich schon um mich gekümmert. Aber ich habe mit nichts gerechnet.

»Ich muß mal«, sagte Shelley.

Die Conns glaubten ihr nicht und fuhren weiter.

Etwas, das Shelley von ihrem Vater gelernt hatte, war die Kunst des Überlebens, und als der Wagen in der Nähe von San Antonio tanken mußte, stürzte sich Shelley wieder auf die Tür. Diesmal hatte sie mehr Glück.

Im Nachthemd und ohne Schuhe stürzte Shelley auf die Straße, wo Wagen bremsten und ausbrachen, um ihr auszuweichen. Die Manöver behinderten Shelley, und sofort waren der Mann und sein Sohn da, sie einzufangen und zum Wagen zurückzuschleppen. Das alles geschah so schnell, daß niemand von den Vorbeifahrenden etwas bemerkte.

Diesmal drohten Mutters Freunde – ihre Ergreifer – damit, sie zu fesseln. Shelley kam es vor, als führen sie stundenlang weiter. Als die Sonne aufging, sah sie das Schild, das die Stadt Corpus Christi ankündigte. Sie war 480 Kilometer von ihrem Zuhause weg.

Shelley spürte, wie der Wagen langsamer fuhr, ein Zeichen, daß sie angekommen waren. Sie war wundgesessen, ihr war kalt, sie war erschöpft. Trotzdem hoffte sie, daß sie, wo immer sie auch sein mochte, ihrer eigenen Sicherheit wegen hier war.

Der Wagen bremste vor einem heruntergekommenen Wachhaus, in dem ein Pförtner saß. Shelley erkannte, daß sie sich vor dem Eingang einer Anstalt befanden. An einem Pfosten hing ein Schild: *Rebekah Home for Girls* (Rebekah-Mädchenheim). Eine beabsichtigte Beschönigung – es handelte sich um eine von dem Prediger Lester Roloff gegründete *Schule* für Mädchen mit ernsthaften Drogen- und Erziehungsproblemen. Das Heim stand wegen seiner fragwürdigen Erziehungsmethoden, zu denen auch körperliche Züchtigungen gehörten, unter dem Beschuß führender texanischer Pädagogen.

»Oh, nein«, stöhnte Shelley. Sie kannte zwar nicht alle Einzelheiten, aber was sie über dieses Heim gehört hatte, reichte aus. Sie konnte einige der Gründe sehen, die zum schlechten Ruf beigetragen hatten: Ein riesiger, mit Stacheldraht abschließender Zaun erstreckte sich in alle Richtungen. Ein Wachmann winkte sie durch. Shelley versuchte sich zu beruhigen. »Kein Problem. Ich kann meiner Mutter alles ausreden.«

Sie war froh, andere Menschen zu sehen. »Hier muß ein Irrtum vorliegen«, sagte sie der strengen Frau am Empfang. »Meine Mutter weiß nicht, was für ein Heim das hier ist. Sie wird kommen und mich abholen.«

Die neuen Fremden brachten ihr noch weniger Sympathie entgegen als die alten.

»Und während du auf deine Mutter wartest«, begann eine der Aufseherinnen, »kannst du das da aus- und dies hier anziehen...« Die Frau hielt Shelley ein rotweißes Kleid und ein gleichfarbiges Hemd hin. »...und die Hausordnung lernen. Kein Schmuck, kein Make-up, keine Jeans, kein Haarspray. Nur Kleider.« Shelley hörte kaum hin. Sie zog mechanisch die neuen Sachen an. Sie war sicher, daß sie nicht lange hier bleiben würde.

Eine andere Frau mit steinernem Gesicht führte Shelley in ein kleines, neben dem Büro gelegenes Wartezimmer und forderte sie auf, sich zu setzen. Shelley konnte nicht fassen, wie ihr geschah. Erst vor wenigen Stunden hatte sie sich von Ricky verabschiedet, dem Jungen, den sie liebte. Und jetzt das. So gut wie eine Million Kilometer von Zuhause fort, und überall sonderbare Menschen. Das einzige, was sie tun konnte, war auszuharren, bis ihre Mutter kam. Sie wartete bis kurz vor Mittag.

»Shelley?« Shelley sah mit rotverweinten Augen auf.

Linda stand mit einem scheuen Lächeln im hübschen Gesicht in der Türöffnung. Sie trug ein schulterfreies Kleid und eine kurze Jacke. »Ich bin geflogen«, begann sie nervös.

Shelley sprang auf und rannte zu ihr. Tränen der Erleichterung strömten ihr übers Gesicht. »Ich bin so froh, daß du gekommen bist«, schluchzte sie. »Bitte, nimm mich mit nach Hause.«

Linda schien Shelleys erste und einzige Verbündete an diesem Ort zu sein. Sie klammerte sich an ihre Mutter, überglücklich und ängstlich zugleich.

Aber Linda konnte ihrer Tochter nicht in die Augen sehen. Sie ließ sich auf der Kante eines unbequemen Stuhls nieder und bat Shelley, sich neben sie zu setzen. Das Mädchen mit dem sandfarbenen Haar gehorchte, wenn auch skeptisch. Was ging hier vor? Warum war ihre Mutter so nervös?

»Ich werde dich nicht mit nach Hause nehmen, Shelley«, platzte Linda schließlich heraus. »Du wirst hierbleiben.«

Shelley starrte sie an. Dann sagte sie zu ihrer Mutter, sie dürfe sie nicht im Stich lassen. Sie versprach, ein braves Mädchen zu sein. Linda machte Anstalten, aufzustehen.

»Nein«, schrie Shelley. Sie packte ihre Mutter. Linda versuchte sich freizukämpfen, aber das wütende, in Panik geratene Mädchen war stärker. Für sie ging es ums nackte Überleben. Lindas Jacke zerriß, als man Shelley von ihrer Mutter trennte.

Als die beiden stämmigen Männer auftauchten, ging Shelley auf sie los. Ihren Vater hatte sie genauso geschlagen, aber der hatte nur gelacht. Ihr Vater war an allem schuld. Als die Aufseher Shelley fortzerrten, sagte sie sich immer wieder: *Meine Mutter wird das nicht zulassen.*

»Warum tust du mir das an?« schluchzte Shelley.

Linda wandte sich ab. »Damit du lernst, Ricky eine gute Frau zu sein.«

Man führte Shelley die Treppe hinauf in ein kleines Zimmer und warf sie aufs Bett. Sie hörte, wie die Zimmerschließerin die Tür verriegelte. Was hatte sie getan? Hatte sich nicht ihr Vater schuldig bekannt? Warum schloß man *sie* ein?

Sie weinte. Das Mädchen im Bett neben Shelleys versuchte sie zu trösten.

»Meine Mutter kommt zurück«, schluchzte Shelley den ganzen Tag lang. Sie wartete einen Tag. Und noch einen. Sie würde fast ein Jahr lang unter Prostituierten, Dealerinnen und jugendlichen Delinquenten ausharren müssen, bevor überhaupt ein Versuch unternommen wird, sie dort herauszuholen.

Wissen Sie, ich saß da und wartete darauf, daß meine Mutter zurückkäme und mich mitnähme, aber vergebens. Es war so entsetzlich. Ich weinte das ganze Jahr über.

Ihre Tränen verhalfen Shelley nach und nach dazu, ihr Leben wieder in eigene Hände zu nehmen.

Ein Motelzimmer

Shelleys Reise, die im Rebekah Home for Girls endete, hatte fünf Jahre früher mit einer anderen Reise begonnen — mit dem Umzug ihrer Familie von New Jersey nach Texas.

Shelley war zwar gebürtige Texanerin, aber New Jersey war ihr erstes wirkliches Zuhause, an das sie sich erinnern konnte. An ihre Geburtsstadt Houston hatte sie nur vage Erinnerungen.

Als sie elf Jahre alt war, kündigte ihr Vater seinen Job bei Amerada Hess, der riesigen Ölgesellschaft, für die er fast vierzehn Jahre gearbeitet hatte, um bei einer kleinen Ölhandelsgesellschaft in Houston namens Tampimex anzufangen. Aus irgendeinem Grund hatte ihr Vater beschlossen, für die Fahrt nach Texas, seinem Geburtsland, das Auto und nicht das Flugzeug zu benutzen. Er sagte, er fahre lieber, damit die Kinder etwas von den Landschaften sehen könnten, aber Shelley war an den Landschaften nicht interessiert. Doch sie protestierte nicht. Sie fürchtete sich schon damals vor ihrem Vater, einem großen Mann mit dunklem Haar, einer dröhnenden Stimme und Händen, die gewöhnlich mittels eines Gürtels zu ihr sprachen.

Mein Vater war sehr streng, und ich bekam wegen allem und jedem Schwierigkeiten, und meine Mutter ergriff für mich Partei, und dann gab ein Wort das andere, bis sich ein gewaltiger Streit entwickelte.

Sie waren den ganzen Tag im großen, neuen Kombiwagen unterwegs. Die Eltern saßen vorn. Vater fuhr. Das war im Sommer 1978. Shelley saß mit Michael, ihrem zweijährigen Bruder, auf dem Rücksitz und sah zu, wie die ausgedehnten grünen Flächen an ihr vorüberzogen, Stunde für Stunde, den ganzen Tag über.

Als es Nacht wurde, bog Bobby von der Straße ab und fuhr auf einen Platz, wo Neonröhren im Dunklen leuchteten. Shelley fühlte sich unbehaglich, wurde von einer Art Vorahnung ergriffen, deren unklare Schemen noch Jahre anhalten würden. Das Motelzimmer war klein und mit Möbeln vollgestopft. Es gab zwei Betten. Shelleys Mutter nahm sie mit ins Badezimmer, half ihr beim Ausziehen und steckte sie dann in eines der Betten. Michael lag bereits unter der Bettdecke, wälzte sich herum und konnte nicht einschlafen.

Als Shelley unter die Decke schlüpfte, trat Michael nach ihr. Sie trat zurück. Beide kreischten. Die frischen Laken und das ungewohnte Zimmer wirkten wie ein neues Spielzeug auf sie, das sie nicht zur Ruhe kommen ließ. Bobby mißfiel das Herumgealbere, deshalb trennte er seine Kinder. Er legte Michael zu Linda und stieg dann zu Shelley ins Bett, der es vorkam, als hätte sich ein Fels neben sie gerollt. Das Bett knarrte. Shelley tat, als ob sie schliefe, und schlummerte schließlich wirklich ein.

Sie erwachte ruckartig und stellte fest, daß ihr Vater sie berührte. Im Zimmer war es dunkel. Sie spürte die große Hand ihres Vaters in ihrem Schlüpfer. Shelley schrie auf. Sie wußte nicht, was sie sonst tun sollte, weil sie sich erschreckt hatte. Sie konnte keinen klaren Gedanken fassen.

Linda knipste das Licht an. »Was ist los, Shelley?« flüsterte sie.

Bobby schien auch gerade erst wach geworden zu sein. Er rieb sich die Augen. »Was ist los?« Er sah zu Shelley, die eilends aus dem Bett kletterte, zu ihrer Mutter lief und sie förmlich aus dem Bett und ins Badezimmer zerrte.

»Er hat mich angefaßt«, sagte Shelley ihrer Mutter. »Er hat seine Hand in meinen Schlüpfer gesteckt.«

Linda blieb zunächst stumm. Dann fragte sie streng: »Bob, hast du Shelley angerührt?«

Ihr Mann fragte ungläubig: »Was?«

»Du hast deine Hand in meinen Schlüpfer gesteckt«, beharrte Shelley. Sie schluchzte, zu Tode erschreckt. Bobby, scheinbar fassungslos, schluchzte auch. Linda wußte nicht, was sie tun sollte.

»Ich muß geglaubt haben, daß du es wärst«, sagte Bob zu Linda.

Viel später würde er sich einmal erinnern: »Ich begann zu weinen. Shelley weinte. Ich entschuldigte mich. Ich wüßte von nichts, ich hätte geschlafen. Shelley sagte: ›Ist okay.‹ Wir umarmten uns, versicherten uns unserer Liebe — und das war alles.«

Aber Shelley sollte schon bald erfahren, daß es noch längst nicht alles war.

Bobby und Linda

Bobby Sessions und Linda Brotherton waren bereit füreinander, als sie sich 1969 auf einer Party in Houston trafen. Bobby war gerade einer Ehe entronnen, die vorbei gewesen war, noch ehe sie angefangen hatte, und Linda war einer Ehe entflohen, die schon viel zu lange angedauert hatte.

Er sah gut aus, war achtundzwanzig, hatte einen guten Job und sehnte sich nach Beständigkeit in seinem Leben. Sie war sehr hübsch, klein, erst zweiundzwanzig Jahre alt und auf der Suche nach einem Vater für ihr kleines Mädchen. Shelley war gerade zwei Jahre alt; ein niedliches, elfenäugiges Energiebündel, das sich ebenso oft an seine Mutter klammerte, wie es mit ihr kämpfte.

Linda wußte sofort, daß Bobby anders war als ihr Ehemann Charles Brotherton. Bobby flirtete gern, er war ein Charmeur, ein unverschämter junger Mann, der genau zu wissen schien, was er vom Leben wollte. Er hatte diese intensiven stahlblauen Augen, unter deren Blick sich jeder als etwas Besonderes fühlte. Wie er Linda erzählte, war seine erste Frau nur sechs Monate nach der Hochzeit mit einem anderen Mann davongelaufen. Linda wünschte, sie hätte es auch nur mit einem davongelaufenen Partner zu tun gehabt. Ihr Mann hatte sie in den letzten beiden Jahren ihrer Ehe regelmäßig geschlagen. Jetzt brauchte sie jemanden, der sie gut behandelte. Bobby Sessions schien dieser Mann zu sein.

Houston war genau der richtige Ort für einen Neuanfang. 1969 boomte es in Houston. Eine Stadt voller Möglichkeiten und Versprechungen.

Während der sechziger Jahre hatte Houston der Hauptstadt Dallas den Rang abgelaufen und sich einen Platz unter den führenden Metropolen Amerikas erworben. Zehn bedeutende Ölgesellschaften hatten ihre Hauptquartiere in der Stadt aufgeschlagen. Die Öl-, Verschiffungs- und Verarbeitungsunternehmen blühten. Junge und ehrgeizige Menschen strömten aus dem ganzen Land nach Houston. Selbst die Bundesregierung trug zu Houstons Wachstum bei, wofür einem Sohn Texas, der es bis zum Präsidenten gebracht hat, nicht eben wenig Dank gebührt. Als die National Aeronautics and Space Administration ungefähr fünfunddreißig Kilometer entfernt ihr Center für bemannte Raumfahrt errichtete, wurde der Name Houston zu einem Synonym für das Raumfahrtzeitalter. 1969 war das bedeutendste Jahr in der Geschichte dieses Zeitalters — in diesem Jahr betrat der erste Mensch den Mond.

Für das, was Bobby Sessions wollte, nämlich Geld verdienen, war Houston genau der richtige Ort zur richtigen Zeit. Bob arbeitete für Amerada Hess, eine der größten Ölgesellschaften der Welt. Er hatte dort 1964 als Lehrling in der Buchhaltung angefangen und sich kontinuierlich emporgearbeitet, dank einer raschen Auffassungsgabe und eines Gespürs für den Verkauf. Auch seine erste Frau hatte bei einer Ölgesellschaft gearbeitet.

Bobby plagte sich in Hess' Rohölabteilung als Verkäufer ab, als er 1968 Diane Vittum kennenlernte. Sie lebten im selben Appartement-Komplex in Cotswald Village, in der Nähe des Hobby Airport. Eines Nachts fand sie sich auf einer seiner Parties.

»Es gab eine Menge Parties«, erinnerte sich Diane. »Ich besuchte nur wenige, aber an diese kann ich mich erinnern. Ich weiß nicht, ob ich jemanden dort gekannt habe oder ob meine Mitbewohnerin jemanden dort kannte. An jenem Abend traf ich Bobby.

Er zog mich auf den Balkon und begann für mich ›More‹ zu singen. Ich dachte: ›Gott, das geht aber schnell.‹«

Diane war angetan. Sie verabredeten sich. Bobby erwies sich als der vollkommene Gentleman. »Er gab meiner Mutter Feuer und ließ mich nicht eher aus dem Wagen steigen, bis er mir die Tür geöffnet hatte.«

»Schon in der High-School waren die Mädels verrückt nach

ihm«, erinnerte sich Betty Duvall, Bobbys jüngere Schwester. »Alle Mädchen wollten sich mit Bob verabreden. Er hatte so eine Art, mit den Frauen umzugehen. Ich kann es nicht genau beschreiben, denn ich hatte Angst vor ihm. Aber Frauen gegenüber benahm er sich wie ein Gentleman. Er gab ihnen das Gefühl, wichtig zu sein.«

Bobby scheint eine Menge Freunde gehabt zu haben. Er hatte einen guten Job. Und er arbeitete hart an seinem Äußeren. Diane erinnerte sich: »Er benutzte Haarspray. Kein Härchen durfte sich querlegen. Er galt als ungemein höflich, und ich denke, er wollte nicht, daß das Bild einen Sprung bekam.«

Das Bild scheint bei der Heirat des Paares am 1. Juni 1968 noch intakt gewesen zu sein. Sie wurden im Methodistentempel in Port Arthur getraut, östlich von Houston, Dianes Geburtsort. Die Feier kostete einige tausend Dollar, inklusive fünf Brautführer und fünf Brautjungfern. Laut Bobbys Schwester Bette war es ›eine sehr aufwendige Hochzeit, die einzig und allein nach Dianes Anweisungen ausgerichtet worden war. Es gab Brunch, Tee und Lunch. Ich will damit sagen, es war eine große Sache.‹

Diane war gerade erst zweiundzwanzig Jahre alt. Das frischvermählte Paar flog nach Acapulco in die Flitterwochen. Alles schien perfekt. Nur daß es da ein kleines Geheimnis gab, das beinahe vor der Hochzeit geplatzt wäre. Diane hatte einen anderen Mann geliebt. Einen Vietnam-Veteranen, der mehr trank, als ihm guttat, und den ihre Eltern haßten. Bobby wußte von ihm, aber er redete Diane ein, daß es ihm gelingen würde, sie in sich verliebt zu machen. Diane stimmte einem Versuch zu. Aber als der Hochzeitstermin immer näher rückte, kamen ihr Zweifel. Bobby schien auf jeden Kontakt, den sie mit anderen Menschen pflegte, eifersüchtig zu sein.

»Die Einladungen waren bereits gedruckt«, erinnerte sie sich. »Mein Vater kam vorbei und sagte: ›Hör zu, es mag peinlich sein, und du wirst den Leuten die Geschenke zurückgeben müssen. Aber es ist besser für dich, jetzt nicht zu heiraten, als sich später scheiden zu lassen.‹ Ich antwortete: ›Okay, dann eben nicht.‹ Doch da begann Bob zu weinen. Er bekam einen regelrechten Heulkrampf. Ich weiß nicht, ob aus Mitleid oder einem anderen Grund, aber wir heirateten.«

Während der Flitterwochen in Acapulco ließ sie die Bombe platzen: Sie wollte nicht mit ihm schlafen.

Erstaunlicherweise protestierte Bobby nicht. »Er war sehr geduldig«, so Diane, »und drängte mich nicht. Im Gegenteil. Er sagte: ›Wenn du uns noch sechs Monate gibst, werde ich dich nie zu Sex oder so zwingen. Danach können wir, falls du möchtest, eine Annullierung beantragen. Aber bitte, versuch es‹ — und ich versuchte es.«

Fast sofort begannen die Schwierigkeiten. Da war zum Beispiel Bobbys unersättlicher Appetit auf Geld. Obwohl sie beide anständige Jobs hatten — Diane war Sekretärin des für den Einkauf zuständigen Chefs bei Tenneco Oil —, trug Bobby noch zusätzlich Zeitungen aus, um ihr Einkommen aufzubessern.

»Er stand morgens um vier Uhr auf, um den Leuten die *Post* oder den *Chronicle* vor die Tür zu werfen«, erinnerte sich Diane.

Bobby entwickelte sich zu einem ›Familienmann‹ — ohne Familie. Sobald er verheiratet war, ließ er seine Freunde fallen. Das junge Paar lud kaum noch jemanden ein. Die beiden arbeiteten, kamen nach Hause, aßen zusammen und blieben daheim. »Er ging nie aus. Und falls er sich einmal um fünf Minuten verspätete, rief er mich vorher an.«

Er benahm sich Diane gegenüber immer fordernder. Plötzlich sollte sie ihm über jeden Augenblick des Tages Rechenschaft ablegen. Er rief sie an ihrem Arbeitsplatz an und fragte, mit wem sie zu Mittag gegessen habe. Eine solche Eifersucht war ihr noch nie vorgekommen. »Ich meine, während man miteinander geht, ist das etwas anderes. Alles ist so romantisch. Und wenn jemand eifersüchtig ist, denkt man: ›Er sorgt sich wirklich um dich.‹ Man erkennt nicht, daß es auch eine Krankheit oder eine Art von Besessenheit sein kann, oder daß mit der Person etwas nicht stimmen könnte.«

Bobby begann, die Zeit zu kontrollieren, die sie für den Gang zum Lebensmittelladen brauchte. Manchmal folgte er ihr, oder er unterzog sie wegen fünf Minuten Verspätung einem Verhör.

Eine Spazierfahrt mit ihren Eltern am Strand veranlaßte Bobby, bei der Polizei und den Freunden anzurufen, nachdem Diane gerade erst zehn Minuten fort war. »Es war peinlich«, erinnerte sie sich. »Es war eine Phobie. Aber der Sex — ich konnte es einfach nicht glauben. Er war so geduldig mit mir. Er zwang mich nicht, drängte sich nie auf.«

Bobby sagte einmal zu Dianes Vater: »Ich möchte nur jemanden haben, der mich liebt.«

Aber Bobbys Besessenheit steigerte sich. An einem Sonntagabend nach Weihnachten riß Diane der Geduldsfaden. Nach einem furchtbaren Streit rief sie ihren Vater an und bat ihn, vorbeizukommen und sie abzuholen. »Ich dachte nur: ›Hier werde ich noch zum Tier‹. Wir stritten uns nicht wegen Geld oder Sex, sondern wegen der Eifersucht. Ich fühlte mich wie ein Vogel im Käfig. Ich konnte so nicht weiterleben.« Diane begann ihre Sachen zu packen. Bobby ›saß trübselig mit gesenktem Kopf da und weinte‹.

Es war vorbei, noch ehe jemand das verheiratete Paar, seine Eigenarten oder kleinen Fehler kennenlernen konnte. Betty Duvall, die während der ersten Ehe ihres Bruders in Houston lebte, erinnerte sich daran, die Jungvermählten einmal mit ihrer Schwester Pat besucht zu haben. »Als wir vor der Wohnungstür standen, hörten wir, daß drinnen ein gewaltiger Streit im Gange war. Wir blieben stehen, bis sie schließlich an die Tür kamen. Aber er verriet uns nicht, worüber sie sich gestritten hatten. Sehen Sie, Bob ist niemand, der viel von sich erzählt.«

Nach dem Scheitern der Ehe wurde er nicht gesprächiger. »Er sagte, er sei eines Tages nach Hause gekommen und habe feststellen müssen, daß sie alles mitgenommen hatte und mit einem anderen Kerl abgehauen war.«

Bobby schloß das Kapitel Diane ab und erzählte Freunden und seiner Familie, Diane hätte ihn wegen eines anderen verlassen. Wer konnte das Gegenteil beweisen? Wen kümmerte es?

Seinen neuen Liebling Linda bestimmt nicht. Sie war ein Traum, und noch verträumter als Diane. ›Wirklich naiv‹, war Bettys erster Eindruck, ›ungebildet, nichtsahnend. Aber auch richtig süß.‹

Linda war jung, hübsch, lustig, in ihn verliebt und loyal ihm gegenüber. In ihr hatte Bobby jemanden gefunden, bei dem er sein zwanghaftes Kontrollbedürfnis ausüben konnte. Sie gaben sich gegenseitig Halt. Linda brauchte diesen Halt. Sie hatte mit sechzehn Jahren Charles Brotherton geheiratet, einen Herumtreiber, der ständig in Schwierigkeiten steckte.

Anderthalb Jahre lang kämpfte das junge Paar — die meiste Zeit gegeneinander. Linda schlug sich als Empfangsdame und Typistin in County Tax Office durchs Leben. Sie war für polizeiliche Kennzeichen und Vermögenssteuer zuständig. Ihr Mann wurde Alkoholiker und schlug Linda. Es sah so aus, als würde er seine Tochter Shelley Rene Brotherton, geboren am 5. Mai 1967 in Houston, nicht sonderlich mögen. Linda und Charles heirateten ein Jahr nach Shelleys Geburt. Im Alter von neunzehn Jahren, wenn die meisten Mädchen gerade ihre Abschlußbälle hinter sich haben, war Linda Brotherton bereits eine geschiedene Frau.

Bobby Sessions erschien gerade zur rechten Zeit, um Linda und Shelley vor einem kümmerlichen Leben zu retten. Linda arbeitete hart in einem schlecht bezahlten Job. Sie war jetzt als Schreibkraft, Empfangsdame und Postbotin für eine Houstoner Anwaltskanzlei tätig. Sie versuchte ihr Kind aufzuziehen und ihren ehemaligen Ehemann dazu zu bringen, etwas beizusteuern. Bobby schien all das zu sein, was Charles nicht war: beständig, freundlich, sensibel. Und arbeitsam.

Bobby, geboren in Kerens, einer Kleinstadt, etwa zweihundert Kilometer nördlich von Houston, war ein Junge vom Lande. Kurz bevor er Linda kennenlernte, war er zum Chef der Rohölabteilung von Amerada Hess befördert worden. Knapp ein Jahr, nachdem Diane ihn verlassen hatte, festigten Linda und Bob ihre Beziehung. Bobby würde später darüber witzeln, er habe damals gedacht, er lebe in ›armseligen‹ finanziellen Verhältnissen. Aber Lindas Verhältnisse ›waren noch schlimmer als meine‹.

»Als wir heirateten«, erinnerte sich Bobby, »beschloß ich, daß Shelley meine Tochter werden sollte. Also adoptierte ich sie.«

Um die Adoption abzurunden, verhandelte Bobby mit Charles Brotherton, damit er aus Shelleys Leben verschwand. Er wollte keinerlei Einmischung von Shelleys leiblichem Vater. »Schon bevor wir heirateten, wußte ich, daß ich keinen anderen Vater neben mir vertragen konnte, der gelegentlich oder mit Besuchsrecht vorbeikommt«, erklärte er.

Deshalb traf er sich nach seiner Hochzeit mit Linda — in dem Jahr, in dem er Shelley adoptiert hatte — dreimal mit Charles Brotherton. Sie arbeiteten eine Vereinbarung aus, wonach Shelleys leiblicher Vater aus ihrem Leben verschwinden würde. Als Gegenleistung versprach Bobby, daß Brotherton sich nie wieder um den Unterhalt für seine Tochter kümmern müsse. Brotherton trat all seine Rechte an Bobby ab.

Bobby Sessions war der einzige Vater, den Shelley je zu Gesicht bekommen sollte. Er schien der ideale Vater zu sein. Shelley, Bobby, der gut verdienende Vater, und Linda, die aufmerksame Mutter, gaben eine perfekte kleine Familie ab.

»Bob stand seinem Stiefkind so nahe, wie ein Mann, der noch nie ein Kind gehabt hatte, es nur konnte«, erinnerte sich Bobbys Schwester Pat, die das Paar regelmäßig in Houston besuchte. »Bob und Linda waren sehr verliebt. Sie hatten ein überaus glückliches Zuhause.«

Zur gleichen Zeit wußte Bobby nicht viel mit einem kleinen Mädchen anzufangen, das wegen ihres Temperaments, oder weil sie das Gefühl hatte, verlassen worden zu sein, aggressiv und eigensinnig war. »Sie war ein Schatz«, so Linda, »aber auch sehr dickköpfig. Das hatte sie von uns, denn auch wir waren sehr eigensinnig.«

Bobby gelang es nicht, zu seiner neuen Tochter durchzudringen.

»Shelley hatte einen Panzer um sich. Sie wollte nicht, daß man ihr Innerstes berührte und hat es nie zugelassen«, erzählte Pat, »selbst als Baby. Die meisten Kinder reagieren auf Liebe und Zuneigung, Shelley nicht. Sie schien zu sagen: ›Okay, du kannst mich lieben, aber komm mir nicht zu nahe. Ich werde deine Liebe nicht erwidern.‹«

»Wir mußten kleine Schritte machen«, berichtete Linda. »In

dem Alter bestand noch eine Chance, sie für sich zu gewinnen. Doch es steigerte sich, ihre Ablehnung wurde intensiver.«

Intensität war ein Wort, das auch von Bobby hätte stammen können. Er wußte, daß die Adoption Shelleys sich auch auf sein eigenes Familienleben auswirkte. Er erinnerte sich: ›Shelley war das Kind eines anderen. Ich konnte das nicht akzeptieren. Shelley mußte mein Kind werden. Sie mußte meine hundertzehnprozentige Tochter werden. Und weil ich so schwer daran arbeitete, dachte ich, ich würde das gleiche Gefühl von Shelley zurückbekommen.‹

Bobby hatte 1975 einen großen Karrieredurchbruch. Man bot ihm an, als Vizepräsident und Chef der Rohölabteilung der Amerada Hess nach New York zu gehen. Er wahrte die Chance und zog mit seiner jungen Familie ostwärts. Shelley war gerade acht Jahre alt. Nach dem Umzug arbeitete er noch härter.

Bobby fand in Bridgewater, einem Vorort New Jerseys, ein Heim für seine Familie. Er fuhr jeden Tag mit dem Wagen nach Manhattan. Achtzig Kilometer hin, achtzig zurück. Normalerweise arbeitete er achtzehn bis zwanzig Stunden am Tag, immer auf der Lauer, im stark besetzten aber lukrativen Rohölmarkt mehr Geld zu verdienen. Es ging zu wie an der Börse, und Bobby entwickelte ein fast unheimliches Gespür dafür, wann das Öl, das in riesigen Tankern über die Weltmeere schipperte, ge- oder verkauft werden mußte.

Von nun an ging es aufwärts. Bobby war zwar erst Anfang Dreißig, konnte aber elf Jahre Erfahrung bei Amerada aufweisen. Er hatte das Trainingsprogramm der Gesellschaft durchlaufen und gehörte jetzt zum Top-Management des Hauptquartiers in Manhattan. Und Leon Hess, Gründer und Vorsitzender von Amerada und Besitzer des New York Jets Footballteams, belohnte Loyalität. Er hatte, wie ein Zeitungsreporter es einmal ausdrückte, das Prinzip ›mit denen zusammenzuarbeiten, die man schon hat und kennt‹.

In Texas kämpften Regierung und Industrielle um eine Steigerung der Produktion und eine Reduzierung der Vorschriften.

Texas war unter den ersten Staaten, die die Vorschriften lockerten und das Ausbeuten neuer Ölquellen förderten. Bobby war auf den Boykott der Araber im Jahre 1973 vorbereitet. Er wußte, wie die Ölindustrie darauf reagieren mußte: aggressiv.

Und während viele amerikanische Familien den Gürtel enger schnallen mußten, lebte Bobby Sessions' Familie im Wohlstand. Er hatte ein hübsches großes Haus, einen Swimmingpool, Freunde, Freikarten zu den Jet-Spielen, ein schnelles Auto, eine liebe Frau und zwei liebe Kinder. Michael wurde 1976 geboren, im ersten Jahr nach dem Umzug in den Osten.

Bobby hatte alles — oder fast alles. Er hielt Kontakt mit seiner Familie in Houston, ließ Mutter und Schwester zu Besuch einfliegen und flog mit seiner Frau übers Wochenende nach Paris.

»In dieser Zeit machte jeder im Rohölgeschäft im Handumdrehen sein Geld«, berichtete Bobby. Shelley lernte Skifahren und feierte mit ihren Freunden Pool-Parties.

Bobbys aggressive Persönlichkeit begann auch auf sein Familienleben überzugreifen. Er benahm sich Linda und Shelley gegenüber fordernder, drängender.

Wahrscheinlich wollte er nachholen, was er in seiner Jugend vermißt hatte. Bobby wurde von einem strengen Vater erzogen. Er zahlte es ihm heim, indem er sich weigerte, ihn zu besuchen, als er 1967 an einem Gehirntumor erkrankte. Als Bobby jung war, suchte er den Beistand seines Vaters, als er erwachsen war, verlangte er nach Anerkennung seiner Angestellten und nach Liebe seiner Familie. Bobby rauchte wie ein Schlot, schüttete laufend Dr. Pepper in sich hinein und arbeitete ständig. Er bemühte sich unaufhörlich, die Zuneigung seiner Kinder zu erlangen — ja, noch mehr, er forderte sie.

Besonders von Shelley forderte er Ehrerbietung. Er hatte sofort die Verantwortung für ihre Erziehung übernommen und warf als erstes Shelleys Fläschchen weg.

»Sie ist zu alt dafür«, erklärte er seiner Frau.

Das war das erste kleine Scharmützel in einem Krieg, der sich Jahre hinziehen sollte. Linda hatte wegen der schrecklichen Umgebung, der beide entronnen waren, eine besondere Beziehung zu Shelley entwickelt. Sie hatte nicht vor, noch einmal zuzulassen, daß jemand Shelley verletzte. Doch Bobby war entschlossen, die tiefe und herzliche Beziehung zu Shelley herzustellen, die ihm sein Vater verweigert hatte.

Er sehnte sich genauso nach Shelleys Aufmerksamkeit, wie er sich nach Diane Vittums gesehnt hatte. Aber das kleine Mädchen Shelley, schon einmal von einem Mann mißhandelt und verlassen, war nicht leicht zu gewinnen.

Er war immer sehr streng, und ich lehnte mich gegen ihn auf... Ich wurde oft mit der Peitsche geschlagen. Oder verprügelt. Wenn ich mir vor anderen Leuten auch nur das Geringste zuschulden kommen ließ, verlor er sofort die Beherrschung. Er schleppte mich auf mein Zimmer und peitschte mich aus. Wenn ich aus Versehen ein Glas Milch umwarf, behauptete er, ich sei wild und unbeherrscht und schrie und brüllte mich vor allen Leuten an.

In einem Jahr flog Bobby mit seiner Familie zu Weihnachten zum Haus seiner Mutter nach West Collins in Corsicana, Texas. Shelley saß mit ihren Cousins und Cousinen Michelle, Gary, Missy, Amy und Kyle und ihrem Bruder Michael in der Küche am Kindertisch, als Bobby hereinplatzte und sie aufforderte, mehr von ihren grünen Bohnen zu essen.

»Shelley sah mich an, ich sah sie an, und als er sich herumdrehte und aus der Küche ging, habe ich ihren Teller leergegessen«, berichtete ihre Tante Betty.

Shelley fand in Betty, die von Anfang an der Meinung gewesen war, daß Bobby seine Tochter schlecht behandelte, eine Verbündete.

»Bei Familienzusammenkünften zwang er sie — auch wenn die anderen Kinder schon mit dem Essen fertig waren — so lange am Tisch sitzen zu bleiben, bis sie den Teller leergegessen hatte. Ich saß neben ihr und half ihr dabei, wenn er gerade einmal nicht hinschaute, damit sie keine Schwierigkeiten bekam«, erzählte Betty.

Bei solchen Anlässen wurden Cousins, Cousinen, Tanten und Onkel oft Zeugen, wie Shelley von Bobby gemaßregelt wurde. Einmal verschüttete sie ein Glas Milch. Bobby schrie: »Shelley!« und alle im Zimmer erstarrten. »Was tust du da? Ich habe dir doch gesagt, du sollst vorsichtig sein! Geh auf dein Zimmer!«

Ich hätte sein Brüllen ja verstanden, wenn ich in der Küche herumgelaufen wäre und alles umgeworfen hätte. Aber nur, weil ich gelegentlich etwas umwarf... Kinder werfen schon mal etwas um.

Bobby und Linda waren verschiedener Meinung darüber, wie man ein Kind erziehen sollte. »Ich war nachsichtig«, gestand Linda, »und er handelte gern nach Richtlinien oder Regeln. Ich schwankte täglich.«

Wenn man Linda hört, waren diese Differenzen der einzige Grund für die Schwierigkeiten in ihrer Ehre. Was bedeutete — wie Linda wahrscheinlich undeutlich bewußt war — daß *Shelley* die Quelle aller Probleme war.

»Er war ein Zuchtmeister«, würde Linda später einmal über ihren Ehemann sagen, »und ich eine richtige Humanistin. Ich dachte, man müßte mit Kindern sprechen. Man diskutiert mit ihnen und erörtert jedes Wenn und Aber. Deshalb sträubte ich mich gegen seine strikten Regeln. Wir stritten uns oft über unsere Vorstellungen.«

Bobby war der Meinung, Linda reagiere zu heftig. »Der erste Mann meiner Frau war sehr grausam zu ihr und Shelley«, sollte Bobby später erklären. »Deshalb ging meine Frau jedesmal, wenn ich Shelley bestrafen wollte, in Opposition.«

Bobbys heftigen Ausbrüchen folgten Lindas wütende Reaktionen. »Ich versuchte sie immer vor ihrem Vater zu schützen, weil sie... sie bedeutete mir sehr viel«, gestand Linda später. »Es war fast, als sei sie ich...«

Bald gab es im Haus der Sessions täglich Streit über Shelleys Verhalten. Shelleys Lehrer bemerkten, daß ihre Noten immer schlechter wurden und sprachen mit Linda darüber. Der häusliche Kampf ging unvermindert weiter. Ebenso wie die Schwierigkeiten in der Schule. Linda rief sogar eine Fürsorgerin an, um einen Termin für ihre Tochter zu vereinbaren.

»Ich dachte nicht, daß es da ein Problem gäbe«, erzählte Linda. »Wissen Sie, ich glaubte, wir wären eine Familie wie jede andere. Und dann hörte ich jemandem im Radio sprechen, und ich war wie vor den Kopf geschlagen, denn es hörte sich an, als brauche meine Familie dringend eine Beratung.«

Linda rief eine Beratungsstelle an und machte einen Termin aus. Aber der Berater wollte, daß Shelley mitkam.

»Als ich wegen des Termins anrief, war Shelley anwesend und schrie, daß sie nicht mitgehen würde, auf keinen Fall, und ich sagte der Dame am Telefon: ›Tut mir leid, aber ich habe es mir anders überlegt‹, und die Dame erwiderte: ›Ihr Problem ist größer als Sie denken‹, und legte auf.«

Unfähig, mit ihren eigenen Problemen fertig zu werden, machten Linda und Bobby Shelley zum Sündenbock. Das Ehepaar spann ein Netz aus Ablehnung und Projektion, in dem sich Shelley als dauerhaftes Opfer verfing.

Mit Shelley war Bobby an jemanden geraten, die weder seinem Charme noch seinen Drohungen nachgab. Und er brauchte ihre Zuneigung und Liebe so sehr, mehr als alles andere auf der Welt. Eines Tages berührte er seine achtjährige Tochter und fühlte, wie etwas in ihm sich durch die Berührung beruhigte. Sie besänftigte seine Nerven wie eine Zigarette oder eine Cola.

Er setzte sich neben sie und berührte ihre Schultern. Dann fuhr er mit der Hand rasch über ihren Arm. Er unterhielt sich mit ihr, erkundigte sich nach ihren Schulfreundinnen und spürte zum ersten Mal die Art von Intimität, nach der er gesucht hatte.

Er massierte meine Beine und den Rücken, und dann berührte er andere Körperteile.

Shelley hatte Bobby Sessions stets ›Dad‹ genannt. Damals war sie noch zu klein gewesen, um in Charles Brotherton ihren Vater zu sehen. Jetzt war sie acht Jahre alt, und Bobby, der einzige Vater, den sie je kennengelernt hatte, machte ›seltsame‹ Sachen mit ihr. Sie wußte nicht, weshalb, aber sie mochte es nicht. Sie versuchte, ihn wegzuschubsen, aber er schien darauf versessen, sie zu ›massieren‹. Das war ein neues Wort und ergab für sie keinen Sinn. Ihr Vater sagte, es sei gut gegen müde Muskeln — aber sie hatte keine müden Muskeln.

Für gewöhnlich traf ich mich nach der Schule mit den Nachbarskindern zum Spielen. Wenn ich abends nach Hause kam und ins Bett gehen wollte, kam er nach oben, massierte meine Beine und erzählte mir, wie angespannt ich sei.

Ich kann mich noch genau erinnern, wie ich dachte: Aber meine Beine tun doch gar nicht weh. Weshalb massiert er sie?

Und während Shelley sich fragte, was wohl als nächstes kommen würde, baute sie eine Mauer um ihre wirklichen Gefühle. Eine Festung, die sogar sie selbst von ihren Gefühlen fernhielt.

Bobby verstärkte den Schmerz, indem er das Kostbarste an der Beziehung zu seiner Tochter zerstörte. Er fing an, sie zu berühren. Um sie — wie er glaubte — von dem Abgrund fortzuzerren, zu dem er sie durch seine strenge Erziehung getrieben hatte. Er wurde intim, um der Verletzung durch seine Erziehungsmethoden entgegenzuwirken. Aber für das kleine Mädchen war es, als würde sie in einen Abgrund gestoßen, in dem es kein Licht, keinen Boden, keinen Halt gab.

Für beide Verletzungen haßte Shelley ihn. Jetzt konnte sie niemandem mehr trauen.

Meine Mutter und ich standen uns nahe, aber auch wieder nicht. Ich weiß nicht, wie ich es erklären soll. Wir waren uns nahe, aber nicht wirklich. Wir standen uns nicht so nahe, daß ich ihr erzählen konnte, was nicht stimmte. Sie ist sehr naiv und sehr abhängig von ihm. Ich weiß nicht — sie ist keine wirklich gefestigte Person; sie ist eher schwach.

Ihre Mutter war nicht da, als Bobby sich an einem Sommertag des Jahres 1978 der im Swimmingpool ihre Runden drehenden Shelley näherte. Sie war damals gerade elf Jahre alt.

»Shelley, ich möchte mit dir reden.«

Shelley kletterte widerstrebend aus dem Becken. Sie schnappte sich ein Handtuch und ging zu ihm.

»Setz dich, Shelley«, fuhr er fort und deutete zum Picknicktisch. »Ich muß dir etwas sagen.«

Nachdem sie sich gesetzt hatte, hielt Bobby eine kurze Rede, in der er ihr versicherte, wie sehr er sie liebe, und daß sie jetzt alt genug sei, um gewisse Dinge zu hören. Dann sagte er, er müsse ihr etwas mitteilen, was sie vielleicht nicht gern hören würde.

»Shelley, ich bin nicht dein wirklicher Vater«, gestand er ihr, »du wurdest adoptiert.«

Shelley war wie vor den Kopf geschlagen. Verwirrt. Sie stürzte weinend ins Haus, lief in ihr Schlafzimmer und verriegelte die Tür.

Danach habe ich ihn noch mehr gehaßt. Weil – plötzlich stellte sich heraus, daß ich adoptiert bin. Zuerst dachte ich, beide hätten mich adoptiert. Ich hatte keine Ahnung, daß er nur für sich sprach. Ich wußte nicht, daß meine Mutter meine wirkliche Mutter ist.

Shelley war froh, als ihre Mutter ihr erzählte, daß die Familie wieder nach Texas ziehen würde. Nicht, weil sie den Unterschied zwischen beiden Bundesstaaten kannte. Sie wußte nur, daß sie New Jersey nicht mochte, obgleich ihre Aversion wenig mit dem Staat zu tun hatte. Ihre Familie war das Problem. Vielleicht würden sich die Dinge durch den Umzug zum Besseren wenden.

Wenn das Leben Erinnerung ist, dann verlor Shelley ihr Leben. Durch die Massagen des Vaters verminderte sich ihre Fähigkeit, sich der Welt zu öffnen. Ihre Spielkameraden, ihre Lehrer, ihr kleiner Bruder, die Stadt, die Bäume an der Straße, der Schneemann im Winter, selbst ihr Lieblingsaffe, mit Windel und ohne Haare, den ihr Onkel Ricky, Cousine Michelle und Cousin Gary geschenkt hatten, waren nur noch Schemen.

Vielleicht würde ihr Vater, der ja nicht ihr richtiger Vater war, in Texas mit den Massagen aufhören. Doch dann, in einem fremden Motelzimmer, irgendwo zwischen New Jersey und Texas, irgendwann zwischen Juni und September, berührte er sie erneut.

Wir fuhren nach Houston zurück, und wir waren in einem Motelzimmer, und ich wachte mitten in der Nacht auf, und er hatte seine Hand in meinem Schlüpfer. Und ich weckte meine Mutter und erzählte es ihr, und sie fragte ihn, was er dazu zu sagen hätte, und er antwortete, er hätte gedacht, sie hätte neben ihm gelegen.

Herzlichen Glückwunsch zum Geburtstag

Schon als kleines Mädchen habe ich mir ein Pferd gewünscht. Ich liebe Pferde, und ich habe mir immer Bücher über Pferde ausgeliehen und alles über sie gelernt, damit ich wußte, wie man sie versorgt.

Schließlich gab Bobby Shelleys Drängen nach. Er verkündete, an ihrem dreizehnten Geburtstag würden sie ihr ein Pferd aussuchen.

Shelley war überglücklich. In Houston hatte sie Freunde, die bereits ein eigenes Pferd besaßen. Sie besuchte sie gerne, streifte durch die Ställe und sprang, wann immer es möglich war, auf einen ungesattelten, schlanken Pferderücken. Shelley hatte sich mit der Sorgfalt einer Rodeo-Queen auf ein eigenes Pferd vorbereitet.

Aber obwohl sie sich wegen ihres Wunsches zur Geduld mahnte, konnte Shelley den häuslichen Streit nicht vermeiden. Ihr Vater befahl ihr, dies zu tun und jenes zu lassen. Shelley mochte ihn nicht und wurde störrisch. Bobby schrie sie an, Shelley schrie zurück. Dann schwebte Linda herein und schimpfte Vater und Tochter aus, was gewöhnlich in einem verbalen Kampf mit Bobby endete.

Bobby wollte die totale Kontrolle über die Familie. Er mischte sich wie ein Diktator in alles ein. Shelley kam sich wehrlos vor. Scheinbar war sie zu nichts anderem nütze, als Streit heraufzubeschwören.

Immer wurde sich gestritten. Wir kamen nicht wie andere Familien miteinander aus.

Bobby Sessions bestätigte später die Häufigkeit der Auseinandersetzungen, aber für ihn waren es Kämpfe zwischen Gut und Böse, Richtig und Falsch. »Die Tatsache, daß Linda ihre Tochter immer in Schutz nahm und daß Shelley in ihren Augen nichts verkehrt machen konnte, war immer das Problem.«

Shelleys körperliche Entwicklung schritt fort. Sie trug ihr seidiges, braunes Haar lang. Ihre Mutter half ihr beim Auskämmen und erzählte ihr dabei, was mit ihrem Körper geschah, und daß sie sich keine Sorgen machen sollte. Shelleys Brüste rundeten sich. Es war ein seltsames Gefühl, als sie das erste Mal ihre Periode bekam, aber sie akzeptierte sie mit einem gewissen Stolz. Und sie fuhr fort, ihre geheimsten Gefühle geheimzuhalten.

Als sie eines Abends im Bett lag und gerade die Lampe ausknipsen wollte, kam ihr Vater ins Zimmer. Er stand einfach nur dort und starrte seine Tochter schweigend an. Sie fragte ihn, was er wolle, aber er blieb nur stehen, ohne ein Wort zu sagen. »Du bist so komisch«, murmelte sie, aber er hörte sie nicht.

»Jetzt bist du eine Frau«, stieß er schließlich hervor.

Shelley lief es eiskalt den Rücken herunter. Sie wußte zwar nicht genau, was er mit seinen Worten meinte, aber sein starrer Blick und der Ton, in dem er es gesagt hatte, bewirkten, daß sie sich unwohl fühlte.

Die Sessions zogen am 1. September 1978 für die Zeit, in der ihr Haus gebaut wurde, in ein gemietetes Haus in einen Vorort von Houston. Shelley mochte die Schule und ihre Freunde und kam gut voran.

Als Bobby Amerada Hess verließ, verdiente er 78 000 Dollar. Er und Linda hatten das Haus in Bridgewater für 150 000 Dollar verkauft und einen Teil des Geldes in Grundstücken an der Golfküste angelegt.

Bobby war nach Houston zurückgekehrt, um für die Tampimex, einer Gesellschaft, die zwei Brüdern aus New Orleans gehörte, mit Rohöl zu handeln. Die Brüder suchten jemanden, der sich auf den Weltmärkten auskannte und ihnen Eintritt in die Houstoner Ölindustrie verschaffte. Nach vierzehn Jahren bei Amerada genoß Bobby Sessions die Chance, einmal außerhalb der Firmeninteressen zu agieren. Er wollte seine unternehmerischen Instinkte anwenden und schloß sich einem Netz von Ölhändlern an, die, wie er später sagen sollte, ›fünfzig, sechzig oder hundert Millionen Dollar im Jahr (verdienten). Es gab eine Menge kleiner Gesellschaften, die so viel Geld machten‹. Bobby arbeitete mit zwei weiteren Männern im Houstoner Tampimex-Büro. Bei diesem Unternehmen gab es keine Firmenbürokratie. Die Drei teilten sich die Kosten für ihre Gehälter und die sonstigen Unkosten, und jeder bekam zehn Prozent der erzielten Gewinne. Bei solchen Vereinbarungen war es nicht schwer, ein sechsstelliges Einkommen zu erzielen.

Der finanzielle Aufstieg spiegelte sich im Preis für das neue Haus wieder, das die Sessions im Mai 1979 bezogen. Es kostete 250 000 Dollar. Auch der Standort muß für einen Bauernjungen aus Kerens recht beeindruckend gewesen sein. Die Sessions wohnten jetzt in Spring, einer gepflegten Wohnstadt, vierundzwanzig Kilometer nördlich von Houston.

Es war das schönste Haus in der Straße, komplett mit Swimmingpool. Die Sessions beteiligten sich an Grillfesten und Schwimm-Parties und an Spritztouren nach Cancún.

Bobby und Linda feierten gelegentlich Gartenparties, auf denen es auch schon mal recht wild zuging. An den Wochenenden spielte die Familie Tennis im nahegelegenen Old Oaks Racquetball Club.

Als alleinerziehende Mutter hatte Linda in Houston begonnen, als Nur-Hausfrau mit zwei glücklichen Kindern und einem gutverdienenden Mann kehrte sie nach Houston zurück. Es machte sie stolz, unter diesen Gegebenheiten in die Heimat zurückzukehren. Ihre Tochter bekam ein Pferd, und der knapp dreijährige Sohn hatte einen eigenen Spielplatz. Lindas einzige Sorge schien zu sein, daß der kleine Michael nicht zu nahe an den Pool kam.

Shelley dachte nicht mehr an die Adoption, aber sie fühlte sich noch immer verlassen. Sie hatte sich mit ihrer Mutter über ihre Rolle innerhalb der Familie geeinigt. Und für ihren leiblichen Vater empfand sie nichts. Es war, als hätte sie ein schwarzes Loch im Herzen.

Er hat sich nicht um mich gekümmert; warum also sollte ich mich um ihn kümmern?

Nur einmal wurde in Shelleys Gegenwart der Name ihres leiblichen Vaters — Charles Brotherton — erwähnt. Damals war sie fast dreizehn, ging in die siebte Klasse und verbrachte die Weihnachtsfeiertage im Haus ihrer Großeltern in Houston. Irgendwann zog ihre Cousine Michelle sie ins Gästezimmer.

»Sieh dir das an«, sagte Michelle und drängte Shelley ein Stück Zeitung auf.

Shelley las den Artikel über die Verhaftung eines Mannes namens Charles Brotherton.

»Das ist dein richtiger Vater«, flüsterte Michelle.

»Woher weißt du das?« schnappte Shelley.

»Das hat mir meine Mutter erzählt.«

Shelley war am Boden zerstört.

Endlich war der Tag gekommen. Donnerstag, 5. Mai 1980, Shelleys Geburtstag. Sie wurde dreizehn und war jetzt ein Teenager. An ihrem Ehrentag stand sie früh auf, und da sie nicht zur Schule gehen mußte, koppelte sie mit ihrem Vater einen Pferdeanhänger an den kleinen Lieferwagen, und dann fuhren sie Richtung Norden. Es war eine lange, mehr als drei Stunden dauernde Fahrt zu einer Kleinstadt namens Corsicana. In dieser nordtexanischen Stadt hatte man die erste Ölquelle westlich des Mississippi gefunden — und hier war Bobby Sessions' Geburtsort.

Im Jahre 1894 hatten Corsicanas Stadtväter eine Bohrgesellschaft aus Kansas beauftragt, einen weiteren Brunnen zu bohren. Doch statt auf Wasser stießen die Bohrer auf Öl. Die Corsicanaer brauchten fast ein Jahr, ehe ihnen aufging, was das bedeutete. Und zwei Jahre später besaß Corsicana das erste kommerziell genutzte Ölfeld im Südwesten.

Die Grundstückseigentümer in Navarro County begannen, hinter ihren Häusern Bohrapparate aufzubauen.

Bobby war mit Ölförderungsanlagen groß geworden. Er hatte die großen Geräte bestaunt, die wie hackende Spechte in der Landschaft herumstanden. Bobby kannte die Gegend gut, seine Mutter und andere Verwandte lebten noch hier. Seine Mutter hatte wieder geheiratet und hieß jetzt Lottie Caskeys. Sie begrüßte Bobby und Shelley an jenem Morgen. Aber die beiden hielten sich nicht lange auf. Sie suchten ein Pferd.

Vor dem Ölboom war in Corsicana hauptsächlich Landwirtschaft betrieben worden. Corsicana war einst in der Erzeugung texanischer Baumwolle führend gewesen. Aber es war leichter, Nutzvieh und Pferde um die Bohrtürme herum grasen zu lassen, als den Boden zu pflügen. Die Viehzucht verdrängte die Landwirtschaft.

Vor diesem Hintergrund hegte Bobby Sessions seinen Traum von der Pferdezucht. Als er mit Shelley ein Pferd aussuchte, verwirklichte er auch seine eigenen Träume.

Bis zum Nachmittag hatten sie zwei Pferde gefunden, die ihnen gefielen. Bobby sagte dem Besitzer, sie würden am nächsten Morgen wiederkommen, um eines von beiden mitzunehmen. Dann fuhren sie zu Bobbys Mutter zurück.

Es war schon spät, als Bobby und Shelley nach dem Essen auf ihre Zimmer gingen. Als Shelley in ihr Nachthemd und unter die Bettdecke geschlüpft war, spürte sie, daß sie nicht allein im Zimmer war. Sie blickte auf und sah ihren Vater in der Türöffnung stehen. Er kam näher und setzte sich auf ihr Bett.

»Aufgeregt wegen des Pferdes?« fragte er.

Shelley zögerte. »Ja«, antwortete sie nach einer Weile, »sicher.«

Als sie spürte, wie ihr Vater ihr über die Beine strich, zog sie sich abrupt zurück. »Du bist jetzt eine Frau«, sagte er mit weit geöffneten starren Augen. Shelley wußte nicht, was sie tun sollte.

Bobby sah in Shelley eher eine Gleichgestellte denn eine Tochter. Bobby meinte – er hatte eine Erklärung für alles – schließlich einen Weg zum Herzen seiner Tochter gefunden zu haben. »Shelley war in vielen Dingen sehr störrisch«, erzählte er später, »und ich wollte nur, daß sie mir ihre Liebe zeigte, weil ich ihr so vieles geschenkt hatte.« Das Problem war, daß diese Liebe laut Bobby »nicht zu existieren schien«.

Seiner Meinung nach suchte er »nach einer Möglichkeit der Annäherung, um etwas Aufmerksamkeit, etwas Zuneigung zu zeigen«, wie er es ausdrückte. »Und ich fing an, ihr die Beine im Umkreis ihrer Vagina zu massieren.«

»Mit einem Pferd wirst du eine Menge Spaß haben«, sagte er, während er sie streichelte.

Shelley blieb stumm, den ungläubigen Blick auf die wandernden Hände ihres Vaters gerichtet.

»Ich wette, du kannst es kaum erwarten, es mit nach Hause zu nehmen«, fuhr er fort und streichelte weiter.

Shelley blieb stumm.

Sie war wie versteinert und schloß die Augen, als Bobbys Hand immer höher glitt.

»Wie sehr wünschst du dir ein Pferd?« fragte er. Ein Glitzern der Wollust verriet sein Ziel: Kontrolle. Seine Stimme klang wütend, drohend.

Shelley hatte verstanden. Sie sagte nichts, war jedoch erleichtert, als ihre Großmutter ins Zimmer kam.

Ich wußte nicht, was er da machte, und dann kam meine Großmutter herein, um mich zuzudecken, und sie sah ihn nur an und ging wieder hinaus. Er blieb da. Und er berührte mich weiter überall und steckte seine Hand in meinen Schlüpfer. Und dann kam sie zurück und fragte ihn, was er da mache, und als sie fort war, ging er auf sein Zimmer.

Ahnte Lottie, was da vor sich ging?

Vielleicht erinnerte sie sich an eine Szene, die sich abgespielt hatte, als Bobby und seine jüngste Schwester Betty noch Kinder gewesen waren; eine Szene, in der sie Bobby auf seiner Schwester liegend gefunden hatte. Lottie hatte Bobby auf sein Zimmer geschickt und war mit ihrer Tochter Betty zum Chevrolethändler gefahren, bei dem ihr Mann Clarence arbeitete. Sie erzählte ihm, was passiert war, und fuhr mit ihm nach Hause, wo sie zugegen war, als ihr Sohn eine ordentliche Tracht Prügel erhielt.

Eines, was Betty damals aufgefallen war, war die Tatsache, daß ihr Vater »nicht geschockt zu sein schien«.

Und was machte Bobby im Bett seiner Tochter? »Nur reden«, erzählte er seiner Mutter.

Wußte sie es? Shelley konnte in dieser Nacht lange nicht einschlafen. Ihr Vater hatte nicht darüber gesprochen, was sein Tun bedeutete; was er wollte; was vor sich ging. Er hatte ihr nur gesagt, sie solle niemandem davon erzählen, »was zwischen uns ist«.

Aber die Dreizehnjährige konnte sich darauf keinen Reim machen. Sie lag zu Tode erschrocken im Bett. Sie war verwirrt. Was tat er? Warum? Es fühlte sich schrecklich an.

Sie blieben nur eine Nacht in Corsicana. Shelley nannte ihr Pferd ›Misbehavin‹.

Horror in Houston

Am nächsten Morgen war Bobby bester Laune. Shelley nicht, aber es war schwer, nicht aufgeregt zu sein, als sie ›Misbehavin‹, ihrem stolzen Appaloosa, die Rampe hinauf in den Anhänger half.

Trotzdem konnte Shelley auf der langen Fahrt nach Süden nicht an ihr Pferd denken, denn Bobby hatte noch andere Überraschungen für seine Tochter auf Lager. Er öffnete während der Fahrt seine Hose.

»Shelley, schau her«, sagte er über das Motorengeräusch hinweg.

Shelley rückte von ihm ab zur Tür. Sie sah ihn aus den Augenwinkeln verstohlen an, drückte sich aber so weit wie möglich von ihm weg.

»Schau, Shelley«, sagte er noch einmal. »Komm, schau hierher.«

Furchtsam, neugierig, beschämt, sah sie schließlich hin. Bobby lächelte. »Sieh nur zu«, sagte er, »paß auf, wie es sich verändert.«

Bobby spielte an seinem Glied. Immer, wenn Shelley wegsah, befahl er ihr, hinzuschauen. »Sieh, wie es wächst«, sagte er, während der Wagen über den Texas-Highway donnerte. Die weißen Linien rasten vorbei. Die wilden Frühlingsblumen standen in voller Blüte. Aber Shelley bemerkte nichts von alldem.

Mit einer Hand am Steuer befriedigte Bobby Sessions sich selbst.

Am nächsten Tag war Shelley allein zu Hause. Sie war nicht in die Schule gegangen, weil sie sich krank fühlte. Das heißt, sie war eher verwirrt als krank. Aber ihr ging es wirklich nicht gut. Ihre Mutter machte Besorgungen. Shelley hatte ihr nichts erzählt, weil sie es ihrer Meinung nach längst hätte wissen müssen. Sie wollte nur, daß ihre Mutter etwas unternahm. Als die Schlafzimmertür aufging, fragte sie: »Mom?«

»Nein, ich bin's, Honey.«

Shelley erstarrte. Augenblicklich war Bobby an ihrem Bett. »Wie geht es dir?« fragte er besorgt, während er seiner Tochter über Beine und Körper strich.

»Geh fort!« flehte Shelley und versuchte, sich unter der Bettdecke zu verkriechen.

Aber Bobby hinderte sie daran.

Ich weiß nicht, wie ich es erklären soll. Er ist dein Vater, ein Elternteil. Und man soll seinen Eltern gehorchen. Ein Kind soll seinen Eltern gehorchen. Das geht einem im Kopf herum. Sie sind meine Eltern, sie sind meine Beschützer. Gehorche deinen Eltern.

Das war der Beginn von Bobby Sessions' jähem Abstieg in die Besessenheit. Das neue Haus an der baumbestandenen Straße in dem vornehmen Vorort von Houston, der boomenden Ölstadt, wurde Bobbys kleines und geheimes Bordell, und die gerade dreizehn Jahre alt gewordene Shelley seine Mätresse.

Von jetzt ab kam er, wann immer er wollte, in ihr Schlafzimmer. Wenn niemand da war, berührte er sie. Aber was war, wenn man ihn dabei erwischte? Er machte weiter — das Risiko regte ihn an.

Und Shelley stand immer zur Verfügung. Sie war in der Nähe, knospend und leicht zu haben. Das war das Wort: leicht. Bobs Triebe waren mächtig, seine Nerven gespannt. Shelley war leicht zu haben und gefährlich zugleich. Dieser Kombination konnte Bobby nicht widerstehen. Nacht für Nacht zog es ihn zu seiner Tochter.

Ich fürchtete mich vor ihm. Wissen Sie, ich wußte nicht, was er tat, wenn er es tat. Ich meine, ich wußte überhaupt nichts vom Gesetz und so. Ich wußte nicht, was mit mir passierte. Ich hatte keine Ahnung.

Zuerst benutzte er die Nachwirkungen des Reitens als Entschuldigung für den Mißbrauch Shelleys.

Shelley war steif von der ungewohnten Anstrengung. »Du mußt vom Reiten verkrampft sein«, sagte er, als sie gerade ins Bett gehen wollte.

Shelley verneinte.

»Laß mich dich massieren«, drängte er, während er zu seiner Tochter ins Bett schlüpfte.

Shelley zog sich zurück. »Nein, Dad, meine Beine sind nicht verkrampft!« protestierte sie.

Er lächelte nur, schlug die Decke zurück und fing an, Shelleys Beine zu kneten. Seine Hand bewegte sich höher und höher — eines schien stets zum anderen zu führen.

Er kam nachts in mein Schlafzimmer und fing sofort an, mich zu berühren. Er streichelte mich über mehrere Monate hinweg.

Sessions wußte, daß das, was er tat, nicht richtig war. Aber er redete sich selbst ein, es sei ein Weg, die Zuneigung seiner Tochter zu gewinnen.

»Ich liebte Shelley sehr und genoß, was wir miteinander taten«, würde er später einmal erklären, »denn für mich war es das erste Mal, daß zwischen uns Liebe entstand.«

Shelley hatte eine andere Sicht dieser Begegnungen. Sie wußte nichts über Sex. Sie konnte ›falsch‹ nicht von ›richtig‹, ›normal‹ nicht von ›abnormal‹ unterscheiden. Sie wußte nichts von Recht und Unrecht. Sie wußte nicht, daß Väter solche Sachen machen konnten. Ihre Welt war die Welt ihres Vaters und ihrer Mutter, ihrer Ernährer, ihrer Stützen, ihrer Erklärer der Welt. Und wenn ihr Vater in ihr Schlafzimmer kam, sah Shelley in ihm auch einen Großteil ihrer Existenz verkörpert.

Shelley sträubte sich. Und für Sessions war die Sexualität »ein Problem und ein Kampf.« Aber er hörte nicht auf. Im Gegenteil, er wurde immer kühner. Er ignorierte Shelleys Sträuben und stellte seine Forderungen. In den wenigen Monaten seit dem Geburtstag seiner Tochter war er vom Streicheln zum Petting und vom Petting zum Geschlechtsverkehr übergegangen.

Er fing an, oralen Sex mit mir zu machen. Er sagte mir, wie sehr er mich liebe, und daß dies der Weg sei, wie er Liebe zwischen ihm als Vater und mir als Tochter spüren könne... Mir kam es unanständig vor.

Während er seine Tochter Tag und Nacht mißbrauchte, plante Sessions einen großen Umzug. Mit achtunddreißig Jahren hatte er genügend Geld, um nach Hause zurückzukehren und das Leben zu führen, von dem er stets geträumt hatte. Die Verhandlungen für den Kauf einer in der Nähe von Corsicana gelegenen Farm standen kurz vor dem Abschluß.

Für Außenstehende kehrte er als reicher Mann zurück, als Einheimischer, der es zu etwas gebracht hatte. Aber unter der Oberfläche sah es anders aus. Das Risiko, das mit seiner Beziehung zu Shelley verbunden war, machte ihm immer mehr zu schaffen. Er rauchte mehr als die gewohnten vier Packungen Winston am Tag, trank mehr als die üblichen vierzig Dr. Peppers. Ein Eroberer kehrte nach Hause zurück — ein nervöser Eroberer.

Über Geld brauchte er sich keine Gedanken mehr zu machen. In seinem letzten Jahr bei Tampimex, 1980, hatte er ein Einkommen — Gehalt und Prämien — von über drei Millionen Dollar angegeben. Er hatte Tampimex verlassen, um bei einer anderen kleinen Ölgesellschaft anzufangen, die ihm zwei Millionen Dollar bei Unterzeichnung und eine Million Dollar Garantie zusagte.

Als Abschiedsgeschenk überreichten ihm seine Tampimex-Kollegen ein Bild eines voll aufgetakelten Dreimasters im Krieg — ein Symbol für die recht kriegerischen Kämpfe im Ölgeschäft. Es war das passende Emblem für die Schlachten, die ihm in seinem neuen Job bevorstanden.

Bevor er unterzeichnete, hatte Sessions von seinem Anwalt eine Zusatzklausel in den Vertrag einfügen lassen, die besagte, daß man für sein beträchtliches Gehalt nichts Illegales oder Unmoralisches von ihm erwartete. »Damals gab es drei verschiedene Preise im Ölgeschäft, besonders für Inland-Rohöl«, erinnerte sich Bobby. »Viele Jungs kauften einfach Altöl und verkauften es illegal für 38 Scheine den Barrel als Neuöl. Deshalb machten wir diesen Zusatz im Vertrag. Wenn die Gesellschaft Illegales tat oder mich bat, etwas Illegales zu tun, konnte ich mir meinen Bonus und das bis dahin angelaufene Gehalt nehmen und verschwinden.«

Sessions erzählte später, sein Boß habe ihn zehn Tage nach seinem Arbeitsantritt gebeten, »meine Beziehungen spielen zu lassen und bei AMOCO, Shell, Gulf, Texaco, all den führenden Gesellschaften anzurufen und einen Plan auszuarbeiten, wie man Altöl einkaufen und als Neuöl verkaufen könnte.« Bobby sagte nein, ging und nahm die zwei Millionen mit, die ihm laut Vertrag zustanden.

Bobby beschloß, mit den drei Millionen Dollar, die er 1980 verdient hatte, ein eigenes Geschäft aufzuziehen. Er begann mit der Circle S Energy Company, um auf eigene Rechnung mit Rohöl zu makeln. Gleichzeitig legte er Treuhandfonds für Michael und Shelley an und lieh sich das angelegte Geld, um eine zehnprozentige Beteiligung an Circle S Energy zu erwerben. Den Rest des Grundkapitals teilte er zwischen sich und Linda auf. Natürlich blieb er der Boß.

Zur selben Zeit stand der Ankauf eines fast 400 Morgen großen, wertvollen Weidelandgrundstücks samt Gebäuden vor dem Abschluß. Das Land lag in Powell, einer kleinen, an der Route 31 gelegenen Stadt, gut neun Kilometer östlich von Corsicana, dem Navarro County-Sitz, entfernt. Die Planung des Umzugs raubte Bobby den letzten Nerv. Er qualmte wie ein Schlot, schüttete Dr. Peppers in sich hinein und befaßte sich mit Shelley, was ihn anfangs beruhigte und später aufregte. In den vier Monaten zwischen Shelleys dreizehntem Geburtstag und den Umzug nach Powell entfachte er ein wahres Crescendo unerlaubter sexueller Aktivität.

Shelley erstarrte, wenn er sich in ihr Zimmer schlich und unter ihre Bettdecke schlüpfte. Sie wollte schreien, sich erbrechen, weinen — sie weinte leise — aber das hier war ihr Vater — und wen ruft man? Er lag jetzt auf ihr und bedrängte sie, ermutigt von der Leichtigkeit, mit der er seine Lust befriedigen konnte.

Bobby Sessions konnte sich nicht beherrschen. Er erzählte niemandem davon und rationalisierte: »Ich wußte, daß es falsch war, aber ich genoß es, und Shelley liebte mich und sie genoß es ebenfalls. Ich habe nur nie über die Folgen nachgedacht.«

Er nahm sich von dem Kind, was er wollte.

An einem Samstagmorgen beorderte er Shelley in *sein*

Schlafzimmer. Seins und Lindas. Linda war einkaufen. Bobby erwartete seine Tochter in seinem Frotteebademantel.

Er legte mich aufs Bett und fing an. Ich erinnere mich nur noch daran, wie weh es getan hat.

Der Schmerz der Penetration. Shelley wußte nicht, wie sie die Schmerzen bewerten sollte. Sie wußte nur, daß es nicht richtig war. Kinder können ›gut‹ und ›böse‹ ebenso gut unterscheiden wie ›heiß‹ und ›kalt‹. Shelley wußte, daß es nicht richtig war, wenn ein Vater seine Tochter derart verletzte, besonders, wenn sie nichts Böses getan hatte. Warum bestrafte er sie, obwohl sie nichts Böses getan hatte? Diese Frage verstärkte ihren Schmerz.

Shelley hatte niemanden, an den sie sich wenden konnte. Sie versuchte, Bobby mit Erwachsenenlogik beizukommen: »Und was ist, wenn ich schwanger werde?«

»Mach dir darüber keine Gedanken. Ich habe eine Vasektomie machen lassen.« Als hätte er alles geplant.

Für Shelley war Houston kein Synonym für Raumfahrt oder Ölboom oder auch nur Pferdeschwänze oder Reiten – für sie stand Houston für vier Monate voller Horror. Immer, wenn sie später an Houston, Texas – ihre Heimat – zurückdenken sollte, sah sie einen großen, ungeschlachten Mann aus dem Schatten treten.

Shelley fand Erleichterung vor dem Fernseher, einem passiven, verständnisvollen und unterhaltsamen Freund. Jeden Samstagmorgen machte sie es sich auf dem Wohnzimmersofa bequem und sah sich ihre Lieblingszeichentrickfilme an. Aber die letzte, kleine Bastion fiel eines Morgens, als sie vom Fernseher aufblickte und sah, wie ihr Vater die Treppen herunter ins Wohnzimmer kam. Er trug einen Bademantel. Ein Indiz dafür, daß es Schwierigkeiten geben würde.

Er setzte sich neben mich, und dann streichelte er mich. Und alle paar Sekunden sprang er auf und sah sich im Haus um, um festzustellen, ob jemand wach sei.

Linda und Michael schliefen oben.

»Bist du verrückt?« schrie Shelley ihren Vater an.

Bobby Sessions nahm sich alle Freiheiten heraus. Er war völlig blind für die Fallgruben seiner Besessenheit.

Sein sexuelles Verlangen war nichts als perverse Begierde. In wenigen Monaten war Bobby vom Berühren zum Penetrieren übergegangen und hatte damit das Leben seiner Tochter für immer verändert. Shelley war zu einem puren Sexualobjekt geworden.

Bobby war der Meinung, sie ›hätten eine Affäre‹.

Shelley nicht. Sie flehte ihn an, damit aufzuhören.

Er sagte ihr, sie solle sich vorstellen, er sei ein attraktiver Fernsehstar.

»Sag mir, daß du mich liebst«, flüsterte er ihr zu, halb fordernd, halb bittend. »Ich liebe dich, Shelley. Liebe mich.«

Shelley sagte nichts, doch ihr Schweigen hielt ihren Vater nicht ab.

Sessions bestand bei seinen immer häufigeren Fahrten nach Powell darauf, daß Shelley mitkam. Ihre Proteste nützten nichts. Während der Fahrt befahl er seiner Tochter, sich auszuziehen. Wenn sie sich sträubte, ›half‹ er ihr. Autos fuhren vorbei, während Bobby Sessions seine nackte Tochter anstarrte, die sich gegen die kalte Wagentür oder in den Fußraum preßte.

Shelley versuchte ihn davon abzuhalten, indem sie Freundinnen einlud, mitzukommen. Aber er erlaubte ihr nur ein einziges Mal, eine Freundin mitzunehmen, und selbst das hielt ihn nicht ab.

Es war schon später Abend, und sie lag auf dem Boden des Autos und war im Begriff, einzuschlafen. Ich lag im Sitz und wollte auch gerade einschlafen, als er anfing, mich zu streicheln und einen Finger in mich reinsteckte.

Sessions fuhr fort, sich und Linda weiszumachen, Shelley sei ein störrisches Kind, das »anfing, sich in schlechter Gesellschaft herumzutreiben«. Sie müßten sie schützen. Er erzählte Linda, sie seien unter anderem nach Corsicana gezogen, damit Shelley in einer gesünderen Umgebung aufwüchse.

Linda ahnte, daß etwas nicht stimmte. Seit Monaten beobachtete sie, wie Shelley immer mürrischer und Bobby immer launischer und fordernder wurde. Sie hatte bemerkt, daß Shelley und Bobby sich bei jeder Kleinigkeit in die Haare gerieten. Bobby schrieb Shelley jede Kleinigkeit vor. Und wie stets führten die Kämpfe zwischen Vater und Tochter zu regelrechten Schlachten zwischen Linda und Bobby. Linda litt sehr darunter. Sie begriff nicht, weshalb Bobby unbedingt alles kontrollieren wollte. Es gab kein Entrinnen – es sei denn, Bobby stürmte zornentbrannt aus dem Haus. Und als der Umzug nach Powell drohend vor der Tür stand, deutete Linda ihrer Tochter gegenüber an, daß sie Bobby verlassen würde.

»Das ist genau der richtige Zeitpunkt, um Schluß zu machen«, sagte ihre Mutter, als Bobby wieder einmal das Weite gesucht hatte. »Wir bleiben in Houston und lassen ihn nach Corsicana ziehen.«

Das war die beste Nachricht, die Shelley seit langem gehört hatte. Die Rettung. Sie hatte darauf gewartet, daß ihre Mutter *sehen würde*, was mit ihr geschah.

Doch Lindas Entschluß, Bobby zu verlassen, hielt nur so lange vor, wie Bobby außer Haus war. Als er zurückkehrte, war davon nicht mehr die Rede. Shelleys Meinung nach hatte Linda ihr die einzige Chance vertan, zu entkommen.

Die Hölle auf der Ranch

Es war der letzte Tag ihres achten Schuljahrs. Aber Shelley ging nicht zur Schule, da ihr Vater beschlossen hatte, an diesem Tag umzuziehen. Die Familie zog gen Norden, nach Powell. Einwohnerzahl: 130.

»Wie er mir sagte, zog er dorthin zurück«, erklärte Betty Duvall später, »weil er wollte, daß seine Kinder in einer kleineren Stadt mit der Freiheit aufwuchsen, die sie in einer größeren Stadt nicht haben konnten. Das heißt, auf einer Ranch leben und Pferde, Hunde und Katzen zu halten. Aber ich glaube nicht, daß das der wirkliche Grund war. Ich glaube, er ist zurückgekommen, um den Leuten zu zeigen, wie weit er es gebracht hatte.«

Sessions erzählte ein paar Leuten, er sei mit seiner Familie nach Powell in Navarro County gezogen, weil es schwierig sei, die Farm aus der Entfernung richtig zu bewirtschaften. Andere Leute hatten gehört, daß er eine ›gesündere Umgebung‹ für seine Kinder suchte. Es sei stets sein Wunsch gewesen, ins Pferde- und Nutzviehgeschäft einzusteigen. Und, wie er später einmal sagen würde: »Wir wollten unsere Kinder von den Houstoner Schulen wegholen. Powell schien ein besserer Ort für eine Familie zu sein.«

Shelley hatte für diese Ironie nichts übrig, aber Bobby auch nicht. Für ihn wurde die Rückkehr eine bittersüße, aber triumphale Reise zu seinen Wurzeln.

Sessions wußte, daß der Ölboom in Houston nicht andauern würde. Er spürte, daß das Ölgeschäft kurz davor stand, bergab zu gehen. Jetzt war die beste Zeit, um Pferde und Kühe zu züchten.

Sie zogen in ein kleines Ziegelsteinhaus, während Bobby mit dem Bau der Villa begann, ein 1200 qm großes Haus mit fünf Schlafzimmern am Ufer des Lake Corsicana. Bobby würde Rancher und Ölmann zugleich sein. Er kaufte acht Kilometer von seinem Grundstück entfernt weitere 600 Morgen Land. Die neue Ranch umfaßte jetzt knapp fast 1000 Morgen texanischen Weide- und Öllands und zog sich kilometerlang am Highway 31 dahin. Mehr Kilometer, als Bobby sich in seinen kühnsten Träumen vorgestellt hatte.

Er zahlte bar und nahm keine Hypothek auf. Er war so gut bei Kasse, daß er in diesem Jahr fast eine Million Dollar an Einkommensteuer zahlte. Minro, sein ehemaliger Arbeitgeber für weniger als zwei Wochen, hatte Konkurs angemeldet und forderte die zwei Millionen Dollar Bonus zurück. Bobby schloß einen Vergleich und zahlte 1 050 000 Dollar. Das schien seinen Plänen nichts anzuhaben. Als Sohn eines Arbeiters hatte er mit Anfang Zwanzig die Stadt verlassen. Und jetzt war er wieder zurück und bezahlte eine Einmillionendollarranch in bar. Bobby war als eine Art Held nach Navarro County zurückgekehrt. Das war um so bemerkenswerter, wenn man bedenkt, woher er kam. Sein Großvater war Farmpächter, sein Vater Automechaniker bei einem Chevyhändler gewesen.

Clarence Sessions war aber auch ein strenger Zuchtmeister und in der First Baptist Church von Kerens für die Musik verantwortlich gewesen. Als sie nach Corsicana umgezogen waren, spielte er die Orgel in der Baptistenkirche.

Bobby wurde am 3. März 1942 als zwar nicht geplantes, aber erwünschtes Kind geboren. Er war das zweite von vier Kindern des Ehepaares Clarence und Lottie Sessions und der einzige Junge. Bobby brachte gute Schulnoten nach Hause, hielt sich aber nicht für ein Genie. Er besaß einen athletischen Körper und eine gute Koordination, war aber in Sport nicht sonderlich gut. Er tendierte zur Kunst.

Er hatte eine gute Stimme und wollte damit etwas anfangen. Er trat mit ein paar Mitschülern von der Kerens High in einer Band namens Octones auf. Sie spielten Popmusik. Die Band hatte sieben Mitglieder. Bobby war der Sänger. Anfang der sechziger Jahre gab es in dieser Baptisten-Bastion des ›Bibelgürtels‹ keine Tanzveranstaltungen. Deshalb traten die Octones auf Talentshows in der High-School und bei der jährlichen Navarro Junior College's Talentshow auf. Die Band fuhr ins Adolphus

Hotel in Dallas, um für die vom KLIF-Sender gesponserten ›Interscholastic Starmakers‹ vorzuspielen. Sie gewann eine Reise zur landesweiten Ausscheidungsrunde, kam aber nicht ins Finale.

Im letzten Schuljahr spielte Bobby eine Hauptrolle in einer Schulinszenierung von *My Little Oscar*, und zwar den Webster Piper, ›einen schwer arbeitenden, nervös wirkenden Geschäftsmann‹.

Und er schrieb für die *Kerens Tribune* Sportartikel über die Bobcats, dem Basketball-Team der High-School.

Er erzählte den Leuten, die United States Naval Academy in Annapolis habe ihn angenommen, aber niemand wußte, ob das stimmte. Einige Verwandte meinten sich zu erinnern, er habe von West Point gesprochen. Er ging auf keine der beiden Akademien, sondern besuchte fünf Semester lang das hiesige Navarro Junior College.

Bobby hatte zu Hause ein schweres Leben. Sein Vater war als strenger Zuchtmeister seines Sohnes bekannt. Seine Töchter behandelte er nachsichtiger.

»Mein Vater brüllte niemals«, erinnerte sich Betty. »Dann fing er an, Bobby zu verprügeln. Wissen Sie, damals benutzte man große Lederriemen. Meine Schwestern versuchten mir einzureden, ich wüßte nicht, was da ablief. Ich habe an meinem Vater nichts Böses bemerkt ... Aber ich erinnere mich, zweimal Schläge bekommen zu haben, weil ich etwas falsch gemacht hatte. Und was seine Strenge betrifft: Er wollte nicht, daß wir tanzten, tranken, rauchten oder auf Parties gingen.«

Bobby verstand nie, weshalb sein Vater keine Wärme und Liebe für ihn empfand. Er fühlte sich sehr einsam und aus der Familie ausgestoßen.

»Bobby mußte für jeden Cent hart schuften. Dad hat ihm nie etwas geschenkt«, erinnerte sich Betty. Das Geld für seinen ersten Wagen, einen grünen 1960er Chevrolet Impala, verdiente Bobby sich durch Rasenmähen. Er lernte, daß er für alles arbeiten mußte, außer für das, was er sich von seiner Schwester Pat borgte, die bei Dairy Queen arbeitete. Dieses Geld gab er für Billardspiele in Corsicana aus. Er baute darauf, daß seine Mutter seinen strengen Vater besänftigte. »Ich weiß, daß meine Mutter immer für Bobby Partei ergriff«, berichtete Betty. »Sie fuhr ihn nach Dallas zur Talentshow. Solche Sachen machte sie immer für ihn.«

Während Clarence seine Töchter favorisierte, duldete er es nicht, wenn Bobby ihm widersprach. Bobby war wütend darüber und ließ seine Wut an seinen Schwestern aus. Zwischen Junior- und Senior High-School weigerte er sich, mit seiner Schwester Pat zu sprechen, die drei Jahre jünger und übergewichtig war. Zur selben Zeit belästigte er seine jüngste Schwester Betty.

»Ich erinnere mich an Zeiten, wo meine Eltern ausgehen wollten«, erinnerte sich Betty, »und ich weinte und flehte sie an, nicht zu gehen. Sie antworteten, deine Schwestern bleiben doch bei dir. Aber ich fühlte mich nur sicher, wenn mein Vater da war.«

Laut Betty hat Bobby sie zum ersten Mal mißbraucht, als sie sechs Jahre alt war. »Wir waren in einer Scheune. Es war noch ein anderer Junge dabei, der zu Besuch bei seinen hinter uns wohnenden Großeltern war. Und (Bobby) mißbrauchte mich.«

»Meine Mutter wußte, was passiert war«, fuhr Betty fort. »Mein Vater arbeitete für einen Chevrolet-Händler. An dem Tag, an dem sie Bobby auf mir liegend überraschte, steckte sie mich ins Auto, schickte Bobby ins Haus und sagte mir, wir führen zu Vater. Als wir vor dem Geschäft anhielten, kam Vater heraus. Es schien, als sei es kein großer Schock für ihn. Sie sah ihn an und sagte: ›Buddy, Bobby ist über Betty hergefallen.‹ Er wirkte nicht besonders beeindruckt; als wäre der Vorfall nichts Ungewöhnliches. Vielleicht habe ich unrecht. Er ging einfach nur in den Laden zurück, nahm seine Farbmaske ab, kam wieder heraus und fuhr mit uns nach Hause. Und Bobby wartete im Haus. Er verprügelte ihn nach Strich und Faden mit einem Gürtel.

Dann kam Vater auf mich zu und packte mich am Arm, und Bobby schrie: ›Schlag sie nicht, schlag sie nicht, Dad. Sie ist unschuldig, es ist alles meine Schuld.‹ Er tat mir wirklich leid, obwohl ich das alles nicht verstand.

Ich war damals ungefähr sechs Jahre alt, deshalb kann ich mich an vieles nicht mehr erinnern, außer, daß meine Mutter mir Schuldgefühle einredete. Sie sagte, ich solle zu Gott beten, damit er mir meine Sünden vergebe. Und sie ging mit mir ins Badezimmer und zog mich aus und sagte, ich müßte in die Wanne steigen und mich waschen. Sie schickte mich in dem zarten Alter auf einen richtigen Schuldtrip.«

Doch trotz der Schläge fuhr Bobby während der Zeit auf der High-School fort, Betty zu mißhandeln, und drohte ihr, sie zu bestrafen, falls sie sich gegen sein Streicheln sträubte oder jemandem etwas davon erzählen würde. Bei Familienfeiern zitierte Bobby seine Schwester manchmal in ein Schlafzimmer und befahl ihr, das Kleid hochzuheben, während er masturbierte. Wenn sie Freundinnen zu Besuch hatte, ging er mit ihnen in die Scheune und masturbierte.

»Er ejakulierte vor meinen Augen. Und wir hatten das ganze Haus voller Gäste«, erinnerte sich Bobbys Schwester. »Er war in seinem Zimmer und rief mich und sagte: ›Halt dein Kleid hoch.‹ Und ich fragte: ›Weshalb?‹ Er antwortete: ›Tu, was ich dir sage.‹ Und ich gehorchte, und er stand genau vor mir.« Die Gäste waren, laut Betty, wahrscheinlich aus der Kirchengemeinde. »Wir hatten ständig Gäste zum Tee. Meine Eltern hatten eine Menge Freunde. Sie spielten ständig Domino mit ihnen, luden sie zum Essen ein und so.«

Betty wurde oft von Bobby mißbraucht. »Ich erinnere mich noch daran, als niemand außer uns beiden im Haus war. Meine Mutter hatte ihr eigenes Geschäft und war nach Dallas gefahren, um dort Sachen für den Laden einzukaufen. Als sie nach Hause kam, fand sie mich in seinem Schlafzimmer, wo er geschlechtlich mit mir verkehrte. Ein andermal waren wir im Haus meiner Tante auf dem Lande. Sie hatte Pferde und alles, und in der Scheune fiel er über mich her.

Das geschah noch vor meiner Schulzeit. Ich versuchte, es zu vergessen, weil niemand mit mir darüber sprechen wollte. Ich dachte etwa: Es ist passiert, jetzt vergiß es. Selbst als ich ein Teenager geworden war und mich zu entwickeln begann, ließ er mich nicht in Ruhe. Er machte Anspielungen. Als ich einmal im Bademantel im Haus herumlief, fragte er: ›Was hast du unter deinem Bademantel?‹ Ich erinnere mich daran, daß er einmal, als ich mich zum Essen an den Tisch setzte, sagte: ›Weißt du, du fängst an zu knospen.‹ So ging es die ganze Zeit. Ich erinnere mich an beide Male sehr deutlich, weil sie mich erschreckten. Man erinnert sich an alles, was einen erschreckt hat.« Pat und Betty hielten ihren älteren Bruder für triebhaft, dominant und herrschsüchtig.

Er war vierundzwanzig und lebte in Houston, als er hörte, daß sein vierundfünfzigjähriger Vater einen Gehirntumor hatte. Doch erst als Clarence seine letzten Atemzüge machte, zeigte Bobby Anteilnahme – er sprang in seinen Wagen und raste mit gut hundertvierzig Stundenkilometer nach Corsicana. Doch es war zu spät. Sein Vater war tot. Und der junge Mann weinte in aller Öffentlichkeit, und nichts konnte ihn trösten.

Vielleicht hatte die Liebe, die ihm verweigert wurde, in ihm das starke Verlangen geweckt, jemand zu sein – und andere zu beherrschen.

Niemand, der den Highway zwischen Corsicana und Kerens entlang fuhr, konnte Bobby Sessions' neues Haus übersehen. Und die meisten Einheimischen wußten oder hatten davon gehört, daß Bobby es bar bezahlt hatte.

Es war eine große Ranch, selbst für einen Mann mit einem großen Appetit auf Macht und Geld. Sessions taufte sie die Circle S und gründete Circle S Energy und Circle S Construction. Er heuerte Richard Ruiz an, der später Verwalter auf der Ranch wurde. »Anfangs arbeitete ich nur halbtags für ihn«, erinnerte Ruiz sich. »Ich arbeitete bei der Stadt und paßte auf sein Vieh auf. Gegen Ende der Bauphase arbeitete ich ganztags für ihn. Ich fuhr den Bulldozer. Und dann schlug er mir vor, ganz für ihn zu arbeiten. Nach acht oder neun Monaten nahm ich an.«

Am Ende hatte Bobby einen richtigen Gebäudekomplex auf seinem Grundstück stehen. Nur wenige hundert Meter von dem Platz entfernt, wo die Villa hochgezogen wurde, bauten Ruiz und sein Team ein Büro für Bobbys verschiedene Aktivitäten. »Da gab es eine alte Scheune, an die wir das Büro anbauten«, erzählte Ruiz. »Sie war aus Blech. Der Boden drinnen war dreckig, bis wir kamen und den Platz betonierten, wo wir Geräte und Material lagerten.

Wir stellten unsere Traktoren und die größeren Geräte hinein. Es war eine riesige Scheune.

Wir bauten das Büro direkt daneben. Es war ein großes Büro, und ich hatte auch ein großes, und dann gab es da noch eine Empfangshalle. Unsere beiden Büros waren mit Teppich ausgelegt, wir hatten ein Bad mit Dusche und einen Pausenraum mit Mikrowellenherd und Kaffeemaschine und all dem Zeug. Bobby hatte wunderschöne Möbel, Bücherregale, einen Schreibtisch und einen Fernseher in seinem Büro.

An der Wand hingen Fotos von Shelley und den Rindern. Er hängte auch Bilder von den Ausstellungen an die Wand.«

Für Ruiz hatte Bobby ein Haus mit fünf Zimmern hinter dem Büro gebaut. Links davon gab es noch eine Scheune. Das Haus, in dem Bobby und seine Familie im ersten Jahr gewohnt hatten, lag wenige hundert Meter südlich. Achthundert Meter die Straße hinunter gab es einen Stall für dreihundert Rinder. »Es war ein prächtiger Stall«, erinnerte sich Ruiz, »den wir auch noch ausbauten.«

Der Umzug nach Powell war für den wohlhabenden Sessions auch ein Abschreibungsobjekt. Er baute ein Netz von Gesellschaften und Firmen auf, um einiges von dem Geld, das er in seiner bewegten Rohölzeit verdient hatte, beiseite zu schaffen.

Auch als Rancher gehörte es zu Bobby Sessions' Stärken, eine Gelegenheit zu erkennen und sie beim Schopf zu fassen. So war es im Ölgeschäft gewesen, so war es auch jetzt.

»Als ich dort ankam, hielten wir nach jemandem mit einem Bulldozer Ausschau, der einen Teil unseres Grundstückes planieren sollte. Aber wir fanden niemanden«, erinnerte Bobby sich. »Jeder, den wir fragten, antwortete uns, wir sollten sie wissen lassen, wenn wir jemanden gefunden hätten, denn bei ihnen wäre auch noch einiges zu tun. Plötzlich dämmerte es mir. Wenn es bei so vielen Leuten soviel Arbeit gab, sollte ich mir vielleicht einen Bulldozer zulegen und für sie arbeiten und meine eigene Arbeit erst dann erledigen, wenn es bei den anderen nichts mehr zu tun gab.«

So entstand Circle S Construction. Die Firma begann sofort damit, im Auftrag des County Straßen zu bauen, Kies zu fördern, alte Häuser in Corsicana dem Erdboden gleich zu machen und Fäulnistanks aufzustellen — mit einem Wort, sie machte alles. »Für eine große Ranch rodeten wir sieben- oder achthundert Hektar Holz«, berichtete Ruiz.

Bobby verstand nicht viel von Viehzucht. Aber er sah rasch ein, daß eine Pferdezucht zu teuer würde, und daß er seine erstklassigen 375 Morgen Land besser für die Rinderzucht benutzte.

Etwas, was Bobby schon früh erkannt hatte, war, daß die Ranch hervorragend für sexuelle Angriffe auf seine Tochter geeignet war.

Bobby hatte einen unstillbaren Appetit auf Sex. Und Shelley war das Ziel seines Verlangens. Sie konnte ihm nicht entkommen.

Die Sessions zogen zuerst ins Ranchhaus, einem niedrigen und langgestreckten Gebäude mit Dachschräge. Bobby war es zu alt und zu klein. Er begann unverzüglich mit dem Bau der Villa am Ufer des Sees.

Shelley haßte das Haus aus einem anderen Grund. Zwischen ihrem Schlafzimmer und dem ihrer Eltern lag nur ein Flur, was bedeutete, daß ihr Vater sehr nah war.

Jede Nacht kam er in mein Schlafzimmer und streichelte mich, und meine Mutter kam an die Tür und fragte ihn, was er da tue, und er antwortete: ›Wir reden über Pferde‹ oder etwas ähnliches.

Sobald er gegangen war, lief Shelley ins Badezimmer und schrubbte und schrubbte sich.

»Für uns war er der arme Junge vom Lande, der es zu etwas gebracht hatte«, erinnerte sich Cherry Layfield, die mit der Sessions-Familie in Kerens aufgewachsen war.

Der arme Junge war in die große Stadt gezogen, hatte sein Glück gemacht und war zurückgekommen, um die Früchte seiner Arbeit zu genießen.

Zu diesen Früchten gehörten eine tausend Morgen große Rinderranch, eine Baufirma und Pläne für eine hypothekenfreie Villa. Für den Enkel eines Pächters war das allerhand. Und Bobby war überglücklich, seinen Wohlstand mit anderen zu teilen — mit gutem Ergebnis.

Zuerst kümmerte er sich um seine Familie. Er kaufte für zwei seiner Schwestern und seine Mutter ein Haus in Corsicana. Als er und Linda die Villa bezogen, gab er Lindas Eltern das kleinere Haus und bezahlte die Nebenkosten. Sie kamen aus Houston. Er kaufte ihnen auch noch andere Sachen, zum Beispiel einen neuen Lieferwagen für Mr. Bellard. »Wie soll man mit jemandem nicht auskommen, der einen so behandelt?« fragte Betty Duvall.

Bobby hatte den Rest der Familie nicht oft besucht und es Shelley untersagt, im Haus ihrer Cousine zu bleiben, bis die Villa bezogen werden konnte. Dann fing er an, die Familie einzuladen. An Feiertagen trafen sich beide Zweige der Familie beim Circle S. Bobby und Linda richteten das Thanksgiving Dinner aus.

Shelley genoß es, die große Familie um sich zu haben.

Ich habe meinen Onkeln und Tanten aus beiden Familien immer nahe gestanden. Wir hatten immer viel Spaß miteinander. Es gab Swimming-Parties und Volleyball- oder Badmintonspiele.

Bobby überwachte die Familienzusammenkünfte mit strengem Blick. Selbst seine Nichten und Neffen fielen unter seine Gerichtsbarkeit.

»Schrei meine Tochter nicht an!« schnappte Betty, als Bobby das Kind ausschimpfte, weil es durchs Haus gerannt war.

»Sie braucht etwas Disziplin, Betty«, antwortete er ernst.

Aber Bobbys größte Aufmerksamkeit war Shelley vorbehalten, die er bei diesen Familienfeiern gern zu verfolgen schien. Niemand wußte, weshalb. Bobby scheuchte Shelley von den anderen fort. Er befahl seiner Tochter, sie solle aufhören, Onkel

James, Bettys neuen Ehemann, zu belästigen. Aber Onkel James fühlte sich gar nicht von seiner Nichte belästigt. Bobby mahnte James, Shelley nicht zu nahe zu kommen.

Ich war immer schon sehr kitzlig gewesen, und mein Onkel Ricky kitzelte mich jedesmal, und ich schrie und lachte und boxte — und bekam Schwierigkeiten.

»Shelley, du mußt ruhiger werden«, brüllte Bobby. »Du sollst nicht im Haus herumspielen.«

»Shelley, trink nicht so schnell.«

»Shelley, leg deine Gabel nicht so lärmend hin.«

Bobby wollte nicht, daß sich jemand mit mir abgab. Es war nur zu deutlich sichtbar, wie gut ich mit den anderen auskam — nur nicht mit ihm. Sie durften mich rügen, und ich gehorchte ihnen. Es war sonnenklar, wie sehr ich sie liebte. Aber was ihn betraf — wissen Sie, wenn er jetzt hier wäre, würde ich sofort auf die andere Seite des Zimmers gehen. Wenn er mir nachkäme, würde ich woanders hingehen. Wo er sich im Haus auch aufhalten mochte, ich war woanders. Immer. Ich bin sicher, daß sie es bemerkten.

Jeder behandelte Shelley nachsichtig und schlich auf Zehenspitzen um Bobby herum, ohne genau zu verstehen, was Shelley getan hatte oder weshalb sie so abgesondert wurde. Aber Bobby versorgte sie alle weiter, bewirtete und beherrschte die ganze Familie. Und das hatte seinen Preis.

Er war so etwas wie der Boß der Familie. Er beherrschte sie alle. Wenn sie Geld brauchten, kamen sie zu Bobby gelaufen ... Er organisierte alles, sagte allen, was, wann und wie sie es zu tun hätten. Ich hätte am liebsten geschrien: ›Halt's Maul!‹ In den Ferien fährt man zu jemandem, der es sich leisten kann, einen durchzufüttern — das waren immer wir. Alle kamen sie zu uns. Wir hatten fünf Schlafzimmer. Alle blieben sie. Schließlich war es so weit, daß jedermann sprang, sobald Bobby einen Ton sagte.

Nachdem Bobbys Mutter sich wiederverheiratet hatte, kaufte er den Frischvermählten ein Haus.

Er gab Bettys Mann James Duvall einen Job auf der Ranch. Auch Shelleys Onkel Ricky arbeitete dort und Onkel Don, ein entfernter Cousin vom väterlichen Zweig der Familie. Bobby empfing alle mit offenen Armen. Eheschwierigkeiten trieben die Menschen zu Bobby. Er war reich, und er war immer da.

»Ich half ihm, die Ranch zu bauen«, erinnerte sich James Duvall, »fuhr Bulldozer, lud Lastwagen ab, paßte auf das Vieh auf, errichtete Zäune.«

Aber er kannte den Preis, den er für seine Arbeit bei seinem Schwager zahlen mußte. »Er gab mir einen elenden Job und versuchte die ganze Zeit, mich herabzusetzen.«

Die ganze Familie war auf mich und Michael eifersüchtig. Zum Beispiel darauf, was wir zu Weihnachten bekamen. Wir bekamen nicht nur ein paar Geschenke. Wir bekamen Hondo-Dreiräder und vieles mehr. Es war wie im Spielzeugland. Tonnenweise Kleider, Spielzeug, Stereogeräte. Sie übertrafen jede Erwartung.

Es kam so weit, daß meine Mutter Feiertage haßte, weil sie sich dann fühlte wie ... Sie konnte nicht kaufen, was sie wirklich schenken wollte. Sie stand unter Druck. Sie erwarteten zu viel. Sie erwarteten großartige Geschenke. Sie begann Weihnachten zu hassen. Sie sagte, es sei wie ein Job und mache ihr keinen Spaß mehr. Alle interessierten sich nur noch für die Geschenke. ›Hey, ich bin gespannt, was Bob und Linda uns zu Weihnachten schenken‹.

Bobby verbreitete seinen Edelmut auch in der Stadt.

Er kaufte eine auf der Landausstellung preisgekrönte Kuh für 5000 Dollar, wohl wissend, daß das Geld für einen guten Zweck bestimmt war. Die menschenfreundliche Tat verschaffte ihm eine Titelgeschichte samt Bild in der nächsten Ausgabe der *Corsicana Daily Sun*.

Bobby hielt sich von Klubs wie Kiwanis oder Rotary fern. Er gewann durch gelegentliche Gesten der Großzügigkeit an Einfluß. »Er engagierte sich im großen Stil für Rinder«, sagte Betty. »Er gab große Summen für die verschiedenen Ausstellungen aus.«

Oder er beschenkte einheimische Kindersportmannschaften, um sich anschließend im Lob der Eltern und Kinder zu sonnen.

Sessions war ein so guter Sponsor, daß der aus Kerens stammende Präsident der Jugend-Baseball-Liga, Joey Ray Layfield, ihm die Zügel übergab, was sich für die Liga als sehr positiv herausstellen sollte.

»Das erste, was er sagte, war: ›Jetzt braucht kein Kind in der Stadt mehr etwas zu bezahlen‹«, berichtete Layfields Frau Cherry, die ebenfalls in Kerens aufgewachsen war und Bobbys Schwestern kannte. »Er machte es wahr. Außerdem zog er noch weitere Sponsoren an Land. In diesem Jahr zahlte niemand etwas, und das galt für vier Teams – Uniformen, Geräte, alles.«

»Mann, er warf sein Geld aus dem Fenster.« So kam es wenigstens Cherry vor. »Und die Menschen hier verschlangen es.«

Betty erfuhr am eigenen Leib, was Bobbys Geld bei Menschen bewirkte. »Er eröffnete ein Konto bei der Corsicana National, der Bank, bei der ich arbeitete, und zahlte eine Menge Geld darauf ein. Eines Tages kam der Bankdirektor zu mir und tat etwas, was er noch nie zuvor getan hatte, und was mich etwas schockierte: Er beugte sich vor und küßte mich auf die Stirn. Und ich sagte: ›Womit habe ich das verdient, Mr. Stiles?‹ Er antwortete: ›Nun, Ihr Bruder hat gerade 250 000 Dollar eingezahlt.‹ Und ich sagte: ›Oh, jetzt verstehe ich.‹ Alle waren von ihm beeindruckt, weil er Geld hatte.«

Samstag morgens sah es in Bobbys Büro aus, als hätte er einen Kaffeeklatsch mit der einheimischen Polizei und den Beamten des County.

Bobby hatte einige Polizisten als Teilzeitkräfte auf seiner Farm angeheuert. Ruiz, sein Verwalter, war Angestellter der Stadt Corsicana gewesen. »Ich war mit allen befreundet. Ein anderer auf der Ranch arbeitender Aufseher, Leslie Cotton, war Polizist. Wir kannten jeden Polizisten im Umkreis.«

»Bob war mit Cotton auf dieselbe Schule gegangen«, sagte James Duvall. »Er überredete Leslie, seinen Job aufzugeben und für ihn zu arbeiten.«

Die Baptistengemeinde bekam zuerst einen Lieferwagen von Bobby – und dann eine Predigt. Als hätte er das Recht dazu, baute er sich vor der versammelten Gemeinde auf, um sie zu warnen. Die Kinder von Kerens befänden sich auf dem Pfad der Sünde. Und ihre Eltern sähen untätig zu. Zu viele Kinder frönten dem Sex und dem Geschlechtsverkehr. Fünfzehnjährige Mädchen würden schwanger, wenn ihre Mütter und Väter nicht aufpaßten und ihre Kinder von der Straße holten.

Alle wußten, daß Bobby Sessions nicht zuließ, daß sich seine Tochter auf der Straße herumtrieb. Doch trotz der großen Geste blieb Bobby für seine Familie und die Leute aus der Stadt eine düstere, grüblerische, unberechenbare Erscheinung. Anders als andere wohlhabende Mitglieder der Gemeinde gehörte Bobby nicht zur einheimischen höheren Gesellschaft. Er arbeitete weder in Bankausschüssen noch in Gemeindekomitees mit.

Bobby Sessions blieb den Leuten rätselhaft. Die meisten Menschen wußten von ihm nur, daß er zwei Jahre auf dem College gewesen war, dann die Stadt — eine sehr kleine Stadt — verlassen hatte, um Buchhalter zu werden und dann mit zwei Kindern und zwei Millionen zurückgekommen war. Niemand verstand genau, wie so etwas vor sich ging. Außer diesem Geheimnis trugen noch seine bombastischen Geschenke, die dominierende Persönlichkeit und sein unorthodoxer Stil zu seinem Ruf bei.

»Bobby war ein nervöser Bursche«, so Ruiz. »Er rauchte wie ein Schlot und kaute Fingernägel.«

Es kursierte das Gerücht, daß Bobby mit einem Revolver an jeder Seite schlief. Ein anderes besagte, daß er Mädchen aus dem College zum Sex erpreßte. Bobby Sessions konnte sich fast alles erlauben. Und weil sein Büro innerhalb der Ranch lag, war er immer vor Ort, um seinen Besitz zu verteidigen — seine Tochter eingeschlossen.

Wir waren gerade hierhergezogen, und diese Jungen von der Schule kamen vorbei, um mich zu besuchen. Er vertrieb sie. Sobald sich jemand auf dem Feldweg zeigte, war er aus der Tür und im Wagen. Er wollte wissen, wer da den Feldweg entlangkam — niemand, den er nicht kannte oder mit dem er nicht gesprochen hatte, kam den Feldweg entlang. Niemand.

Der erste Vorfall wurde unter den Teenagern des Ortes rasch zu einer Legende. Ricky Layfield, Cherrys Sohn und Shelleys Klassenkamerad an der Kerens High-School, erinnerte sich genüßlich daran: »Als Shelley gerade eingezogen war, näherten sich Brad Tarking und Danny Kilcrease dem Haus. Sie hupten oder so, und Scheiße! Bobby sprang in den Renegade, raste los, und zielte mit einem Revolver auf sie, sprang herum und riet ihnen, so etwas nie nie wieder zu tun. Es gab einen großen Aufstand deswegen. Ich meine, sie bauschten die ganze Geschichte dermaßen auf, als seien sie angeschossen worden. Alle hatten mächtig Angst vor dem Mann.«

»Er jagte allen gewaltige Angst ein, die mit Shelley sprachen«, erinnerte sich Cherry Layfield. »Der Sohn des Trainers ging runter, um Shelley zu sehen. Er machte ihm fast den Garaus. Sein Daddy meinte, etwas stimme nicht mit diesem Mann.«

Bobby Sessions hatte ein starkes Bedürfnis, die Leute erstarren zu lassen. Seine Rasereien im Haus waren noch schlimmer als die Wutausbrüche draußen. Während einer der unzähligen Auseinandersetzungen mit Linda, bei der es sich wieder einmal um Shelleys Erziehung drehte, stürzte Bobby aus dem Haus. Doch bevor er ging, schloß er die Benzintanks ab, wechselte die Schlösser sämtlicher Türen aus und schaltete den Strom ab. Das Fleisch in den drei großen Gefriertruhen verdarb. Tage vergingen. Niemand hörte etwas von ihm.

Shelley dachte – hoffte – es sei vorbei. Ihre Mutter sprach – schrie – von Scheidung. Shelley betete um Erlösung. Ein paar verdorbene Steaks wären ein geringer Preis dafür.

Schande

Bobby Sessions hatte wegen seines Vaters eine lieblose Kindheit. Und nun sorgte er dafür, daß seine Tochter das gleiche Schicksal erlitt. Er behandelte das kleine Mädchen nicht nur wie seine Tochter, sondern wie seine Frau. Shelley begriff diese Rolle nicht und wußte noch viel weniger, was sie damit anfangen sollte.

Niemand ahnte, was Bobby ihr antat. Er hatte ihr verboten, jemandem davon zu erzählen. Manchmal machte er ihr Hoffnung: Er versprach ihr, aufzuhören. Und jedesmal glaubte sie ihm; sie wollte es glauben. Jedesmal, wenn Bobby Sessions fortlief, hoffte sie, nun sei es vorbei. Und jedesmal, wenn ihre Mutter mit Scheidung drohte, hoffte Shelley, sie würde es wahrmachen.

Aber Bobby kehrte stets zurück. Und Linda gab immer wieder nach. Diesmal, sagte er, sei er in Oklahoma gewesen und entschuldigte sich. Und schon war alles vergeben und vergessen. Für Shelley war das eine Art Psychoterror, der das Verständnis eines gerade auf die High-School gekommenen Mädchens überstieg.

Ihr Vater schien vom Sex nicht genug bekommen zu können. Und da er sein Büro auf der Ranch hatte, konnte er seiner Lust frönen, wann immer sie ihn überkam. Wenn Shelley von der Schule nach Hause kam, ging Bobby entweder auf ihr Zimmer oder zitierte sie in sein Büro. Wenn Linda einkaufen fuhr oder Botengänge machte – was sie regelmäßig tat – verbot Bobby ihr, mitzufahren.

Hatte er keine Lust zu warten, bis Linda das Haus verließ, schickte Bobby sie zu irgendeinem Botengang. Da Shelley wußte, was sie erwartete, wenn Linda fort war, nutzte sie jede Möglichkeit, hinauszulaufen und zu ihrer Mutter ins Auto zu springen.

Sobald Shelley zurück war, würde Bobby in ihr Zimmer stürmen und sie anherrschen: »Du wußtest doch, daß du bleiben solltest.« Und nachts zwang er seine Tochter zum Geschlechtsverkehr, statt ihr Gute-Nacht-Geschichten vorzulesen.

Manchmal nahm er mich im Winter, wenn die Rancharbeiter nicht kamen, um das Vieh zu füttern, zum Füttern mit und fiel auf der Weide über mich her. Einmal war ich, zusammen mit einem Mexikaner, der dort zu tun hatte, im Stall und kümmerte mich um meine Tiere. Er schickte den Mexikaner weg, damit er im Stall mit mir schlafen konnte.

Während des ersten Jahres auf der Ranch, als die Familie noch im alten Backsteinhaus wohnte, wurde Shelley so oft von Bobby belästigt, daß sie anfing, ihre Schlafzimmertür abzuschließen. Er verbat es ihr, doch sie tat es trotzdem.

Die Taktik funktionierte nicht. Das sei ein Affront gegen die elterliche Autorität, sagte Bobby zu Linda, und dürfe nicht toleriert werden. Shelley konnte ihrem Vater nicht entkommen. Mit ihren Wutausbrüchen begehrte sie gegen den sexuellen Mißbrauch auf. Aber Linda sah in ihnen das, was Bobby ihr einsuggerierte: Rebellion.

»Shelley konnte ganz schön wütend werden«, sagte Linda später einmal, »und sie war kräftig und ... wenn sie durchdrehte, stürzte sie davon und schlug Türen, Schränke oder ähnliches zu. Das Türschlagen wurde so schlimm, daß wir ihre Zimmertür aushingen, damit sie sie uns nicht vor der Nase zuschlagen konnte.«

Für die Welt draußen — zu der auch Linda zu gehören schien — war Shelley aufsässig und schwer erziehbar. Bobby nutzte diese Annahme, um Shelley gefügig zu halten.

Shelley dachte, die fehlende Tür könnte sogar von Vorteil sein. Aber ihren Vater störte sie nicht. Obwohl das Elternschlafzimmer genau gegenüber lag, kam er in ihr Zimmer, um sich an ihr zu vergehen.

Meine Mutter kam und fragte: ›Kommst du ins Bett, Bobby?‹ und er antwortete: ›Augenblick noch.‹ Dann sagte er, ich sollte, wenn ich sie über den Flur kommen hörte, anfangen, über Rinder zu sprechen; ihn danach oder über die nächste Rinderausstellung fragen.

Shelley hörte ihre Mutter kommen, aber sie sagte nichts. Es war eine stumme Rebellion gegen ihren Gefängniswärter. Bob begann zu improvisieren. »Eh, ja, wir werden morgen darüber sprechen.« Shelley verzog keine Miene, um den Eindruck zu untermauern, daß Bobby Selbstgespräche führte.

Ich dachte: Mein Gott, meine Mutter platzt dazwischen, aber sie sagte im Vorbeigehen nur: ›Du bist schon eine Weile bei ihr, Bob. Möchtest du nicht ins Bett kommen?‹ Wie kann man nur so blind sein.

Oraler Sex. Geschlechtsverkehr. Fummeln. Shelley hörte nicht, wie er das Wohnzimmer betrat. Sie bemerkte ihn erst, als er seine Hand auf ihre Schulter legte.

»Faß mich nicht an«, zischte sie. Sie wurde allmählich mutiger. Bobby kümmerte sich nicht darum, sondern fuhr fort, ihre Schultern zu massieren und ihre Brüste zu liebkosen.

Meistens setzte sich Bobby gar nicht erst auf die Couch, sondern blieb stehen, damit er schnell verschwinden konnte, falls jemand auftauchte. Er wartete jetzt auch nicht mehr, bis seine Frau außer Haus war, sondern machte sich auch dann über seine Tochter her, wenn Linda in einem anderen Teil des Hauses war.

Er schlich überall herum. Er war richtig waghalsig. Zum Beispiel, an dem Morgen, als ich mir den Zeichentrickfilm im Wohnzimmer angesehen habe, während meine Mutter und Michael noch schliefen, kam er herunter und faßte mich an. Ich schlug mit der Faust nach ihm. »Bist du verrückt?« *Wissen Sie, er war so besessen, er konnte nicht aufhören.*

Wie viele sexuelle Einfälle kann ein Mann haben? Und wie leicht kann er sie erfüllen? Wie oft am Tag? Es war Sommer, und Shelley war zu Hause. Bob zwang seine Tochter, überall und jederzeit mit ihm Sex zu machen. In ihrem Schlafzimmer, in seinem Büro, im Stall, im Pickup, selbst im Elternschlafzimmer. Er befahl ihr, auf der Ranch abgeschnittene kurze Jeans zu tragen.

Wenn Linda an den Wochenenden einkaufen war, machte

sich Bobby auf die Suche nach Shelley und schleppte sie in ein Schlafzimmer. Er war sogar so unverschämt, in Shelleys Schlafzimmer zu gehen, während seine Frau unter der Dusche stand.

Man sollte meinen, daß er auf Fußspitzen umhergeschlichen wäre und jedes Risiko vermieden hätte. Aber er war sehr arrogant, sehr herrschsüchtig. Ich hatte Angst vor ihm.

Bob belohnte Shelley für seinen Mißbrauch. Er versuchte, Shelley zu bestechen, was sie noch mehr verwirrte. Shelley konnte alles haben, was sie wollte – und mehr. Diamantringe und Rolexuhren gehörten zu den unverlangten Geschenken. Bobby sorgte gut für seine Familie – besonders für Shelley.

Ich bekam fünf oder zehn Dollar Taschengeld. Als das Ganze anfing, warf er mir Geld auf die Frisierkommode. ›Hier ist dein Taschengeld.‹ Es waren vierzig oder fünfzig Dollar. Es sah fast so aus, als wolle er für den Sex mit mir bezahlen, aber es war mein Taschengeld. Als ich einen Haufen Geld beisammen hatte, ging ich mit Mutter einkaufen. Sie fragte mich: ›Wo hast du das viele Geld her?‹ Ich antwortete: ›Ich habe es vom Taschengeld gespart.‹

Bobby richtete es so ein, daß Shelley nicht lügen mußte. Das große Geheimnis würde sicherer gewahrt, wenn Shelley bei geringfügigeren Sachen die Wahrheit sagen konnte.

Das erste High-School-Jahr war kein reines Honigschlecken. Shelley war die Neue – eine ›reiche Schnalle‹. Ihr Vater galt im ganzen Bezirk als wohlhabend; ein Ruf, der Shelley bis in die Kersens High-School folgte.

Sofort nach dem Umzug nannten mich alle ›die kleine reiche Schnalle aus Houston‹. Die anderen waren richtige Mädchen vom Lande, und ich trug enge Jeans und Make-up und eine modische Frisur. Die anderen liefen ohne Make-up herum und achteten nicht auf ihre Kleidung. Und plötzlich tauchte ich auf, ein Mädchen aus der Großstadt. Es dauerte lange, bis ich Freunde gewann. Wenn ich den Schulflur hinunterging, sagten sie: ›Reiche Schnalle‹. Dann dachte ich: Gebt mir doch eine Chance.

»Natürlich fiel sie überall auf«, erinnerte Ricky Layfield sich. »Sie war ein neues Gesicht in einer Art Bauernschule, wo jeder jeden kennt. Deshalb fällt jedes neue Gesicht auf, besonders wenn es so gut aussieht. Alle Jungen sprachen nur noch von ihr. Und die Mädchen waren eifersüchtig. Alle redeten dummes Zeug über sie. Aber wir kriegten nichts über sie raus, weil sie sich immer absonderte.«

Aber Shelley bewies ihren Schulkameraden schon bald, daß sie keine ›reiche Schnalle‹ war. Im Gegenteil, die anderen Mädchen fingen an, sich besser zu kleiden und ließen sich frisieren. Shelley schloß Freundschaften.

»Wer sie kennenlernte, mochte sie«, sagte Ricky. »Sie war beliebt und echt cool.«

Bobby Sessions gefiel das ganz und gar nicht. Er verscheuchte jeden neuen Freund. Einladungen zu Schlummerparties mußte sie absagen. Er verbot ihr, zu Football-, Baseball- oder Basketballspielen zu gehen.

Aber er erlaubte ihr, ihrem Interesse an Tieren nachzugehen. Denn dadurch blieb sie im Haus und in seiner Nähe. Bobby kaufte noch drei weitere Pferde. Shelley ritt jeden Tag. Sie ritt vergnügt über Felder und Weiden, sprang und trainierte ihre Schützlinge im Pferch.

Im Frühling des ersten Jahres schlug Bobby ihr vor, sich in einer Tiershow-Schule einzuschreiben. Sie hielt es für eine phantastische Idee. Bis er mit dem Haken herausrückte: er würde sie begleiten.

So reisten sie gemeinsam zur LaRue Show-Schule im ungefähr 190 Kilometer südwestlich von Corsicana entfernten Georgetown, dem Sitz des Williamson County, eines Landwirtschaftszentrum und Heimat der Southwestern University.

Nur wir beide fuhren dorthin und übernachteten im Hotel. Wir lernten von morgens bis abends alles über Rinder und wie man sie züchtet und ausstellt, wie man sie pflegt und sich um sie kümmert. Sobald der Unterricht vorbei war, gingen wir ins Hotel zurück, und er wollte bei jeder Gelegenheit mit mir schlafen.

Der Lehrgang dauerte eine Woche. Shelley lernte sehr wenig über Rinder — und zuviel über Sex.

Normalerweise war Shelley in Powell während der Woche morgens in Sicherheit, da sie und Michael schon um halb sieben Uhr aufstanden, damit sie pünktlich zur Schule kamen. Ihre Mutter bereitete das Frühstück. Shelley mochte gerne Apple Jacks oder Pop-Tarts zum Frühstück. Danach lud Linda ihre Kinder in den weißen Cadillac. Um acht Uhr fuhr sie los.

Die erste Stunde war den künftigen amerikanischen Farmern gewidmet. In der zweiten wurde Englisch unterrichtet, in der dritten Maschineschreiben, danach war Mittagspause, es folgten Biologie, Algebra und Geschichte. Sie kam nach Hause, zog sich um und kümmerte sich um die Rinder, fütterte sie, säuberte den Stall und erledigte, was sonst noch zu tun war.

Shelley aß selten mit dem Rest der Familie, wenigstens nicht mit Bobby. Der Krach bei Tisch hatte derart überhand genommen, daß Linda ihre Tochter zum Essen in die Waschküche schickte, damit sie ihrem Vater nicht in die Quere kam.

Bobby Sessions ließ die Wochenenden für Shelley – die sich anbot, mit ihrer Mutter Lebensmittel einzukaufen, nur um ihrem Vater zu entfliehen – zur Tortur werden. Er erlaubte nicht, daß sie mitfuhr, und erklärte Linda, er brauche Shelley. Sie müsse ihm bei den Rindern helfen.

Die Sonntage waren für Linda sehr wichtig. Sie war im Laufe der Jahre auf der Suche nach einem Halt im familiären Chaos immer religiöser geworden. Der baptistische Glaube versprach ihr einen Weg, die scheinbar unheilbaren Risse zu flicken. Eines Tages verkündete Linda, die ganze Familie sollte sie zum Gottesdienst begleiten.

»Denk dir eine Entschuldigung aus«, sagte Bobby zu Shelley. »Sag, du wärst krank.« Shelley tat, wie ihr befohlen.

In der Woche darauf hatte sich Bobby eine neue Entschuldigung für Shelley ausgedacht: »Ich muß ausreiten«, sagte sie zu ihrer Mutter.

Bobby entschuldigte sich für gewöhnlich mit Arbeit. Und Linda ging mit Michael zum Gottesdienst.

Ein paarmal gelang es Shelley, sich davonzustehlen und mit ihrer Mutter und Michael zur Kirche zu gehen, ohne Bobby etwas davon zu sagen. Sie genoß es, obwohl der Gottesdienst ihr nichts bot. Gefangen im wahnsinnigen Griff eines Mannes, der in der Welt herumposaunte, er sei ihr Vater, hatte Shelley anfangs hohe Erwartungen an die Kirche, aber das sollte sich bald ändern.

Ich habe den Prediger nie darüber sprechen gehört, daß man erlöst oder ein Kind Gottes sei. Ich meine, wenn man so lange zur Kirche geht und nichts davon hört... Sie gehen nur, um sagen zu können, sie seien gegangen.

Als sie zurückkam, hielt Bobby ihr eine Gardinenpredigt. »Du weißt genau«, zischte er, »daß du immer bei mir bleiben sollst, wann immer wir eine Gelegenheit haben.« Er hatte aus seiner Tochter eine Mätresse und aus sich einen liebeskranken Freier gemacht.

Er hatte sich eingeredet, es sei nicht seine Tochter, mit der er Geschlechtsverkehr hatte. Und als er die Perversion seines Tuns nicht mehr bestreiten konnte, sagte er sich: Ich wollte von Shelley geliebt werden. Alles, was ich von Shelley wollte, war ihre Liebe. Wobei Bobby die Scham, die Verwirrung und die Konsequenzen für das Leben seiner jungen Tochter ignorierte. »Vielleicht habe ich gelegentlich gedacht... daß es sie verwirren würde, wenn jemand darüber Bescheid wüßte, aber das stand nicht im Vordergrund.«

Die Sommermonate, in denen Shelley nicht zur Schule gehen mußte, verliefen ganz anders. Shelley liebte es, morgens auszureiten, herumzualbern, Seifenopern im Fernsehen anzuschauen, mit dem Dreirad auf dem Ranchgelände herumzufahren und den Arbeitern zuzusehen. Sie schwamm im See und beschäftigte sich täglich drei bis vier Stunden lang mit den Kühen. Wenigstens einmal die Woche fuhren Shelley und ihre Mutter nach Dallas, um in einem First-Class-Geschäft einzukaufen. Linda frönte ihrer Kleider- und Schmuckleidenschaft und steckte ihre Tochter damit an.

Lindas Wandschrank im neuen Haus war so groß wie ein kleines Schlafzimmer. In diesem Schrank versteckte sich ein weiterer für Pelze und ein Tresor für den Schmuck. Im Badezimmer der Eltern gab es eine Sauna und eine Dusche. Daneben befand sich der Wiegeraum mit Matten und Spiegeln.

Bobby Sessions nahm seine Tochter mit in diesen Raum, damit er zusehen konnte, wie er sie vergewaltigte.

»Du brauchst nur da zu liegen«, sagte er, »und nichts zu tun.« Und Shelley lag nur da und tat nichts.

»Du bist unanständig«, murmelte sie.

Ich lag da steif wie ein Brett und starrte zur Decke, blinzelte nicht, bewegte mich nicht, tat nichts. Das ärgerte ihn gewaltig. Ich war wie versteinert; ich schämte mich.

Am anderen Ende des Hauses befand sich Shelleys Zimmer, zu dem ein eigenes Badezimmer und ein begehbarer Kleiderschrank gehörte. Zuerst war sie froh darüber, so weit von ihrem Vater entfernt zu sein; aber die Distanz war eher ein Fluch als ein Segen.

Ich hatte jedesmal, wenn ich duschte, das Gefühl, daß er mich beobachtete. Denn immer, wenn ich unter die Dusche ging, ging er ins Dachgeschoß. Eines Tages bin ich ins Dachgeschoß gegangen, um nachzusehen, ob ich etwas entdecken könnte, aber ich fand nichts. Aber es kam mir seltsam vor, daß er jedesmal, wenn ich duschte, ins Dachgeschoß ging.

Bobby Sessions war gerissen. Er konnte Shelley überall sehen. Er hatte an alles gedacht.

Die ›Affäre‹, wie Bobby die Beziehung nannte, war zur Gewohnheit geworden und hatte ihre eigenen Gesetze und Rituale entwickelt. Shelley roch, wann er kam — der Rauch seiner Winston 100S umgab ihn wie eine Giftwolke — und ging. Wenn er seinen Frotteebademantel trug, schloß sie die Augen. »Sieh mich an«, befahl er, und öffnete den Mantel, »sieh ihn an.«

Sobald ich ihn in diesem Frotteebademantel sah, wußte ich, daß er auf dem Weg zu meinem Zimmer war. Es kam soweit, daß ich jedes Mal, wenn ich den Bademantel sah, das Gefühl hatte, mich übergeben zu müssen. Aber ich habe nie hingesehen.

Einmal war ich in meinem Zimmer und wußte nicht, daß meine Mutter weggegangen war. Dann hörte ich jemanden den langen, langen Flur entlangkommen. Wie an dem Morgen, als ich meine Apple Jacks aß und meine Zeichentrickfilme ansah und ihn in diesem Bademantel kommen sah. Ich ahnte, was er vorhatte — er versuchte mich immer dazu zu bringen, ihn zu berühren oder anzusehen. Aber ich habe nie hingeschaut. Ich habe ihn nie berührt. Er wollte, daß ich ihn küsse, aber das habe ich nie getan — igitt! Er wollte, daß ich ihn anfasse. Aber ich tat es nicht. Ich weiß nicht einmal, wie er aussieht. Ich habe einfach nicht hingeschaut. Er hätte mich fesseln können, ich hätte trotzdem nicht hingesehen.

Er fesselte sie nie, aber er hatte andere perverse Tricks auf Lager. Er gab Shelley harte pornographische Bücher, unter anderem eines, das noch aus seiner High-School-Zeit stammte — ein seltsames Vermächtnis. Er drängte Shelley, sie zu lesen. Sie weigerte sich.

Er zwang sie, sich nackt aufs Bett zu legen und schoß Polaroid-Fotos von ihr. Sie wußte nicht, was er mit den Bildern vorhatte oder weshalb er sie schoß, und wollte es auch nicht wissen.

Selbst Bobby hatte keine Ahnung, was er mit den Fotos anfangen sollte. »Damals dachte ich, es wäre, um sie mir ansehen zu können, weil ich nicht wußte, wie lange es noch dauern würde«, erinnerte er sich später.

Es würde ein Ende geben. Das mußte selbst Bobby zugeben. Er sah es nur noch nicht.

Shelley schrie: »Warum machst du das?«

»Weil ich anders keine Liebe von dir bekomme.«

Er besaß sie. Er konnte mit Shelley tun, was er wollte. Sie war machtlos — sie *fühlte* sich machtlos.

Ich war wie versteinert, ich schämte mich so. Er hatte mich davon überzeugt, daß ich die Schuldige war. Diese Schande! Ich liebte meine Mutter und alle, und er überzeugte mich davon, daß ich meiner Mutter weh tun würde, falls sie es herausfände. Daß ich sie verletzen würde.

Bobby Sessions verstärkte Shelleys Schuldgefühle. »Du gehst mit mir ins Bett«, hielt er ihr vor Augen, »mit dem Mann deiner Mutter.«

Ich hatte das Gefühl, als würde ich meiner Mutter weh tun. Ich habe nie herausfinden können, weshalb er Sex mit mir haben wollte, wo er doch meine Mutter hatte. Meine Mutter war hübsch. Ich weiß es nicht.

Bobby ließ Shelley mit ihrer Verwirrung allein. Er hatte aus Shelley ohne ihr Dazutun eine Mittäterin gemacht. Sie war zwar nicht freiwillig zur Geliebten ihres Vaters geworden, aber sie tat auch nichts dagegen. Für Bobby reichte das als Einwilligung. »Ich wußte, daß es falsch war, aber ich genoß es, und Shelley liebte mich und genoß es auch, wenn es passierte«, rationalisierte er es später. »Ich habe nur nie über die Konsequenzen nachgedacht.«

Alles, was Linda sah, war eine sich verschlechternde familiäre Situation. Die Familie stritt sich nach wie vor — wobei es sich immer um Shelley drehte — und Linda fuhr fort, etwas dagegen zu unternehmen. In Houston hatte sie versucht, ein Beratungsgespräch zu vereinbaren, konnte aber Bobby nicht dazu bringen, mitzugehen.

Aber jetzt in Powell setzte sich Linda durch. »Ich verlangte, daß wir zur Beratung gingen«, erinnerte sie sich.

Bobby, Linda und Shelley fuhren nach Dallas. Im Laufe weniger Monate hatten sie fünf Termine. Doch nie wurde das Thema Inzest angesprochen.

Küß die Jungen nicht

Mitten im Gespräch hörte Shelley es. Ein schwaches Klicken irgendwo in der Leitung, was bedeutete, daß jemand am Nebenanschluß war.

»Ich telefoniere«, sagte sie. Nichts. Sie schrie in den Hörer: »Ich telefoniere.« Wieder keine Antwort. Sie sagte ihrer Freundin, sie müsse jetzt Schluß machen und hängte auf.

Im selben Augenblick ließ Bobby Sessions in seinem Büro den Hörer auf die Gabel fallen. Es war ein ganz spezielles Telefon, das er dort auf dem Schreibtisch stehen hatte und nur einem Zweck diente: der Überwachung Shelleys. Richard Ruiz ging einmal versehentlich dran. »Zuerst wußte ich nicht, was es war. Aber es war ein Telefon in seinem Büro, von dem er jedesmal, wenn es irgendwo im Haus klingelte, den Hörer abnehmen und lauschen konnte, ohne daß der andere etwas davon ahnte. Er konnte sich einschalten und alle Anrufe abhören... Es war eine seltsame Situation.«

Die anderen Telefone auf der Ranch waren gleichfalls miteinander verbunden, wenn auch nicht zu diesem speziellen Zweck. Dennoch konnte Bobby die Anrufe seiner Tochter von jedem Telefon auf der Ranch aus überwachen. Sie waren alle so eingestellt, daß es im Haus und im Büro klingelte. Er hatte Linda angewiesen, erst nach dem dritten Klingeln abzuheben. Bis dahin gingen Bobbys Sekretärin oder ein Angestellter der Ranch, der sich gerade im Büro befand, ans Telefon. Am Wochenende nahm Bobby die Anrufe im Haus entgegen.

Aber Bobby hatte eine noch hinterhältigere Vorrichtung. Im Dachboden über seinem Büro hatte er ein Tonbandgerät installiert. »Wenn die Telefone im Büro klingelten, klingelte es auch im Haus«, erinnerte sich James Duvall. »Jedesmal, wenn er fort mußte, schaltete er das Gerät ein, und es zeichnete alles auf, was während seiner Abwesenheit am Telefon gesprochen wurde. Nach seiner Rückkehr hörte er die Aufzeichnungen ab.«

James hatte das Regal gebaut, auf dem das Gerät festgeschraubt worden war. Er sagte: »Er hatte diesen Rekorder in seinem Bücherregal — hinter auf japanisch getrimmten Messingtüren. Hinter den Schiebetüren befand sich dieses Aufzeichnungsding. Und jedesmal, wenn er die Bänder abhörte, konnte man nicht in sein Büro.«

Der Umzug in die Villa veränderte nichts an Shelleys Chancen, den rüden Überfällen ihres Vater zu entgehen.

Sie häuften sich. Manchmal mehrmals am Tag. Immer, wenn sich eine Möglichkeit bot.

Shelley war jetzt fünfzehn Jahre alt und streckte ihre Flügel aus. Und Bobby spürte, daß es immer schwerer wurde, sie zu halten. Shelley war ein offenes Mädchen, sie war beliebt und sehr aktiv.

Sessions bekam Angst. Er versuchte sich einzureden, seine Kontrolle geschehe aus Liebe zu seiner Tochter; daß sie ihn dafür noch mehr lieben würde. Aber er wußte es besser. Und er handelte, als wüßte er es besser — das heißt nicht, daß er aufhörte, sondern daß er die Zügel noch anzog.

Ebenso regelmäßig, wie er ihre Telefongespräche abhörte, durchwühlte er ihre Schränke.

Einmal fand er Zettel, die ein paar von uns Mädchen sich geschickt hatten. Daß dieser und jener Junge echt nett sei. Er flippte aus. Ich habe doch wirklich nichts Unnormales getan. Mädchen mögen Jungen.

Wo immer Shelley auch hinging, man konnte sicher sein, daß ihr jemand folgte. Für gewöhnlich war es Bobby. Er hatte Angst, sie aus den Augen zu lassen, weil er fürchtete, sie könne jetzt, wo sie älter und erfahrener war, einen Ausweg finden.

Und ein derart eifersüchtiger und mißtrauischer Liebhaber wie Sessions wird selten enttäuscht.

Als Shelley ins zweite High-School-Jahr kam, hatte Bobby allen Grund, sich über seinen Einfluß auf seine Tochter Sorgen zu machen.

Er mußte erfindungsreicher werden, das turbulente Leben

seiner zu einem lebhaften und beliebten Teenager herangewachsenen Tochter zu verfolgen. Shelley hatte die Grenzen ihres Zuhauses weit hinter sich gelassen, was eine doppelte Bedrohung in sich barg: sie konnte ihn verlassen, und sie konnte ihn verraten. Schon die Möglichkeit ließ ihn eifersüchtiger und ängstlicher werden, als selbst seine erste Frau sich je hätte vorstellen können.

Zu Hause hatte er sich fast völlig unter Kontrolle. Er erlaubte Shelley zum Beispiel, zu trinken, ja, selbst, sich zu betrinken, wenn sie wollte. Aber sie tat es nicht.

Außerhalb des Hauses versuchte Sessions alles, um seine strenge Kontrolle aufrechtzuerhalten. Er warnte seine Tochter ständig davor, sich in der Schule mit dem Pöbel einzulassen und predigte ihr von den Übeln der Welt, wie an jenem Sonntag vor der Kirchengemeinde. Und er hielt selbst vor ihr die Fiktion aufrecht, daß er sich sorgte, sie würde sich mit den falschen Leuten abgeben.

Henry Edgington, der sich selbst als einen zum Pfarrer konvertierten ›Ex-Hippie‹ beschreibt, arbeitete viel mit den Schülern aus Kerens und den umliegenden Städten zusammen. Er kannte Shelley von Jugendversammlungen in The Yellow House, dem ehemaligen Pfarrhaus der Kerens' Church of Christ, das er zusammen mit anderen Mitgliedern der Kirchengemeinde zu einem Teenager-Treffpunkt umgebaut hatte. The Yellow House war eine beliebte Alternative zum Bummeln über die Hauptstraße. Und obgleich sie kein Mitglied der nicht konfessionsgebundenen Church of Christ war, besuchte Shelley manchmal seine Gottesdienste.

Für die jungen Leute gab es in Kerens nicht viel Abwechslung, ein Grund, weshalb Edgingtons bescheidene Angebote so beliebt waren. »Unser regelmäßiger Gottesdienst für junge Leute begann Sonntagabend. Manchmal war es eine Andacht aus einem aktuellen Grund, und wir saßen da und sangen und redeten; manchmal sangen wir fromme Lieder oder Lagerfeuerlieder, die die Kids liebten und die Erwachsenen haßten. Wahrscheinlich waren sie den alten Leuten zu flott. Wir fingen mit fünf oder sechs Teenagern an und waren bald zweiunddreißig.«

Shelley ging aus, wann immer sich die Möglichkeit bot — was nicht oft war. Denn Bobby erließ sofort, wenn sich eine neue Gelegenheit bot, neue Vorschriften. Er verbot ihr, mittags, während alle anderen zum Barbecue-Laden oder nach Hause fuhren, den Schulhof zu verlassen. Bobby schien stets darüber informiert zu sein, wenn Shelley es wagte, sein Verbot zu übertreten und in die Stadt zu gehen. Es sah aus, als hätte er überall seine Spione: Immer tauchte ein Ranchangestellter auf, um ihr mitzuteilen, ihr Vater wünsche, daß sie zur Schule zurückginge.

Sessions verfolgte Shelley auch oft persönlich, denn er hatte erstaunlich wenig auf der Ranch zu tun und eine Menge Freizeit. Wie bei Gentlemanfarmern üblich, waren die Geschäfte für ihn wie Spielzeug. Seine Aufseher und Arbeiter hielten das Vieh- und Baugeschäft in Gang. Manchmal, wenn Shelley einen Blick aus dem Schulfenster warf, sah sie ihren Vater im Jeep auf der gegenüberliegenden Straßenseite sitzen.

Bobby beklagte sich bei Richard Ruiz, der eine Tochter in Shelleys Alter hatte, darüber, daß seine Tochter nichts von dem würdigte, was er für sie getan hatte.

»Ich wußte, daß er Schwierigkeiten mit ihr hatte«, sagte Ruiz später. »Er fragte mich, was ich tun würde. Ich wußte es nicht. Sie konnten sich in der Öffentlichkeit nicht unterhalten. Immer war einer von ihnen wütend. Er kaufte ihr etwas, und dann passierte was, und er nahm es ihr wieder fort. Genauso wie mit den Pferden — den Pferden und den Rindern. Einmal sagt er: ›Geh runter und kümmere dich um Shelleys Kram‹. Und dann hatten sie eine Auseinandersetzung oder so, und er kommt rein und sagt: ›Geh nicht runter, um die Pferde zu füttern, das ist Shelleys Job. Wenn sie die verdammten Viecher haben will‹ — oder etwas Ähnliches — ›dann soll sie es machen‹. Irgendwas in dieser Art. Er war launisch, und sie war gereizt.«

In der Zwischenzeit begann Shelley, die Befehle und Annäherungen ihres Vaters auf eine Art zu unterlaufen, die zu ihrem Alter paßte. Sie fing an, in der Schule rührige Aktivitäten zu entwickeln.

Mein Plan war, bei vielen Sachen mitzumachen, um von ihm wegzukommen. Je mehr ich machte, je mehr mich alle mochten, desto mehr würden für mich stimmen, und desto länger konnte ich von zu Hause fortbleiben.

Wissen Sie, normalerweise hätte ich so etwas nicht getan. Ich bin nicht der Typ, der sich vor die Klasse hinstellt und spricht oder eine Rede hält. Ich wäre entweder verlegen oder würde aufgeben.

Shelley schloß sich dem Reitclub und den Future Farmers of America an, wurde Schriftführerin der FFA, gewählte Cheerleaderin und die Vertreterin der zweiten High-School-Klasse im Schülerrat und Spielführerin der Basketballmannschaft. Sie konnte ihre Schulleistungen halten. Im Frühling schrieb sie sich beim Leichtathletikteam ein und lief die 800 Meter. Sie überwand das ›Reiche Schnallen‹-Image und wurde beliebt.

Das alles tat sie, um ihrem Vater zu entkommen.

Und als ob er das begriffen hätte, sollte Shelley ihre sozialen Erfolge bedauern. Bobby tat alles, was er konnte, um ihre Streifzüge in die Außenwelt zu vereiteln.

Shelley war schon im ersten Jahr auf der High-School Spielführerin des Basketballteams geworden. Doch bevor sie sich darüber freuen konnte, entschied Bobby, daß er sie nicht zu den Spielen gehen lassen würde.

Er versuchte mich dort rauszukriegen, indem er mich nicht zu den auswärtigen Spielen fahren ließ. Er wollte nicht, daß ich irgendwohin ging. Der Trainer sprang fast aus dem Anzug, als ich ihm das sagte.

Selbst bei Heimspielen war Shelley peinlichen Vorschriften ihres Vaters ausgesetzt. Bobby verbot ihr, die Turnhalle ohne ihn zu verlassen. Nach den Spielen hatte Shelley, die Spielführerin, zu warten, bis ihr Vater oder ihre Mutter sie abholten, während ihre Freundinnen draußen noch herumstanden und schwatzten.

Für die gewöhnliche Welt, der Welt, in der ihre Schulfreundinnen lebten, sah es aus, als wäre Shelley total behütet. Die Freundinnen fühlten mit ihr. Manche Väter waren streng, aber nur wenige waren so beschützend wie Bobby. Doch niemand ahnte die perversen Gründe für seine Vorschriften.

Meine Freundinnen taten meist, was sie wollten. Keine von

ihnen hatte so ein Zuhause wie ich. Jedesmal, wenn ich nach Hause ging, dachte ich: Mein Gott, er wird in mein Zimmer kommen. Es geht einem nicht aus dem Kopf. Deshalb blieb ich so lange fort, wie es eben ging. Oder versuchte, mich so oft wie möglich in Mutters Nähe aufzuhalten.

Deshalb habe ich auch immer versucht, eine Freundin übers Wochenende einzuladen. Ich dachte, ich sei sicher, wenn noch jemand in meinem Bett schliefe. Wenn eine Freundin bei mir war, war ich sicher.

Deshalb bat ich immer nur meine Mutter darum, rief sie von der Schule oder von irgendwo anders aus an und fragte sie, bevor er nach Hause kam. Ich beeilte mich, mit dem Mädchen nach Hause zu kommen, ehe er ›nein‹ sagen konnte.

Für gewöhnlich konnte sich Shelley dadurch vor ihrem Vater schützen, aber sie mußte den Preis dafür bezahlen. Er zerrte sie beiseite und herrschte sie an: »Du weißt genau, daß du niemanden mitbringen sollst. Du kannst mir nicht entkommen.«

Bobby warnte Shelley, sich von *niemandem* anfassen zu lassen. Falls er ihr erlaubte, allein auszugehen – um eine Freundin zu besuchen oder einzukaufen – folgte er ihr, um sicher zu sein, daß sie zu der von ihr angegebenen Stelle ging. Wenn er verhindert war, schickte er ihr einen Rancharbeiter hinterher.

Als Shelley Cheerleader war, fuhr Sessions sie zu den Spielen und ließ sie nicht aus den Augen. Auf der Tribüne – von der aus er gemeinsam mit den anderen Erwachsenen die Mannschaft anfeuerte – wurde Bobby als wichtigster Wohltäter der Schule gewürdigt. Nach dem Spiel suchten ihn der Schuldirektor und andere Zuschauer auf. Doch Shelley wußte, daß Bobby sie mißtrauisch beäugte und sein lässiges Verhalten vorgetäuscht war.

»Ich kann mich an die Spiele erinnern«, sagte Linda. »Wir saßen da und schauten zu, und in der Pause liefen die Mädchen zu ihren hinter uns stehenden Wagen. Und Bobby sagte: ›Linda, Shelley hat dort hinten nichts zu suchen. Jemand sollte aufpassen.‹ Einer von uns hatte immer ein Auge auf die Kinder, die von ihren Eltern nicht kontrolliert wurden. Sie saßen nur herum und unterhielten sich.«

Wenn Linda nicht zur Stelle war und er kurz fort mußte, bat Sessions jemand anderen, Shelley zu überwachen. Diese ein wenig seltsame Bitte wurde von Bobs Freunden bereitwillig erfüllt, da seine Sorge anscheinend dem Stolz auf seine Tochter entsprang. Die anderen Eltern beneideten die Sessions um ihr Selbstvertrauen, ihre Schönheit, ihr Geld, und hielten Shelley für ein wohlerzogenes Mädchen.

Shelley war entrüstet. Um ihre Pein noch zu vergrößern, ließ Bobby sie auch auf keine der nach dem Spiel üblichen Parties gehen. Obwohl sie dutzendweise Einladungen bekam. Keine Parties, keine Verabredungen, kein Kino.

Es war schrecklich. In der Schule machte ich alles mit, in der Hoffnung, dadurch öfter von zu Hause fort zu sein. Endlich hatte ich einen Vorwand, wegzubleiben. Aber es half nichts. Deshalb war es schlimm, beliebt und bei allem dabei zu sein. Es wäre besser gewesen, wenn ich das Ganze gelassen hätte.

Eigentlich war Bobbys ›Paranoia‹ gerechtfertigt. Shelley suchte wirklich nach einer Fluchtmöglichkeit. Sie wollte sich ihren Vater vom Leib halten, indem sie sich auf schulische Aktivitäten konzentrierte, gegen die er nichts sagen konnte.

Ironischerweise war auch Bobby Sessions gesellschaftlich aktiv, wenn auch aus einem anderen Grund. Er predigte in der Kirche, sang im Chor und nahm an Veranstaltungen der High-School teil. Er kultivierte seinen Ruf als Einheimischer, der es zu etwas gebracht hatte und der sich stets großzügig verhielt. Seine generösen Geschenke verhalfen ihm des öfteren zu einem Foto in der Zeitung.

Bobby war der ›beste‹ Vater geworden, um sein dunkles Geheimnis zu verbergen. Sein gespaltenes Leben begann. In der Öffentlichkeit predigte er von seiner Sorge um das ›Gesunde Amerika‹, während in seinem Büro und seinem Arbeitszimmer stapelweise *Playboys* herumlagen. Er sammelte den *Playboy* bereits seit achtzehn Jahren, war Mitglied im Playboy-Club und Inhaber einer Clubkarte.

Er predigte gegen die Sündhaftigkeit der Jugend, gegen Drogen und Sex und hielt Shelley für ein ›wildes, junges Mädchen‹.

Was für eine Doppelzüngigkeit. Während er in der Kirche

den Eltern vorhielt, daß sie zuließen, wie ihre Kinder verdorben würden, verdarb er zu Hause seine Tochter. Was für eine Doppelzüngigkeit.

Sessions scheute die Öffentlichkeit nicht. Er lud Henry Edgington auf die Ranch ein, nachdem er ihn in einer Talentshow im National Guard Armory singen und Gitarre spielen gehört hatte. »Er hatte mitbekommen, wie ich zu jemandem sagte, ich wünschte, ich hätte jemanden, der mich unterstützte, damit ich eine Platte herausbringen könnte«, erinnerte sich Edgington. »Wissen Sie, wir redeten ständig davon, in der Hoffnung, daß es jemand hörte.«

Edgington kam ein paar Wochen später zur Farm und begleitete Bobby, der ein oder zwei Lieder sang. Er lernte auch Linda kennen. Shelley kannte er bereits durch seine Vertretungen auf der High-School und ihren gelegentlichen Besuchen im The Yellow House.

»Ich lernte sie sehr gut kennen«, sagte Edgington. Er wußte, welche Kontrolle Bobby über seine Tochter ausübte; daß er sich mittags auf dem Schulhof zeigte, um Shelley und ihre Freundinnen zu kontrollieren. »Bob war immer sehr beschützend.«

Aber in einer Kleinstadt blieben Geheimnisse nicht lange verborgen. Shelley machte sich oft durch ihre Abwesenheit verdächtig.

Wenn man sich in Kerens nicht in der Schule oder auf Sportveranstaltungen traf, sah man sich auf der alten Backsteinstraße.

»Wir haben hier einen Flanierweg, Hauptstraße genannt«, erinnerte sich Ricky Layfield später. »Man fährt bis zur Ampel, biegt dahinter rechts ab, überquert die Eisenbahnschienen und fährt weiter, bis sich die Straße neigt, fährt eine U-Kurve und wieder zurück. Manchmal kreuzen sie nur so herum und tun nichts anderes als reden und Radio hören.«

Alle hatten ein Auto, denn die meisten Jugendlichen arbeiteten halbtags oder länger und konnten sich einen Wagen leisten. Shelley unterschied sich nicht von den anderen: Sie wollte ein Auto mit Stereoanlage.

Shelley war kaum auf der Hauptstraße anzutreffen. »Sie kam

zwar hin und wieder, aber nicht regelmäßig. Sie machte nie die ganze Strecke. Jemand nahm sie mit, sie fuhren eine Schleife, und — zack — schon mußte sie wieder gehen.«

Sessions überlegte sich etwas Neues. Sie durfte sich nicht verabreden, sie durfte nicht auf Parties gehen oder bei Freunden übernachten. Bobby wollte sie nicht nur ganz für sich allein; er wollte sie stumm.

»Wie sehr wünschst du dir, auszugehen?« fragte er sie. Wie sehr wünscht sich ein Teenager, auszugehen?

Dann fügte er seinem pathologischen Lexikon ein neues Wort zu. »Wenn du gehen willst, will ich eine Nummer.«

Shelley brauchte nicht zu fragen, was er meinte. Seine neue Forderung lautete: »Mehrere Nummern.« Der Begriff war treffend: Prostituierte bezeichnen damit den Geschlechtsverkehr.

Er konnte mich nicht bestrafen, wenn ich nichts falsch machte. Er konnte mich auch nicht schlagen, wenn ich mit meiner Mutter in die Kirche ging, weil sie dann fragen würde: »Was hat sie falsch gemacht?« Statt dessen verlangte er mehr Nummern. Es kam soweit, daß er für jede Kleinigkeit eine verlangte. Einmal kam er abends in mein Zimmer, und ich sagte, laß mich allein, ich bin müde, ich muß schlafen. Er antwortete, gut, aber du weißt, daß das zehn weitere Nummern sind.

Sessions bekam immer seinen Willen. Er fiel beinahe täglich über seine Tochter her, egal, wie viele Nummern sie ihm ›schuldete‹.

Als Shelley sich stärker für ihre Altersgenossen zu interessieren begann, spielte Bobby geschickt mit ihren Wünschen und Ängsten. Er liebte es, eine Show aus dem Tausch Sex gegen Vergünstigungen zu machen, wobei er es so hinstellte, als sei sie an der Entscheidung beteiligt.

Unglaublicherweise redete sich Bobby Sessions auch weiterhin ein, die Forderung sexueller Gefälligkeiten von seiner Tochter im Tausch für die Gewährung von Vergünstigungen sei der einzige Weg, seine väterliche Autorität aufrechtzuerhalten. »Shelley wünschte sich bestimmte Dinge oder wollte bestimmte

Dinge tun, die ich ihr normalerweise nicht erlaubt hätte, und so bekam sie mich herum«, erklärte Bobby später. »Deshalb sagte ich zum Beispiel, wenn sie etwas unternehmen wollte: ›Okay, für zehn Nummern darfst du es tun.‹« Bobby wollte sich glauben machen, daß Shelley *ihn* erpreßte und ›es‹ – das Geheimnis – dazu benutzte, das Gewünschte zu bekommen.

»Wenn es hart auf hart ging, gab ich entweder nach und ließ sie machen, was sie wollte, oder ich verlangte mehr Liebe«, erklärte er später. Er versuchte immer noch, die Verantwortung von sich zu schieben.

Aber warum spielte er das Spiel weiter? »Ich hatte immer Angst davor, daß, wenn ich die Zügel zu straff hielt, Shelley zu ihrer Mutter sagen würde: ›Mom, das und das ist passiert.‹ Dann würde alles den Bach hinuntergehen.«

Bobby spielte das Spiel einerseits, um sein Verbrechen zu verbergen, und tat andererseits so, als gehöre es zu seiner Vaterrolle. Shelley kam zu spät aus der Schule: »Das sind zwanzig Nummern.«

Um normale Vergünstigungen zu bekommen, mußte Shelley ihren Vater mit ihrem Körper bezahlen. Das bedeutete aber nicht, daß sie sonst nicht zu zahlen brauchte. Bobby bemächtigte sich ihrer auch, wenn sie nichts von ihm wollte. Er wiegte sich in der Illusion, es sei ein Nehmen und Geben, um die Vorstellung einer freiwilligen Partnerschaft zwischen ihm und seiner Tochter aufrechtzuerhalten, und bestärkte damit Shelleys schuldbewußten Glauben, sie verkaufte sich irgendwie.

Wußte Shelley überhaupt noch, was normal war? Fühlte sie sich wie eine Prostituierte? »Du wünschst dir ein Pferd?« Er lächelte. »Wie sehr?« Bobby hatte das beste kleine Bordell in Texas – oder er wollte auch nur, daß Shelley es so empfand.

»Wann ist Schluß damit?« fragte sie ihren Vater. »Wann hörst du auf, mir das anzutun?«

»Wahrscheinlich, wenn du mit der Schule fertig bist und von zu Hause wegziehst.«

Shelley glaubte nicht daran. Es kam ihr jetzt schon ewig vor.

»Ich dachte nicht, daß ich je damit aufhören könnte«, erinnerte sich Sessions. »Ich glaubte, die einzige Möglichkeit, damit aufzuhören, bestünde darin zu sagen: ›Hey, das und das ist passiert, und dann die Konsequenzen zu tragen. Ich sah also keinen Ausweg.«

Weil sie so beliebt war, wurde Shelley zu vielen Parties eingeladen. Sie gewöhnte sich an, Bobby mit der Aufdeckung ihres Verhältnisses zu drohen, wenn er sie nicht gehen ließ. Bobby war verwirrt, besorgt. War Shelleys Taktik ein Zeichen kommender Dinge? Wie lange würde er das aushalten?

Bobby Sessions fand sich mit zwei gleich unangenehmen Aussichten konfrontiert: Wenn Shelley sich verabredete, mußte er sie mit einem anderen Mann ›teilen‹ — und je häufiger sie mit anderen zusammen wäre, desto schwächer würde sein Einfluß auf sie.

Bobby wußte, wie beliebt Shelley war. Er hatte sie während der Zeit, als sie in der FFA und Cheerleader war und das Basketballteam der Mädchen betreute, aufmerksam beobachtet und jeden jungen Mann verjagt, der zuviel Zeit mit ihr verbrachte. Er bildete sich ein, »daß sie sozusagen mit diesem Jungen ging. Ich habe ihr einiges darüber erzählt, wie es wirkte. Die Art, wie sie da standen und sich umarmten, und noch einiges mehr. Und dann wollte sie zu einer Party gehen.«

Schließlich gab er nach. »Du kannst gehen, aber halte dich von den Jungs fern.«

Shelley lachte höhnisch. Ihr war klar, in was für einer Zwickmühle er sich befand.

»Küß nur die Jungen nicht«, fuhr ihr Vater fort. »Geh tanzen, tu was du willst, aber küß die Jungen nicht.«

Bobby Sessions wollte einen Handel machen, mit dem er der neuen Herausforderung zu widerstehen hoffte. Er erzählte ihr, daß sie einander vertrauen müßten, und daß es jetzt an der Zeit sei, damit anzufangen. Der Handel lautete: Shelley durfte auf die Party gehen — Bobbys Teil der Abmachung — aber keinen Jungen küssen — Shelleys Teil. Sie stimmte zu.

Als Bobby sie am späten Abend abholte, war seine erste Frage: »Hast du dich an unsere Abmachung gehalten?«

Shelley lachte. »Nein.« Sie fühlte die Macht, die sie über ihren Vater hatte.

Bobby explodierte. Er trat auf die Bremse. »Okay!« brüllte er, »dann fahren wir zurück und erzählen es allen! Wir werden ihnen erzählen, was du die ganze Zeit mit mir getrieben hast!«

Shelley krümmte sich. »Nein! Nein.« Ihr Selbstvertrauen verflüchtigte sich. Sie fühlte Zweifel und Scham in sich aufsteigen. Sie wollte unbedingt jemandem anvertrauen, was ihr Vater ihr antat, aber sie schämte sich zu sehr. Sie fühlte sich schmutzig. Würden andere ebenso von ihr denken, wenn sie Bescheid wußten? Was für eine Ironie: Shelleys Beliebtheit wurde Bobbys beste Garantie, daß das Geheimnis bewahrt bleiben würde.

Bobbys Sorge um Shelley machte auf ihre Klassenkameraden einen befremdlichen Eindruck, doch ihre Ehrfurcht vor Mr. Sessions' Geld und seiner Macht hielten das Mißtrauen in Schach. »Wenn wir nicht von ihrer äußeren Erscheinung so geblendet gewesen wären«, erinnerte sich ihr Klassenkamerad Ricky Layfield, »hätten wir es vielleicht gesehen. Aber alle sagten, das ist ein reiches Mädchen, das keine Sorgen hat. Und die ganze Zeit über hatte sie mehr Sorgen, als man sich vorstellen konnte. Sie zeigte es nicht.«

Nur Shelley kannte die perverse Wahrheit, die hinter dem ›Beschützerinstinkt‹ ihres Vaters stand.

Wenn ich mit allen Jungs in der Schule geschlafen haben würde, hätte er Grund gehabt, zu denken: ›Gut, sie braucht das.‹ Aber das habe ich nicht. Ich durfte nie irgendwo hingehen. In der Schule haben mich deswegen alle aufgezogen.

»Auf der High-School«, erzählte Ricky, »konnte man nicht mit ihr ausgehen. Das war völlig unmöglich. So etwas habe ich mein ganzes Leben noch nicht gesehen. Alle flippten aus, weil er so übertrieben beschützend war. Sie sagten: ›Mann, du kannst kaum mit ihr allein sprechen, wenn er in der Nähe ist.‹ Er holte sie von der Schule ab. Sie redete mit einem, und, Junge, er stampfte auf und sagte: ›Komm mit.‹ Aber jeder sah darüber hinweg, weil er ein reicher Mann war und der Schule und überhaupt allen half.« Die heranwachsende Shelley geriet in Konflikte mit der Besessenheit ihres Vaters und ihren eigenen Ängsten.

Die Jungen mochten Shelley. Und Shelley mochte sie. Sie riefen sie an. In der Schule hatte sie mehrere Freunde — trotz Bobbys Vorsichtsmaßnahmen.

Alle in der Schule dachten, ich sei noch Jungfrau, und das war einer der Gründe, weshalb die Jungen mit mir gehen wollten — mit einer, die noch nie mit jemandem geschlafen hatte. Und ich dachte: Wenn ihr wüßtet.

Aber Sessions hatte Shelley, wissentlich oder nicht, in eine psychologische Ecke, eine gefühlsmäßige Sackgasse gedrängt.

Wissen Sie, man denkt darüber nach, über später, wenn alles vorbei ist und man mit einem dieser Jungs von der High-School ins Bett geht, und er findet heraus, daß man keine Jungfrau mehr ist. Er wird fragen: »Mit wem hast du die ganze Zeit geschlafen?« Was soll man darauf antworten?

Und genau diese Verletzlichkeit spielte Bobby aus. Er war ein Mann mit einem solchen Gespür für Geschäfte, daß er Millionen von Dollar im riskanten Ölgeschäft machen konnte, der in New York, der Machtzentrale der Welt, Erfolg gehabt und mit den Besten des Geschäftes freundschaftlich verkehrt hatte. Bobby war ein gerissener Geschäftsmann; einer, der sich mit menschlichen Schwächen und Stärken auskannte. Er wußte, wann, wo und wie er zuschlagen mußte.

Ein fünfzehnjähriges Mädchen konnte ihm kaum Paroli bieten. Und seine eigene Tochter...

Er lachte, es war dieses Jack-Nicholson-Lachen.

»Du glaubst doch nicht wirklich, daß dich noch jemand haben will?« Seine Augen und sein Lächeln... er sah aus wie ein Teufel. »Meinst du wirklich, jemand könnte dich lieben, nach dem, was ich mit dir gemacht habe?«

Es prägt sich ein, und schließlich fängt man an, es selbst zu glauben. Welchen Sinn hat es? Was kann man dagegen tun?

Shelley war beliebt; aber sie konnte nur während der Schulstunden mit ihren Freunden zusammensein, da es ihr verboten war, sich zu verabreden oder abends auch nur mit ihren Freundinnen auszugehen.

Die meisten auf der High-School... wenn man sagte, man hätte einen Freund, dann hatte man einen Jungen, mit dem man ins Kino oder sonstwohin gehen konnte. Nun, ich hatte auch einen Freund, aber nur in der Schule. Er konnte mich nicht anrufen oder zu mir nach Hause kommen — wir gingen miteinander, aber nur in der Schule.

Für Shelley waren die Stunden, die sie in der Schule verbrachte, die einzigen, in denen sie aus sich herausgehen konnte. Und in diese Stunden preßte sie ihr ganzes gesellschaftliches Leben. Ohne zu einer einzigen Verabredung zu gehen, hatte sie ein halbes Dutzend Freundschaften.

Jay Colvin und Shelley waren eine Zeitlang zusammen — in der Schule. Was hieß, daß sie mit keinem anderen Jungen sprach. »Wenn man Shelley zu lange anschaute, wurde Jay fuchsteufelswild«, berichtete Ricky Layfield. »Wir taten es nur, um ihn wahnsinnig zu machen. Und sie genoß es. Es war ihre große Stunde.«

Jay wollte Shelley auf der Ranch besuchen — aber er kam nicht weit. Bobby verjagte ihn mit einer Schrotflinte.

Und genau deshalb machte Shelley bei allen Aktivitäten mit. *Jeder fürchtete sich vor ihm. Alle Jungs hatten Angst, mit mir zu sprechen. Sie wollten nicht abgeknallt werden*

Shelley wartete, bis ihr Vater einmal außerhalb der Stadt zu tun hatte, dann fragte sie Linda, ob sie mit Jay und ein paar Freundinnen ins Kino gehen dürfte. Obwohl Linda mehr Verständnis für Shelley als ihr Mann aufbrachte, hielt sie sich, im Interesse dessen, was sie für Familienharmonie hielt, an seine Vorschriften und sagte: »Kein Kino.«

Shelley schmollte nicht, sondern schlüpfte in ihre Jeans, rief ihre Freunde an und sagte Linda, sie ginge zum Stall, um sich um die Kühe zu kümmern. Dann schwang sie sich auf den Three-Wheeler und raste zum vierhundert Meter entfernt liegenden Stall. Sobald sie dort angekommen war, wartete sie ein paar Minuten, bis ihre Freunde kamen, und machte sich mit ihnen aus dem Staub.

Es war das erste Mal, daß Shelley versuchte, sich davonzustehlen. Sie sorgte sich, daß ihr Vater überall Spione hätte.

Aber es war das Risiko wert. Sie mochte Jay. Er durfte sie in der Schule auf die Wange küssen, aber sonst nichts. Die Küsse störten sie nicht. Die Übergriffe ihres Vaters hatten ihr weder die Jungen verleidet, noch hatten sie das aufregende Gefühl vermindert, das diese unschuldige Liaison begleitete.

Und jetzt saß sie händchenhaltend mit Jay im Kino und sah sich *Ein Offizier und ein Gentleman* an.

»Shelley!« Sie erkannte die Stimme sofort. Shelley wäre am liebsten im Boden versunken, als sie ihre Mutter von links flüstern hörte. Linda beugte sich vor. Sie wollte keine Szene machen. Shelley war ihr dafür dankbar. »Shelley, ich denke, wir sollten jetzt besser gehen.«

Shelley sprang auf, sagte »Bye« und verabschiedete sich tapfer winkend von Jay und ihren Freundinnen.

Das war recht peinlich.

Doch schienen derartige Vorfälle ihrer Beliebtheit keinen Abbruch zu tun. Im Gegenteil, es machte sie um so mehr zum Gegenstand der Aufmerksamkeit und Mittelpunkt gelegentlicher heißer Auseinandersetzungen zwischen den Jungs.

Der Football-Quarterback Russell Anderson, Sohn des Trainers, hatte sich ein paarmal mit Shelley unterhalten, als sie noch mit dem Farmerssohn Barry Choate ging. Barry sah gut aus, aber Russell war ein Charmeur. Er öffnete ›wie ein Gentleman‹ den Mädchen die Türen. Als der Quarterback sie fragte, ob sie mit ihm gehen wollte, sagte Shelley ja. Sie brachte es Barry am nächsten Morgen vor Schulbeginn bei.

Dieser nahm die Neuigkeit nicht gut auf und ging auf den Football-Spieler los.

Ich weiß nicht, wie es angefangen hat, weil ich mit jemandem redete und mit dem Rücken zu ihnen stand, als Barry herankam.

Die anderen Jugendlichen bildeten einen Kreis um die Kämpfenden. »Barry war echt eifersüchtig und baute sich vor Russell auf«, erinnerte sich Ricky Layfield. »Und Russell forderte ihn auf, doch endlich anzufangen, und dann ging es los.« Aber es dauerte nicht lange, bis Ricky, der bislang nur Zuschauer gewesen war, auf ihnen lag.

»Ich brachte sie dazu, aufzuhören«, berichtete er, »und bekam dabei einen Schlag ab. Trotzdem habe ich mit ihnen Witze gemacht. Ich sagte: ›Yeah, ihr kämpft um sie, und ich werde sie kriegen.‹ Sie hat davon nichts mitbekommen. Wissen Sie, ich habe Quatsch geredet, denn beide waren meine Freunde. Mit Barry war ich schon seit der ersten Klasse befreundet. Russell zog während seines ersten Schuljahres hierhin, und wir wurden Freunde. Wir waren ungefähr gleich groß und unternahmen vieles gemeinsam.«

Gerade, als sich die Jungs den Dreck von den Kleidern wischten, klingelte es zur ersten Stunde. Sie rannten in den Landwirtschaftskurs und nahmen ihre Plätze an den U-förmig gestellten Tischen ein.

Barry saß an einer, Russel an der anderen Seite neben mir. Sie hatten gerade mit dem Kämpfen aufgehört, und ich saß da, wie ... uhhh ... es war eine peinliche Situation.

Der Lehrer betrat die Klasse mit einem amüsierten Grinsen. Er rief Shelley auf – das einzige Mädchen in diesem Kurs – die zu seinen liebsten Ansprechpartnern gehörte.

»Shelley«, begann er, »würdest du uns bitte erzählen, was heute morgen passiert ist?«

Russel und Barry starrten mit zerzausten Haaren, verrutschten Kleidern und angeschlagenen Knöcheln auf die Tischplatte.

Shelley kicherte. »Nein, das werde ich nicht.«

Von dem Vorfall noch ganz aufgedreht, beschloß Shelley, das Risiko auf sich zu nehmen und sich zum Mittagessen zusammen mit Russell und seinen Freunden vom Schulhof zu stehlen. Aber sie wurde von einem Lehrer aufgehalten, der Bobbys Vorschrift befolgte, nicht etwa eine Schulordnung.

Man hatte mich gewarnt, man hätte Bobby auf der anderen Straßenseite mit einem Fernglas gesehen. Er wollte sichergehen, daß ich den Schulhof nicht verlassen hatte. Himmel, dachte ich, er leitet drei Geschäfte und hat nichts Besseres zu tun, als aufzupassen, ob ich mittags die Schule verlasse oder nicht.

Shelleys Aktivitäten ließen Bobby zunehmend nervöser werden.

Gewehre

Gegen Ende des zweiten High-School-Jahres unterlag Shelley bei einer als sicher geltenden Bewerbung für ein weiteres Jahr bei den Cheerleadern. Niemand verstand, wie das geschehen konnte. Aber sie und ihre Freunde hatten eine Ahnung.

»Shelley hätte gewinnen müssen«, so Cherry Layfield, Rickys Mutter. »Sie hätte diese Cheerleaderwahl gewinnen müssen, aber sie verlor. Eine aus der ersten Klasse nahm ihren Platz ein. Wenn das nicht eine abgemachte Sache war.«

Er wußte, daß ich Cheerleader sein wollte, um von ihm fortzukommen.

Einer von Shelleys Freunden ging kurz nach der Bekanntgabe des Ergebnisses zum Rektor, von dem er erfuhr, die Stimmzettel seien schon weggeworfen worden. Ohne es zu wissen, bereitete Shelley den Weg zu einem Showdown vor. Ihre Zensuren wurden schlechter.

Das interessierte mich nicht allzusehr. Es wurde immer schwieriger, in der Schule das Gesicht zu wahren. Je beliebter ich wurde, desto mehr wurde von mir erwartet. Aber er erlaubte mir nichts. Wenn ich bei Rodeos eine Rede halten oder sonst was in der Art machen mußte, sagte er immer nur: ›Du darfst erst gehen, wenn du es tust.‹ Ich wurde ständig zu Parties eingeladen, aber ich durfte nie hingehen. Ich war in der Leichtathletikmannschaft. Meine Trainerin wurde fast wahnsinnig. Sie drohte mir, mich aus dem Team zu werfen, weil ich nie zu den Wettbewerben kam.

Sessions versuchte, bereits zugestandene Vergünstigungen rückgängig zu machen. Aber es war zu spät. Die sich um Vergünstigungen und Freiheit drehenden Kämpfe zwischen Tochter und Vater wurden immer verbissener. Shelley hatte keine Angst mehr, sich gegen Bobby zu stellen, der immer verzweifelter wurde.

Betty Duvall wurde Zeugin einer Auseinandersetzung, bei der es darum ging, ob Shelley zu einem Spiel gehen dürfte.

Linda war diesmal auf Shelleys Seite. »Es gab einen Riesenstreit deswegen, und er drohte damit, sie alle zu erschießen, weil Shelley und Linda sich gegen ihn verbündet hätten.«

Es war ein Anzeichen für Sessions' Verzweiflung. Pistole. Kein anderer Ausweg.

Nicht lange nach dieser Auseinandersetzung verließ Bobby nach einem neuerlichen, hitzigen Streit das Haus. Als Shelley ihn mit einer Pistole in der Hand in den Truck klettern sah, lief sie ihm hinterher. Als sie ihn endlich eingeholt hatte, saß Bobby auf der Weide, die Pistole gegen die Brust gepreßt.

Shelley schrie: »Bobby!« und griff nach der Waffe. Shelley war hysterisch und wußte nicht genau, was geschehen war. Die Pistole schwenkte im Kreis herum, zeigte einmal auf Shelley, dann auf Bobby.

Sie kämpften. Shelley trat und schrie solange, bis Bobby nachgab und ihr die Pistole überließ.

Jetzt hätte sie ein Ende setzen können, aber es war zu spät. Ihre Wut auf ihn hatte nur teilweise von ihr Besitz ergriffen, doch ihre Schande erfüllte sie ganz. Bestimmt würde man ihr die Schuld geben. Dafür würde Bobby schon gesorgt haben.

Aber sie war sich nicht sicher, in welche Richtung Bobbys Zorn zielte. Ein paar Wochen später saßen Bobby und Shelley hinter dem Haus und stritten sich. Linda machte gerade eine Besorgung. Plötzlich zog Bobby die Pistole.

Er stand da mit der Pistole, die genau auf meinen Kopf zielte. Die Zeit schien stillzustehen. Er stand einfach nur da und zielte auf meinen Kopf, und ich saß da und wartete auf den Tod.

Was gab es schon zu verlieren? Shelley konnte Bobby jetzt Paroli bieten. Ein subtiler Machtwechsel hatte stattgefunden. Immer öfter stürzte Sessions nach einem Streit aus dem Haus und raste mit dem Jeep zur Weide.

Er saß dann einfach nur mit der Pistole da und zitterte. Ich sagte: ›O mein Gott!‹ Einmal drohte ich ihm: ›Wenn du in fünf Minuten nicht zu Hause bist, rufe ich die Polizei.‹ Und er saß da und sagte nichts. Ich flippte total aus. Ich ging nach Hause und wartete ein paar Minuten, damit er dachte, ich würde jemanden anrufen.

Dann ging ich wieder zurück, um zu sehen, ob er tot war oder noch lebte. Es war recht seltsam. Es passierte immer wieder.

Shelley wendete das Blatt. Jetzt war sie diejenige, die Drohungen ausstieß. Sie hatte nicht vor, das Geheimnis zu enthüllen, sondern wollte es wie ein Damoklesschwert über seinem Kopf schweben lassen.

Eines Abends saßen sie im Wohnzimmer und sahen fern. Linda war in der Küche, für Sessions fast eine Aufforderung, sich an seine Tochter heranzumachen. Er setzte sich neben sie und berührte ihr Bein.

»Rühr mich nicht an!« fauchte Shelley.

Bobby ließ sich nicht beirren.

»Rühr mich nicht an!« brüllte sie. »Wenn du mich jetzt nicht in Ruhe läßt, erzähle ich Mom alles.« Sie brüllte so laut, daß ihre Mutter aus der Küche ins Wohnzimmer kam.

»Was ist los?« schrie Linda. »Was habt ihr? Wovon redet ihr?«

Shelley sagte nichts. Statt dessen drehte sie sich zu Bobby um und starrte ihn an. »Warum sagst du ihr nichts?«

Bobby sah verwirrt und verletzt aus. Aber er sagte kein Wort.

»Ich will wissen, was hier los ist!« brüllte Linda. »Was ist passiert? Ihr seid verrückt!«

»Frag *ihn*!«

»Nichts«, antwortete Bobby schließlich.

»Sag es ihr, Dad!« schrie Shelley. »Sag es ihr. Erzähl ihr alles.«

»Was soll er mir erzählen?« kreischte Linda.

Aber Bobby mauerte. Schließlich gab Linda frustriert auf und ging in die Küche zurück. »Sie wollten mir nicht sagen, was los war«, erinnerte Linda sich später. »Beide waren an dem Tag schlecht drauf.«

»Du läßt mich besser in Ruhe, oder ich erzähle es ihr«, zischte Shelley ihrem Vater zu, nachdem ihre Mutter das Zimmer verlassen hatte.

Bobby Sessions behielt seine Wut für sich; in seinen Augen spiegelten sich Angst und Zorn. »Wenn du es erzählst, wird dir keiner glauben. Niemand wird dich mehr mögen. Niemand wird dich mehr haben wollen. Niemand wird dir je glauben – du wirst zur Zielscheibe des Spotts in dieser Stadt werden. Wenn du es sagst, wirst du der Narr sein, nicht ich. Selbst wenn jemand dir glauben sollte. Keiner will ein Mädchen heiraten, das von seinem Vater mißbraucht worden ist. Sie werden sagen: ›Du bist eine Hure. Du bist ein Luder‹.«

Er hat mich soweit gebracht, daß ich dachte, ich hätte mit der Geschichte angefangen. Ich sei schuld. Alle würden mich hassen. Ich hielt es für besser, den Mund zu halten.

Shelleys Adrenalinspiegel sank. Wieder einmal schien Bobby genau gewußt zu haben, was er sagen mußte – und Shelley glaubte ihm. Bobby vermittelte ihr das Gefühl, schmutzig, häßlich und ungeliebt zu sein. Und falls jemand die Wahrheit über sie beide herausfinden sollte, wäre – so Bobby – ihre Zukunft genauso ruiniert wie seine.

Shelley konnte nicht darüber sprechen. Aber sie wollte unbedingt jemanden, der es erfuhr. Sie wünschte sich verzweifelt, von ihrer Mutter gerettet zu werden. Warum unternahm sie nichts?

Sie hätte es wissen müssen. Ich meine ... ich hätte mit einer solchen Reaktion rechnen können, wenn ich Drogen oder etwas anderes genommen hätte. Aber normale Mädchen gehen nicht mit ihrem Vater ins Bett, es sei denn, es stimmt etwas nicht mit ihnen.

Linda

Wir standen uns nicht so nahe, als daß ich ihr hätte erzählen können, was los war. Sie ist sehr naiv und sehr abhängig von ihm.

Linda Sessions war ein Rätsel. Warum lebte sie auf einer Rinderranch, wenn sie allergisch gegen Kühe war? Warum fuhr sie in einem weißen Cadillac über staubige Straßen, die fast nur von Lieferwagen frequentiert wurden? Weshalb trug sie in einer Stadt, in der Cowboystiefel und Jeans fast zur Uniform geworden waren, hochhackige Schuhe und geblümte Kleider? Sie kaufte beim exklusiven Neimann-Marcus in Dallas genauso oft wie im billigen K-Markt nebenan.

»Linda war nicht oft zu sehen«, erinnerte sich Richard Ruiz.

Die Jungs in der Schule sagten immer: »Nimm mich mit zu dir nach Hause, damit ich deine Mutter sehen kann«, oder: »Ich wünschte, ich wäre älter, dann könnte ich mich mit deiner Mutter verabreden.« Ich wurde immer eifersüchtig, wenn sie meine Mutter hübsch nannten. Wenn wir einkaufen gingen, fragte man mich: »Zahlst du oder deine Schwester?« Und ich antwortete: »Sie ist nicht meine Schwester, sie ist meine Mutter.« Für ihr Alter sah sie jung aus.

»Linda, o Mann, das ist 'ne hübsche Lady«, beschrieb Ricky Layfield die Mutter Shelleys. »Dieser Bobby ist ein Dummkopf. Sehen Sie sich Shelley an und denken Sie sich ungefähr zwanzig Jahre älter. Mann, sie ist echt hübsch. Sie ist eine gutaussehende Frau, ehrlich.«

Der Verstand ersinnt viele Entschuldigungen und Vernunftsgründe, um die Besessenheit des Herzens zu rechtfertigen. Bobby Sessions glaubte, daß seine Tochter ihn nicht liebte, und daß er ihre Liebe brauchte. Nur aus diesem Grund, so redete er sich ein, tat er ihr Gewalt an. Er glaubt das, weil er es glauben wollte. Er sehnte sich danach, von seiner Tochter geliebt und respektiert zu werden — ist das nicht ein ganz normaler väterlicher Wunsch? Doch ihn brachte dieser Wunsch aus dem Gleichgewicht. Und selbst als er zugab, daß das, was er getan hatte, nicht richtig gewesen war; wen machte er verantwortlich? Seine Frau hatte ihn davon abgehalten, Shelley näherzukommen. »Meine Ehe war ein ständiges Auf und Ab. Linda verteidigte Shelley bis zum Letzten«, sagte Bobby später. »Shelley machte nie etwas falsch. Shelley machte niemals Fehler. Bei den meisten unserer Streitigkeiten ging es um Shelley.«

Linda verwirrten diese Gedankenspielereien nur. Über drei Jahre lang hatte sie es irgendwie vermieden, zu erfahren, was mit ihrer Tochter geschah. Sie hatte die Schrift an der Wand nicht gesehen; wenigstens gab sie sich nicht zu, daß ihr Ehemann ihre Tochter mißbrauchte.

Sie wußte, daß etwas verkehrt lief. Familienmitglieder jagen einander nicht ohne Grund schreiend ums Haus und schubsten sich nicht im Wohnzimmer herum. Ehemänner stürzen nicht Monat für Monat aus dem Haus und stellen den Strom ab. Töchter schlagen die Türen nicht hinter sich zu und schreien ihre Väter an.

Sie wußte, daß etwas nicht stimmte, und sah sich nach Beratern und Predigern um. Im Jahre 1981 hieß sie Jesus als ihren persönlichen, lebendigen, greifbaren Erlöser willkommen. Sie ging in die Kirche und betete um Erlösung. »Die Kämpfe zu Hause wurden immer schlimmer«, sagte sie später, »und ich bekam nicht heraus, woran es lag.«

»Linda verstand nicht, weshalb Shelley so aggressiv war«, erinnerte sich Henry Edgington. »Als das Ganze eskalierte, befand sie sich auf der großen Suche. Es war eine schwere Zeit für sie. Es sieht so aus, als könne man alles Geld der Welt besitzen und dennoch nicht glücklich sein.«

Nachdem Linda Edgington bei seinem Besuch auf der Ranch kennengelernt hatte, begann sie, ihn zu besuchen und mit Fragen über die Bibel zu konfrontieren, um sich über einige extreme Interpretationen der Heiligen Schrift Klarheit zu verschaffen.

»Es gab da eine religiöse Gruppe – ich kann sie nur die Lester-Roloff-Anbeter nennen«, erzählte Edgington. »Ich will versuchen, nicht zu kritisch zu sein, aber diese Gruppe war echt radikal.« Roloff war ein Wanderprediger aus Corpus Christi, der sich als strenger Fundamentalist und Rundfunkprediger einen Namen gemacht hatte. Er hatte Corpus Christi vierzig Jahre lang beackert, und seine wöchentlichen Rundfunksendungen wurden von anderen religiösen Sendern im ganzen Land übernommen.

»Sie erzählten Linda immer wieder, Shelley hätte einen Dämon in sich. Sie glauben an dämonische Besessenheit und böse Geister – und daß sie (Shelley) den Satan in sich hätte.«

Edgington war mißtrauisch. Er war in Corpus Christi aufgewachsen und wußte über Roloff Bescheid. »Lester Roloff war einer der größten Heuchler, den ich je kennengelernt habe.«

Linda besuchte Edgington, um ihn zu fragen, ob Roloffs Jünger recht hatten. Konnte es sein, daß ihre Tochter besessen war? Die beiden verbrachten Stunden damit, herauszufinden, was die Bibel über das Werk Gottes und des Teufels sagte. Dann hörten Lindas Besuche plötzlich auf. »Die Roloff-Anhänger haben sie schließlich doch noch herumgekriegt«, schloß Edgington. »Sie war damals sehr leicht zu beeindrucken.«

Während der letzten Jahre waren Linda Sessions gewisse Veränderungen an ihrem Mann aufgefallen. Unter anderem, daß er sexuell nicht mehr so aktiv war. Sie erzählte James und Betty, daß sie jetzt getrennte Schlafzimmer hätten und fragte sich, ob Bobby impotent geworden sei. Er schlief kaum noch mit ihr; er, der früher sexuell so aggressiv gewesen war. Doch statt mißtrauisch zu werden, war Linda erleichtert.

Sie hatte auch eine Erklärung parat: »Wir kämpften miteinander, und ich dachte, es läge an unserer unruhigen Ehe und dem Kampf. Streß fördert nicht gerade die Intimität.«

Doch vermutlich war Linda insgeheim dankbar, daß Bobby seine sexuellen Bedürfnisse woanders auslebte. Sie wollte gar nicht wissen, wo, sondern genoß die Befreiung von seinen sexuellen Begierden.

Neben Shelleys immer aggressiveren Verhalten Bobby gegenüber fielen Linda noch andere Veränderungen an ihrer Tochter auf. »Ihre Zensuren wurden schlechter. Die Lehrer sagten, sie könne mehr, als sie zeige. Sie gebe sich nur keine Mühe.«

Vielleicht machte das mit dem Reichtum verbundene Gefühl der Sicherheit Linda gegen die Zeichen immun. Wenn sie nicht hinschaute, sah sie auch nichts.

Linda hielt sich für eine Vermittlerin zwischen Bobby und Shelley. »Ich habe ihn immer verteidigt und zu Shelley gesagt: ›Du begreifst deinen Vater nicht.‹ Und ich habe Bob immer gesagt: ›Du begreifst nicht, woher sie kommt.‹ Ich war eine Art Friedensstifterin, und das hat die Familie auseinandergebracht.« Egal, wie oft sie sich gegen Bobby stellte, am Ende gab sie immer nach.

Die lautstarken Auseinandersetzungen zwischen Bobby und Shelley machten sie wahnsinnig. Die beiden verrieten ihr nie, um was sie sich eigentlich stritten.

Die Probleme existierten. Und je mehr Linda, Bobby und auch Shelley ihre Existenz verleugneten, desto weniger war ihre Welt in Ordnung. In der Folge packte Bobby nach jedem Streit seine Taschen und verschwand für ein bis zwei Tage.

Es gab Auseinandersetzungen, die in jeder anderen Familie normal gewesen wären: über Erlaubnisse und Vergünstigungen, ob man das Auto haben und zu einer Verabredung gehen durfte, wie man Kinder erzog und disziplinierte. Doch die Heftigkeit, mit der die Auseinandersetzungen geführt wurden, unterschied sie von anderen. Es kam zu Streitigkeiten über ein Thema, das nur in abnormalen Familien normal war: über Pistolen.

»Also, ich wollte es wirklich wissen«, erzählte Linda später aufgeregt. »Ich habe meinen Mann mit einer Weed Eater, die ich über den Kopf schwang, gejagt. Ich wollte die Wahrheit von ihm wissen, wollte eine Antwort haben. Wenn ich eine Antwort will, dann hole ich sie mir.«

Aber niemand war bereit, ihr eine Antwort zu geben, selbst wenn sie mit einer Weed Eater drohte.

Shelley dachte, sie hätte es ihrer Mutter nicht zu erzählen brauchen. Manchmal stand sie kurz davor, die Wahrheit herauszuschreien. Aber ihr Schamgefühl stoppte sie. Sie wollte, daß ihre Mutter es merkte, ohne daß sie es ihr erzählen mußte. Und wenn sie es nicht merkte, hätte sie es ahnen müssen; und wenn sie nichts ahnte, war sie blind. »Wenn du wüßtest, was sich hier wirklich abspielt!« schrie Shelley. In der absurden Logik, die für sie alle bezeichnend war, bestrafte sie ihre Mutter für ihr Nichtwissen.

Ich dachte so ungefähr, ich bin doch ihr Blut. Ich stellte mir vor, daß sie mir beistehen würde. Er tat es ja nicht — er war nur ihr Ehemann. Ehemänner sind austauschbar. Sie hatte ein so leichtes Leben. Seit meinem fünften Lebensjahr hat sie nicht mehr gearbeitet. Daran gewöhnt man sich. Sie hatte ihr Mädchen und alles.

Aber jeder wußte auf seine Art Bescheid. Doch sie hatten alle ihre Gründe, das Thema nicht zur Sprache zu bringen. Ihre Schwächen ketteten sie aneinander: Bobby mit seinem unstillbaren Verlangen und der dunklen Begierde; Linda mit ihrer völligen Blindheit und bedingungslosen Ergebenheit Bobby gegenüber; und Shelley mit ihrer Jugend und ihrem Zorn. Bobby hatte seine eigene Vorstellung davon, weshalb Linda das Geschehen ignorieren konnte. »Ich war sehr vorsichtig«, sagte er.

Und er fuhr fort: »Ich denke nicht, daß Linda — selbst wenn sie damals etwas vermutete — erstens geglaubt hätte, daß Shelley zu so etwas fähig war. Zweitens war es zu schrecklich, um auch nur daran zu denken.«

Hätte Linda ihren Mann eines solchen Verbrechens für fähig halten können? Bobby zog es in Betracht. »Sie war ein paarmal nahe dran... Für gewöhnlich redete ich es ihr aus.«

Eines Abends kam Linda auf der Suche nach ihrem Mann in Shelleys Schlafzimmer. Bobby lag händchenhaltend auf dem Bett seiner Tochter.

»Was geht hier vor?« wollte sie wissen.

»Ich hatte ein schlechtes Gewissen nach unserem Streit«, antwortete Bobby.

»Laß sie in Ruhe«, befahl Linda.

Doch sie hielt Bobbys Sorge nicht für sexuell motiviert. »Sie hatten sich den ganzen Nachmittag und Abend gestritten und waren sehr durcheinander.« So sah es wenigstens Linda. »Er war in ihrem Schlafzimmer und hielt ihre Hand, und sie funkelte ihn wütend an. Sie wollte gerade einschlafen.«

Linda gab sich mit Bobbys Erklärung zufrieden. Ihre neue Religion forderte Unterwürfigkeit gegenüber dem Ehemann. Keine Verfolgungsjagd mit der Weed Eater mehr, sondern Gehorsam. Linda war fest davon überzeugt, daß sie den Rest der Familie zu Gott führen mußte. Oder wenn schon nicht zu Gott, dann zu einer christlichen Beratungsstelle.

Sie baute sich vor uns auf und sagte: ›Wir gehen zur Beratung.‹ Also gingen wir. Es war ein Witz. Sie holten mich von der Schule ab, dann fuhren wir nach Dallas in diese christliche Beratungsstelle. Ein richtiges Loch. Es war Moms Idee. Wir hingen herum — nur meine Mutter redete. Ich saß da und dachte: Was für ein Stumpfsinn. Warum verschwinden wir nicht? Es ist ein Witz.

Dieser schüchterne Versuch Lindas, Klarheit zu erlangen, wurde nach ein paar Wochen für immer ad acta gelegt. Das Geheimnis war bewahrt worden.

Ein anderes Mal fand Linda nach ihrer Heimkehr Shelley und Bobby nebeneinander im Bett vor. Linda explodierte. Sie hatte einen Verdacht. Aber sie behielt ihn für sich. Im darauffolgenden Streit drohte Bobby, sich zu erschießen. Zu Tode erschrocken schnappte sich Linda ihre beiden Kinder und raste mit ihnen zu Bobbys in Corsicana lebender Schwester.

Sie kamen spät bei Betty und James an. Es war eine kühle Frühlingsnacht, Nebel lag über Straßen und Feldern.

»James, würdest du bitte versuchen, Bobby zu finden? Ich habe Angst.«

Betty und Linda brachten Michael und Shelley ins obere Stockwerk. Das Haus gehörte Bobby. Linda erzählte Betty und James, daß Bobby nach Hause gekommen sei und gedroht hätte, auf die Weide zu gehen und sich zu erschießen. »Er sagte zu Michael, er würde ihn immer lieben, egal was geschähe. Und zu Shelley sagte er, er müsse tun, was er tun müsse.

Vielleicht ist er auf der Weide, James. Ich weiß es nicht. Er hat den Lieferwagen genommen. Versuch bitte, ihn zu finden.«

Linda beschrieb ihrer Schwägerin den Streit. Der Ablauf war Betty wohlvertraut. Bobby polterte immer herum, wenn es um Kindererziehung ging. Aber daß Linda mitten in der Nacht hier auftauchte, war ungewöhnlich. Linda hatte Angst.

»Linda — ich weiß, was zwischen Bob und Shelley nicht stimmt«, sagte Betty.

»Ja? Was?«

»Ich will dir die Wahrheit sagen — als ich noch ein kleines Mädchen war, wurde ich von Bob mißbraucht. Und meiner Meinung nach mißbraucht er jetzt Shelley.«

Die Kinder waren ein Stockwerk höher, James suchte ihren Mann und Betty erzählte ihr — so etwas.

»Nein, nein, das ist nicht wahr! Ich glaube das nicht.«

Betty erzählte ihr vom ersten Mal, als sie sechs Jahre alt gewesen war und ihre Mutter Bob auf ihr liegend gefunden und ihn dafür geschlagen hatte. Sie berichtete Linda, wie ihre Mutter sie gebadet und ihr geraten hatte, um Vergebung zu flehen. Sie erzählte Linda, daß sie sich immer noch schuldig fühlte und sich vor Bobby fürchte.

»Ich sage dir, er hat mich mißbraucht, und ich weiß, was zwischen ihm und Shelley vor sich geht. Ich weiß es. Hast du Shelley je gefragt, ob Bob sie mißbraucht?« fuhr Betty fort. »Frag sie, Linda — geh morgen erst fort, wenn du sie gefragt hast.«

Inzwischen hatte James seinen Schwager Bobby in einem Zimmer des Motels Holiday Inn gefunden. Er hatte eine seiner Pistolen dabei, eine Smith and Wesson .357. Es sah aus, als hätte er sich abgekühlt. James ließ ihn schließlich allein. Am nächsten Morgen kehrte Bob zur Ranch zurück.

Betty ließ Linda und die Kinder allein im Haus zurück und ging zur Arbeit. Im Laufe des Morgens rief Linda sie an.

»Sie hat nein gesagt, Betty.«

»Was hast du sie gefragt, Linda?«

»Ich habe sie gefragt: »Gibt es etwas zwischen dir und deinem Vater, das du mir sagen möchtest?««

»Linda, bitte geh nicht nach Hause«, bat Betty. »Warte, bis ich mit Shelley gesprochen habe. Ich bin gleich da.«

Sie sagte nicht, was sie dachte: *Mit solchen Fragen erreicht man bei Kindern nichts.*

»Betty, ich habe mich entschieden — wir fahren nach Hause.«

Shelley hatte ›Nein‹ gesagt. Sie hatte es nicht zugeben können. Sie wollte ihre Mutter nicht verletzen, und sie hatte kein Vertrauen zu ihr. Sie wünschte sich immer noch, daß Linda etwas unternahm — sie rettete, anstatt mit ihr zu reden.

Bettys Geständnis ging Linda nicht aus dem Kopf.

Sie konfrontierte Bobby mit Bettys Anschuldigungen.

»Sie hat die Sache aufgeblasen«, antwortete Bobby.

»Im Laufe der Jahre hat sie immer wildere Phantasien ausgelebt.«

Linda drängte nicht weiter.

Für Shelley ein weiterer Beweis dafür, daß sie es nicht wissen wollte.

Linda versöhnte sich rasch wieder mit Bobby und stärkte damit Shelleys Verdacht. Und wieder war Shelley zu Hause, wehrte die Hand ihres Vaters ab und versuchte, ihm und seinem Bademantel aus dem Weg zu gehen.

Der Verstand meiner Mutter arbeitete, wie er wollte.

»Niemand sagte mir die Wahrheit«, protestierte Linda später einmal. »Ich ahnte sie. Aber ich konnte nie ... ich fragte sie, verlangte eine Antwort, erhielt aber nie einen Beweis. Ich hatte es die ganze Zeit im Gefühl. Deshalb habe ich gefragt ... Ich habe mich immer bemüht, jemanden zu finden, der mir raten konnte. Habe die ganze Zeit mit aller Kraft versucht, eine Antwort zu finden. Jemand mußte uns helfen. Ich habe niemanden gefunden, der uns helfen konnte oder eine Antwort darauf hatte, was mit meiner Familie los war.

Ich meine, wir waren eine völlig normale Familie. Wir hatten viel Spaß miteinander. Aber da gab es diese schrecklichen Kämpfe zwischen meinem Mann und meiner Tochter. Ich begriff nicht, um was es dabei ging, und erst als ich Gott anrief, änderte sich etwas.«

Aber sie wollte die große Frage (so ihre Worte) nicht zur Streitfrage machen. »Ein Streit mit Bobby ist echt hart.«

Bobby und Linda benutzten Shelley, um ihre Schwächen zu verdecken.

»Ich weiß, es ist furchtbar«, sagte Linda später. »Ich weiß, es ist schrecklich. Aber ich wollte die Einzelheiten nicht wissen.«

Wahrscheinlich wollte sie nichts davon hören, weil sie es nicht glauben wollte.

Unterwegs

Bobby und Shelley Sessions wirkten in dem eleganten französischen Restaurant fast wie Mann und Frau. Sie waren seit ein paar Tagen unterwegs. Bobby versuchte, dem Besitzer der Houston Rockets Rinder und Konzessionen zu verkaufen.

»Er könnte einem Eskimo Eisblöcke verkaufen«, erinnerte sich Richard Ruiz. Er und seine Frau saßen mit Bob und Shelley an einem Tisch. Auch der Besitzer der Rockets und seine Frau waren mit einem anderen Ehepaar da.

Bobby redete über Rinder, als sei er *der* Experte. »Er konnte einem alles verkaufen oder abluchsen. Er wußte, wie man mit Menschen umgeht. Er begab sich auf ihr Niveau, ganz gleich, wo es lag. Egal, ob es ein Dreckbauer oder Präsident der Vereinigten Staaten war. Man mußte diesen Kerl mögen.« Ruiz war überrascht, daß sein Boß zu dieser späten Stunde noch nicht in seiner Unterkunft war. Sonst fuhr er von der Rinderausstellung immer sofort ins Hotel zurück.

»Nach den Ausstellungen ging man gewöhnlich noch zu irgendwelchen Parties«, erinnerte sich Ruiz, »zu denen Bobby, als der Besitzer, eigentlich hätte mitgehen müssen. Aber er ging nirgendwohin.« Nur einmal begleitete Bob die Jungs an die Bar — als sie die Grand Champion Award in Fort Worth gewonnen hatten. »Er blieb ein paar Stunden, dann sagte er, er müsse wieder zu Shelley zurück. Zurück zum Hotel... Er sagte immer, er müsse ins Hotel zurück, um auf Shelley aufzupassen und sicherzugehen, daß ihr nichts fehlte. Er ließ Shelley an keiner Feier teilnehmen.«

An diesem Abend war er zwar zum Essen gekommen, blieb aber nicht lange. »Ich muß das kleine Mädchen ins Bett bringen«, sagte er zu seinen um den Tisch versammelten Freunden. »Wir haben morgen einen großen Tag.«

Shelley lächelte höflich, als sie eine Gute Nacht wünschte. Doch als Bobby ihr väterlich die Hand auf die Schulter legte, entzog sie sich ihm abrupt. Es kümmerte sie nicht, was die Leute dachten. Bobby machte ein paar Versuche, sich wie ein Vater zu benehmen. Doch Shelley ließ ihn jedesmal abblitzen, wodurch sie auf die anderen den Eindruck eines undankbaren und frechen Mädchens machte.

Immer, wenn wir irgendwo waren — wenn ich etwas gewonnen hatte und er mich umarmte, riß ich mich los. Alle dachten: ›Gott, was für ein undankbares Balg‹.

Der Ranchverwalter verstand mich nicht, wo ich doch diese teuren Rinder und die teuren Klamotten und all das hatte. Er sagte: »Warum benimmst du dich so?« Er hielt mich für ein verwöhntes Balg. Aber das war ich nicht.

Ruiz bemerkte dazu: »Ich hatte bei den Ausstellungen immer das Gefühl, als ärgerte es sie, dabeizusein. Als wollte sie einerseits dabei sein und dann wieder nicht. Solange nur wir beide zusammen waren, war es okay, aber sobald Bob auftauchte, wurde sie ein völlig anderer Mensch.«

Shelley kam gut mit Ruiz zurecht — und benutzte dieses Einvernehmen, um ihren Vater zu ärgern. Ruiz hatte eine Tochter ungefähr in Shelleys Alter, mit der er sich zu verstehen schien.

Richard besuchte alle Ausstellungen, und er sah wirklich gut aus. Meine Freundinnen fragten mich oft: »Kann ich zu dir kommen und Richard bei der Arbeit zusehen?«

Er machte interessante Sachen, und ich fuhr mit meinem Three-Wheeler auf der Ranch herum und sah ihm zu. Wie er Bäume fällte und so. Das sah gut aus. Oder als wir in der FFA lernten, wie man schweißt. Ich ging zu ihm, und er brachte mir bei, wie man schweißt. Mein Dad konnte es nicht ertragen.

Aber Bobby ließ seine Wut auf Shelley nicht an Ruiz aus, sondern beklagte sich nur darüber, was für ein schwieriges Kind sie sei.

Richard war richtig süß, und wir kamen gut miteinander aus. Mein Vater haßte es, wenn Richard und ich bei den Ausstellungen nebeneinander saßen, uns über die Leute lustig machten und herumspazierten. Bobby konnte es nicht ertragen. Er war auf jeden eifersüchtig, den ich beachtete, weil ich ihm überhaupt keine Beachtung schenkte.

Bobby brachte seine Tochter zurück ins elegante Astro Village Hotel gegenüber dem Astrodome, in dem die Rinderausstellung stattfand. Sie fuhren mit dem Aufzug zu ihrer geräumigen Zweizimmersuite, die 300 Dollar die Nacht kostete.

»Wir bewohnten immer Suiten in erstklassigen Hotels«, erinnerte sich Ruiz. »Ich hatte ein unbegrenztes Spesenkonto. Bobby reiste immer Erster Klasse.«

Bobby suchte seine Tochter jede Nacht heim. Linda war zu Hause in Powell, gut 300 Kilometer weit weg. Bobby war endlich frei. Kein Flüstern mehr, kein Herumschleichen. Er konnte mit seiner Tochter machen, was er wollte.

Im Viehgeschäft war er ein wahrer Midas. Alles, was er anfaßte, verwandelte sich in Gold.

»Als er anfing, wußte er nichts über Rinder«, berichtete Ruiz. »Aber er lernte sehr schnell.« Seine unnachahmliche Art und Ruiz verhalfen ihm bald schon zu einem einheimischen Grand Champion-Bullen, der Hunderttausende von Dollar wert war.

Er hatte mit kommerziellen Herefords angefangen, den Fleischspendern, wechselte dann aber ins lukrativere Zuchtgeschäft über. Er züchtete auserlesene, reinrassige, eingetragene Ausstellungsrinder. Kaufte und verkaufte Tiere, die 100 000 Dollar und mehr wert waren.

Er kaufte seinen ersten Bullen, ein sechs Monate altes Tier, für 50 000 Dollar. »Wir bezahlten eine Menge Geld für ihn«, erinnerte sich Ruiz, »aber seine Nachkommen wurden für 5000 bis 10 000 Dollar verkauft.« Eine Ampulle Samen eines prämierten Bullen brachte 500 Dollar.

Im Laufe der Zeit hatte Bobby mit Ruiz' Hilfe 50 eingetragene Brahmanen, über 60 Herefords und 150 kommerzielle Tiere erworben. Bobby wurde Partner eines in der Nähe wohnenden Viehzüchters. Sie kreuzten Brahmanen und Herefords und erhielten ›ein Braford‹. Da die Käufer auf eine gute Abstammung achteten und die Abstammung durch Ausstellungspunkte definiert wurde, war die Teilnahme an Ausstellungen entscheidend für den Geschäftserfolg.

Inzwischen wurde Shelley von ihrem Agrarlehrer gedrängt, beim bundesweiten Viehbeurteilungs-Wettbewerb in Houston mitzumachen, der im Februar ihres ersten High-School-Jahres stattfand. Sie gewann einen Gutschein im Wert von 400 Dollar und erwarb ein Brahmankalb namens Miss Primero Grande. Sie begann sofort mit den Vorbereitungen für die nächste Ausstellung. Und als läge es ihr als Texanerin im Blut, baute sie sich rasch eine ganze Herde auf. Bobby war von Shelleys Interesse an den Rindern beeindruckt und kaufte ihr noch ein paar Brahmanfärsen.

Sie liebte die Tiere. Bei ihnen konnte sie ihre Probleme vergessen, dem Haus und Bobby entkommen. Die Arbeit mit den gutmütigen Riesen vermittelte ihr das Gefühl, ihr eigenes Leben führen zu können; ein Gefühl, das ihr Vater ihr geraubt hatte.

Man muß täglich vier Stunden mit ihnen verbringen. Manchmal auch mehr; aber vier Stunden sind das wenigste.

Es ist immer das gleiche zu tun. Morgens füttert man sie, und nach der Schule werden sie bewegt oder gebürstet. Also, man führt sie herum, wäscht und bürstet sie. Viel bürsten.

Wichtig ist, daß man mit ihnen herumspaziert, im Trab, damit sich ihre Beinmuskeln und so entwickeln. Man muß sie hätscheln und sich mit ihnen beschäftigen. Es ist egal, was du machst, solange du dich mit ihnen beschäftigst. Dann fühlen sie sich in deiner Nähe wohl und drehen nicht durch, wenn andere Leute da sind.

In der Scheune hatte ich ein Radio. Ich ließ laute mexikanische Musik laufen, damit sie sich an den Lärm gewöhnen und auf Ausstellungen nicht unruhig wurden.

Einmal hatte ich einen Bullen, der schleifte mich durch den Ring, nur weil ein kleines Mädchen die Hand ausstreckte, um ihn zu streicheln. Es war ein sehr scheuer Bulle. Ich hatte die Leine um meine Hand geschlungen, und er schleifte mich vor allen Leuten quer durch die Arena. Es war mir sehr peinlich.

Ein anderer Bulle mochte es nicht, wenn Leute hinter ihm hergingen. Ich spazierte mit ihm am Preisrichter vorbei und der Richter trat hinter ihn, um sich sein Hinterteil anzusehen. Der Bulle trat aus, und der Richter landete auf dem Hintern.

Shelley arbeitete hart. Aus dem Hobby war echtes Engagement geworden. Sie beaufsichtigte die Ernährung ihrer Brahmanen, bürstete sie, brachte ihnen bei, auf Seil- und Halfter-Kommandos zu reagieren, und wanderte vor allem viel mit ihnen herum. Täglich mehrere Kilometer. Sie erweiterte und perfektionierte die Regeln, die sie im vergangenen Jahr auf der LaRue Show-Schule gelernt hatte.

Kurz vor der Ausstellung muß man sie stark bürsten, damit ihr Fell glänzt. Es gibt da ein paar Tricks — zum Beispiel kann man Farbe auf die Hufe sprühen, damit sie dunkler aussehen. Für die Ausstellung muß man die Hörner kürzen, damit die Haare darüberwachsen. Das sieht sehr hübsch aus. Wenn das nicht gelingt, besprüht man das Horn mit schwarzer Farbe.

Man kann ihre Wimpern mit Vaseline einreiben, damit sie abstehen und dunkler aussehen. Es gibt ein Zeug, mit dem man ihre Schwänze besprühen kann. Das macht man meistens bei jungen Ochsen, sprüht sie schwarz oder weiß ein und bauscht sie dann auf. Im Sommer muß man einen Ventilator auf sie richten, damit sie ihr Fell behalten, und sie kühl halten, so wird ihr Fell schön dick.

Shelley liebte ihre Tiere.

Viele Leute fürchten sich vor ihnen, weil sie so groß sind. Sie glauben, sie seien leicht erregbar. Das stimmt zwar, aber sie sind auch sehr liebevoll. Wie Schoßhündchen. Wissen Sie, man verbringt so viel Zeit mit ihnen, daß sie einem folgen und stehen bleiben, wenn man stehen bleibt.

Während ihres zweiten High-School-Jahres war Shelley dauernd auf Ausstellungen. Ein fünfundvierzig Kilo schweres Mädchen eskortierte 900 Kilo schwere Rinder durch die Staaten. Reiste mit ihnen nach Brenham, Fort Worth, auf die Heart of Texas Fair in Waco, Corsicana, San Antonio, Victoria, Mercedes, Dallas, Houston, Tyler und sogar nach Lake Charles in Louisiana. Sie ging auf bundesweite Wettbewerbe und kleine Bezirksausstellungen.

Shelley liebte die Ausstellungen. Aber die Freude wurde getrübt.

Für ihn war es herrlich. Je mehr Freude ich daran hatte, desto besser war es für ihn, weil wir unterwegs waren.

Während der Hauptsaison im Februar und März war Shelley

die meiste Zeit unterwegs. Sie war bis zum sechsten März in Houston. Ständig unterwegs zu sein, war ein wahrer Glücksfall für ihren ›Beschützer‹ Bobby.

Meine Mutter litt unter schlimmen Allergien. Sie war allergisch gegen Rinder oder Pferde oder Nahrungsmittel oder Staub oder sonst was und wurde richtig krank davon. Deshalb konnte sie uns nicht zu den Ausstellungen begleiten. Und wenn sie einmal mitkommen wollte, sagte Bobby zu ihr: »Du wirst nur krank werden. Du bleibst besser zu Hause.«

Bei den Ausstellungen konnte Bobby frei über seine Tochter verfügen. Normalerweise reisten nur der Ranchverwalter, ein Helfer, Bobby und Shelley. Ruiz traf alle Vorbereitungen für die Tiere.

Bobby riskierte eine Menge. Er flog mit einer Privatmaschine zu Ausstellungen wie der in Mercedes, einer Stadt an der mexikanischen Grenze. Er buchte für sich und Shelley stets ein Doppelzimmer, manchmal eine Suite. Die Leute zu Hause, die seinen pompösen Stil gewohnt waren, stellten bald fest, daß Bobby und Shelley immer zusammen reisten – ohne Linda. Man sprach zwar nicht laut darüber, aber es gab Gerede. Ab und zu wurden Witze darüber gemacht.

Selbst Bobby erkannte, wie es auf andere wirken mußte. »Bobby meinte scherzhaft, daß Linda ihm manchmal mißtraute«, erinnerte sich Ruiz. »Das war, als wir uns über Hotelzimmer unterhielten.«

Egal, wo die Ausstellung war; ich hatte nur einen Wunsch: den ganzen Tag – solange wie eben möglich – im Stall zu verbringen. Die ganze Zeit sagte er: »Laß uns ins Hotel zurückgehen, laß uns aufs Zimmer gehen.« Dann dachte ich mir Entschuldigungen aus. »Ich muß sie noch füttern, ich muß sie herumführen, ich habe dem-und-dem versprochen, ihm beim Herumführen zu helfen.« Ich schaffte mir Freunde an, mit denen ich den ganzen Tag zusammen war, damit er nicht an mich herankam.

Shelley war zerrissen von der Liebe zu den Ausstellungen und dem Haß auf ihren Vater. Ein Dilemma. Ihr stolzester Augenblick war, als sie in der Fort Worth-Ausstellung den Grand Champion gewann.

Ich hatte mir im Jahr davor eine junge Färse aus der Herde geholt und sofort mit ihr zu arbeiten angefangen. Ich wußte, daß sie perfekt werden würde. Richard und ich gewöhnten sie unter anderem ans Halfter. Die meisten anderen waren bereits ausgewachsen und ans Halfter gewöhnt, als wir sie kauften. Sie war nicht lebhaft, sie war friedlich. Und auf ihrer allerersten Ausstellung – in Fort Worth – gewann sie den Grand Champion. Das ist das Höchste. Auf allen weiteren Ausstellungen holte sie den ersten Preis.

Alle Brahmanen Shelleys hatten offizielle Namen und Nummern, um anzuzeigen, daß sie garantiert reinrassig waren. Ihre Namen erhielten sie von Bobby. Miss Primero Grand, Spitzname Blue, war ihre erste, die Nummer 187; das Kalb, das sie sich vom Preis des Beurteilungswettbewerbs gekauft hatte. Gefolgt von Miss Suva, einer weiteren Färse, auch als 658 bekannt. Sie gehörte ihrem Vater, aber Shelley zeigte sie auf Ausstellungen. Und schließlich Miss Shelley 109, die kleine Färse, die in Fort Worth gewonnen hatte.

Zur wichtigen Ausstellung in Houston hatte Shelley einige ihrer besten Brahmanen mitgebracht, unter anderem Blue und ein imposantes Tier, das sie liebevoll Freight Train nannte. Freight Train hatte nur ein Problem: für eine Brahmane war sie recht schmächtig. Doch Shelley benutzte ein paar Tricks, die man ihr nicht auf der LaRue beigebracht hatte.

Sie war so hochgewachsen und lang, daß ich Mühe hatte, sie rundlich zu machen. Eigentlich sollte man es nicht tun, aber wir beschlossen, sie mit Bier abzufüllen, um ihr für die Ausstellung eine runde Form zu geben. Das macht man nur, wenn es schnell gehen soll.

Shelley und Ruiz eskortierten Freight Train auf den Parkplatz des Astrodome. »Wir lachten, zogen über andere her und hatten viel Spaß, solange Bobby nicht in der Nähe war«, erinnerte sich Ruiz.

Ruiz schleppte das Bier heran – bestes Lager. Und dann begannen sie, es in Freight Train hineinzuschütten. Freight Train gluckste und rülpste. Shelley untersuchte den Unterleib des Tieres, während Ruiz weiter Bier nachgoß.

Sie konnte eine Menge vertragen, denn sie war eine große Kuh. Sie war so groß und so lang — und wurde und wurde nicht runder.

Als sie schließlich genug Bier in Freight Trains riesigen Schlund geschüttet hatten, sah sich Shelley einem neuen Problem gegenüber.

Es war schrecklich. Sie war betrunken und sabberte über meine Sachen und wollte sich hinlegen.

Ich wußte, daß die Preisrichter etwas sagen würden, denn sie hatte Schaum vor dem Maul und spritzte ihn über meinen Rücken. Das ganze Hemd war naß. Ich sagte zu dem Jungen hinter mir, er solle sie mit seinem Stock anstoßen, denn sie versuchte, sich hinzulegen.

Wegen der Rinderausstellungen verpaßte Shelley in der Schule eine Menge Stunden.

Aber in Kerens lebte man von Öl und Rindern, deswegen wurde sie nicht bestraft.

Shelley fand es immer schwieriger, das schizophrene Leben weiterzuführen.

Sie benahm sich Bobby gegenüber schnippisch und kanzelte ihn in aller Öffentlichkeit ab. Shelley versuchte eine Botschaft zu vermitteln. Wie eine Kriegsgefangene, die von ihren Besiegern gezwungen wird, vor den Kameras der Welt zu paradieren. Wie sollte man ihnen die Botschaft mitteilen? Würden sie daheim begreifen, daß etwas nicht stimmte?

Für alle anderen sah es so aus, als sei ich eine verwöhnte, kleine, reiche Göre, weil ich so voller Haß war. Er kam zu mir und sagte: »Weißt du, du hast die Kuh falsch gebürstet« oder »Du hast sie zur falschen Zeit gefüttert«, und ich antwortete: »Du weißt nicht, wovon du sprichst.«

Wenn aber der Ranchverwalter zu mir kam und mir genau das gleiche sagte, hörte ich zu und reagierte entsprechend. Ich war immer mit Erwachsenen zusammen und nie respektlos oder so. Es lag nur an ihm. Ich haßte ihn. Ich benahm mich wie eine ungezogene Göre. Es war mir egal. Alle anderen sagten: »Sie verhält sich sehr gut.«

»Es war okay, solange Bobby nicht da war«, erzählte Ruiz.

»Sobald Bob auftauchte, veränderte sie sich. Es war, als würde sie ein anderer Mensch.«

Shelley glaubte, daß es den anderen hätte auffallen müssen. Ihrer Meinung nach hatte sie eindeutige Signale gegeben. Aber niemand kam ihr zu Hilfe.

Auf der Flucht

Es war drei Tage nach Shelleys sechzehntem Geburtstag. Bobby war nervöser als üblich. Die Auseinandersetzungen mit seiner Tochter forderten allmählich ihren Tribut. Shelley kämpfte jetzt, und sie kämpfte mit harten Bandagen.

»Ich möchte nicht, daß du dich mit Ricky triffst«, befahl Bobby, während er auf seiner Tochter lag. Sie waren beide nackt. Nachdem Shelleys Mutter mit Michael in die Stadt gefahren war, hatte Bobby seiner Tochter befohlen, auf ihr Zimmer zu gehen. Jetzt, als er von Ricky sprach, sah Shelley weg und blieb stumm. Das war ihre häufigste Reaktion auf die sexuellen Mißhandlungen ihres Vaters.

Bobby hatte den Eindruck, daß sich in letzter Zeit alles rasch veränderte. Er hatte Shelley zum Geburtstag einen Pickup geschenkt, sie schien einen Freund zu haben, und jetzt mußte er auch noch zu einem Treffen mit einem ehemaligen Tampimex-Partner nach London reisen. Was würde Shelley in der Zwischenzeit anstellen? Bobby hatte Angst, daß alles auffliegen könnte.

»Ich möchte nicht, daß du dein Leben ruinierst. Ricky ist nicht gut genug für dich.«

Bobby entging die Ironie seiner Worte, Shelley nicht.

Kurz vor dem Ende, dem endgültigen Ende, sagte ich: »Weißt du, wenn du mir das antust, beschaffe ich mir am besten etwas, womit ich dir entgehen kann.« Wie den Pickup. Deshalb wollte ich ihn haben. Ich hatte versucht, mich von ihm zu befreien, aber ich hatte bisher keinen Weg gefunden.

Je näher ihr Geburtstag rückte, desto mehr bemühte sie sich um einen Pickup. Sie wünschte ihn sich schon seit langem. Im großen, weiten Texas hatte fast jeder ein Auto, und jeder fing früh mit dem Fahren an. Die meisten Schüler der Kerens High-

School fuhren zur Schule, viele davon im eigenen Wagen. Und das Traumauto in diesem Rinder- und Öl-Land war ein Pickup.

Einmal habe ich mir einen Pickup zu Weihnachten gewünscht — einen schwarzen Silverado-Pickup. Als ich am Weihnachtsmorgen die Treppe hinunterging, sah ich unter dem Baum einen kleinen Go-Kart-Pickup stehen. Danach gab ich die genaue Größe an.

Bobby hatte Shelley versprochen, ihr an ihrem sechzehnten Geburtstag den ersehnten Pickup zu schenken. Aber sie würde dafür einen Preis bezahlen müssen. Er kaufte den Pickup Monate vor ihrem Geburtstag und spannte sie auf die Folter, weil er ihn selber fuhr. Es war ein schnittiger, funkelnagelneuer, grauweißer Chevy Silverado mit Klimaanlage, elektrischem Fensteröffner, AM/FM-Stereo, Kassettendeck und getönten Scheiben. Die Crème de la Crème der Pickups.

»Er hatte alle Finessen«, erinnerte James Duvall sich. »Sehr attraktiv für die jungen Mädchen, die zum Rodeo wollten. Bobby gab sich als großer Rancher und Cowboy aus, und er verwandelte sie in eine Rodeo-Queen. Der Wagen besaß eine starke Anziehungskraft auf sie, wie ein Diamant, den man einer Lady vor die Nase hält.«

Shelley wußte, daß sie dafür bezahlen mußte, aber sie ignorierte Bobbys Forderungen, ihm wegen des Pickups eine Anzahl ›Nummern‹ zu versprechen. Sie hatte erkannt, daß es egal war, ob sie zu seinen sexuellen Tauschgeschäften ja oder nein sagte. Er nahm sich ohnehin, was er wollte. Also beschloß sie, den Pickup zu nehmen. Wie sich herausstellen sollte, brauchte sie nicht zu drängen. Sie bekam ihren Pickup — und noch etwas. Als Bobby ihr an ihrem Geburtstag die Schlüssel übergab, war auch ein funkelnder Diamantring im Päckchen.

Bobby Sessions wußte, daß es selbst in dieser bibelfesten Gegend den Mädchen erlaubt war, gelegentlich mit den Flügeln zu schlagen. Sie fuhren mit sechzehn Jahren ihr eigenes Auto. Sie hatten Verabredungen. Ihm war klar, daß seine Macht über Shelley schon bald nachlassen würde. Mit Achtzehn würde Shelley frei und unabhängig — mit einem Wort, erwachsen sein. Er konnte sie nicht halten. Er gab ihrem Wunsch nach einem Pickup nach, um seine Haut zu retten. Er mußte versuchen, wie ein liebender und nachsichtiger, aber auch strenger Vater zu wirken.

Aber seine Macht über Shelley schwand, trotz aller Geschenke, mit denen er ihr Schweigen zu erkaufen suchte. Würde sie das Geheimnis verraten? Er konnte nie sicher sein. Würde sie ihn verlassen? Bobby war davon besessen, das Geheimnis zu wahren, Shelley zu behalten. Er wollte sie nicht verlieren, obwohl er wußte, daß sie eines Tages aus dem Haus gehen, fortziehen, möglicherweise sogar heiraten würde. Er würde sie nicht ein ganzes Leben lang festhalten können. Der Gedanke daran, daß seine Tochter ihre Flügel spreizen und davonfliegen würde, machte ihn zunehmend unruhiger.

Bobby glaubte immer noch, daß er die Situation in den Griff bekommen und sie kontrollieren könnte. Sobald er ihr die Wagenschlüssel überreicht hatte, überprüfte er jedesmal, wenn sie fortgewesen war, den Kilometerzähler. Er wußte genau, wann sie das Haus verlassen und wann sie wieder zurückgekehrt war.

Der Wechsel in Bobbys Verhalten blieb seinen Freunden und der Familie nicht verborgen. Er rauchte jetzt vier Packungen an einem Tag und schüttete seine Dr. Peppers wie Wasser in sich hinein. Seine Hände zitterten leicht, und er knabberte ständig an seinen Fingernägeln. Er kanzelte andere schroff ab, verlor schneller die Geduld und verbreitete Hektik, ohne etwas geregelt zu bekommen.

Er war genauso aufgedreht wie damals, als sie noch in New Jersey gewohnt hatten, aber diesmal schien es nicht an der Arbeit zu liegen. Das Baugeschäft und die Ranch liefen gut. Aber irgend etwas beunruhigte Bobby Sessions und trieb ihn fast zum Wahnsinn.

Einige Mitglieder seiner Familie bemerkten, daß Bobby von Shelley besessen war. Sie wußten um seinen übertriebenen Beschützerinstinkt, und es entging ihnen nicht, daß er mit Shelley, aber ohne Linda, zu den Viehausstellungen fuhr.

Aber nur Betty Duvall hatte ihren Verdacht in Worte gefaßt. Und niemand außer Betty sah in Bobbys Bindung an Shelley die Anzeichen einer ruchlosen Liaison.

»Ich habe sie die ganze Zeit damit aufgezogen, daß sie immer mit ihrem Vater zusammen war«, gestand Ricky Layfield. »Es war offensichtlich, aber ich habe es nicht ernst gemeint. Ich habe nur kleine, doppeldeutige Bemerkungen fallen lassen. Sie wurde fuchsteufelswild und schlug nach mir, aber sie wußte, daß ich nur Spaß machte.«

Aber Ricky wußte nicht, daß Bobby Sessions ihn aufmerksam beobachtete.

Ricky mochte Sessions. Wie viele andere Jugendliche sah er zu ihm auf. Er war einer, der es geschafft hatte.

Ricky hatte schon ein Jahr, bevor er endlich wagte, sie anzusprechen, ein Auge auf Shelley geworfen. Doch Bobby war er schon vorher aufgefallen. Er rief ihn gelegentlich an, um sich mit dem Jugendlichen zu unterhalten.

Ricky war zwar ein Star-Sportler, aber kein Star-Schüler. Er ging nur zur Schule, um Spaß zu haben − und den hatte er. Er mußte keine Klasse wiederholen. Er fischte und jagte und hatte viele Freunde. Ricky konnte sich keinen Wagen leisten, da er nach der Schule lieber Sport trieb als einem Nebenjob nachzugehen. Er lieh sich bis zum letzten Schuljahr Autos von seinen Freunden. Er hatte seinen eigenen Kopf und wußte sich in jeder Situation zu helfen.

»Ich wurde für zehn Tage aus der Schule verbannt, weil ich einen Trainer beschimpft hatte. Ein kleiner Kerl, der dachte, er könne mich herumschubsen − aber nicht mit mir. Ich hatte eine Sehnenzerrung, und er setzte mich unter Druck, glaubte wohl nicht an meine Verletzung. Da ist mir der Kragen geplatzt. ›Leck mich‹, hab' ich gesagt, und dann noch gedroht, ich würd' ihm einen Tritt in den Hintern geben.«

Sessions erfuhr von Rickys Suspendierung. Ihm schien nichts verborgen zu bleiben. Er rief bei Layfields an.

»Du hast ein kleines Problem in der Schule?« fragte er Ricky.

»Woher wissen Sie das?«

Bobby verriet es ihm nicht. Er mochte Ricky. Er hatte Gefallen an dem jungen Layfield gefunden, was Ricky verwirrte. »Er war wie ein Vater zu mir«, erinnerte sich Ricky. »Ich weiß nicht, warum. Das muß man sich einmal vorstellen. Dieser gutaussehende Kerl dort im Mercedes, große Nummer, keine Probleme, rief mich an, um sich mit mir darüber zu unterhalten, wie die Dinge laufen.«

Nachdem die Suspendierung aufgehoben war, ging Ricky zum Büro des Rektors, um sich seine ›Willkommens-Prügel‹ abzuholen. Aber diesmal blieb der Rohrstock an seinem Platz.

»Ricky, du solltest auf dieser Schule mit gutem Beispiel vorangehen«, sagte der Rektor zur Begrüßung. »Ich werde dir diesmal keine Prügel verabreichen.«

Dann stand er auf, schüttelte Rickys Hand und schickte ihn in seine Klasse.

Hatte er das Bobby Sessions zu verdanken? »Ich mochte ihn wirklich«, erzählte er. »Er war wie ein Freund. Ich konnte mit ihm über alles reden... Aber er war ein großes Tier, und man stand immer in seinem Schatten.«

Vermutlich wollte Bobby nur einen Konkurrenten im Auge behalten. Er ahnte wohl, daß Ricky und Shelley sich zueinander hingezogen fühlten.

Es passierte eines Mittags auf dem Schulparkplatz. Shelley lud Ricky spontan zu einer Fahrt in ihrem neuen Pickup ein. »Schwarz und silber, elegante schwarze Inneneinrichtung«, schwärmte Ricky. »Es war der schönste Wagen auf dem Parkplatz, die Wagen der Lehrer mitgezählt. Und es war ein Pickup.

Als wir wieder zur Schule zurückfuhren, hatten wir nur noch Augen füreinander. Ich sagte niemanden, daß sie mir gefiel, aber sie wußte es, weil... ich denke, sie wußte es einfach, und von da ab gab es nur noch uns beide.«

»Am fünften Mai – ich werde es nie vergessen – trat Shelley in mein Leben«, erzählte Cherry Layfield. »An ihrem Geburtstag. An diesem Tag kam Ricky aus der Schule und sagte zu mir, Shelley hätte ihm gesagt: ›Hey, heute ist mein sechzehnter Geburtstag. Ab heute darf ich mich verabreden.‹ Und er kam zu mir und – er wollte es von mir hören – fragte: ›Was meinst du? Weshalb hat sie es mir erzählt?‹ ›Nun, Rick, sie wird wollen, daß du dich mit ihr verabredest.‹ ›Glaubst du das wirklich?‹ Ich weiß nicht, was passiert ist, aber an diesem Samstagabend besuchte er Shelley, und als er zurückkam, fragte ich ihn:

›Was habt ihr gemacht?‹ und er antwortete: ›Ich habe den ganzen Abend mit Bobby Poolbillard gespielt . . . ich war nicht mit Shelley zusammen.‹ Er sagte, es sei sehr schön gewesen, aber er hätte von Shelley nicht viel gesehen.«

Von einem Augenblick auf den anderen änderte sich das Verhältnis zwischen Bobby und Ricky. Bobby rief nicht mehr an. Es gab keine Einladungen mehr. Er sagte ihm, Shelley träfe keine Verabredungen.

Ricky wollte keinen Streit anfangen. »Er war ein alter Freund der Familie – und schauen Sie sich an, wie ich hier lebe. Und dann sehen Sie sich die Villa da draußen an. Ich bin nur ein kleiner, armer Provinzler.«

Shelley stritt mit ihrem Vater über Ricky, aber es half nichts. Plötzlich erzählte Bobby seiner Tochter, Ricky sei ein wilder Junge und übe einen schlechten Einfluß aus.

Er hatte keinen schlechten Ruf. Wissen Sie, er war ein normaler Teenager, machte einen auf Mister Cool.

Sessions wollte nichts davon hören und verbot Shelley, Ricky zu sehen. Die beiden Teenager mußten sich heimlich treffen.

Ricky war für Bobby ein Rivale im Bezug auf Shelleys ›Liebe‹ und eine Bedrohung des Geheimnisses. Bobby war hysterisch vor Sorge und Angst.

Shelley war jetzt so weit, die sexuellen Mißhandlungen durch ihren Vater als Teil ihres Lebens hinzunehmen. In sexueller Hinsicht war sie erwachsen, gefühlsmäßig dagegen ein richtiger Teenager. Shelley traf sich trotz Bobbys Verboten mit Ricky. Als ihr Vater sich in Europa aufhielt, ging sie mit Ricky aus, wobei ihr bewußt war, daß sie damit den Zorn Bobbys heraufbeschwören konnte. Aber das war ihr die Sache wert.

Mein Vater war in London, und Ricky und ich fingen an, uns zu mögen. Ich hatte mir bis dahin nicht viele Gedanken über ihn gemacht. Er war immer wild, und ich hielt ihm vor, er solle ein ordentliches Leben anfangen und so. Er kam zu mir, wenn er einen Rat brauchte. Und plötzlich mochten wir uns.

Shelley benutzte die Reise ihres Vaters dazu, ihre Mutter zu fragen, ob Ricky vorbeikommen und Billard oder etwas anderes mit ihr spielen dürfte.

»Frag' deinen Vater, wenn er das nächste Mal anruft«, antwortete Linda.

Als Bobby anrief, fragte Shelley ihn.

»Aber nur für eine Stunde«, sagte Sessions. »Du kennst die Abmachung.«

Sie kannte die Abmachung nur zu gut. Aber sie wußte auch, daß Bobby die Regeln ändern konnte, wann immer es ihm gefiel.

Ich weiß nicht, was geschehen war. Vielleicht war Ricky zu lange bei uns geblieben. Aber als Bobby nach Hause kam, raste er vor Wut.

Sessions erhielt einen Anruf von einem befreundeten Lehrer, der ihn gut genug kannte, um zu wissen, wie sehr es ihn interessierte, daß Shelley viel Zeit mit Ricky Layfield verbrachte.

Bobby war empört. Er dankte dem Lehrer und raste zur Schule, wo Shelley gerade Mittagspause machte. Er nahm seine Tochter beiseite.

»Gehst du mit Ricky?«

»Ja.«

»Und was ist mit dem, worüber wir uns vor meiner Reise unterhalten haben?«

»Ich gehe mit ihm – das ist alles.« Shelley hatte den Fehdehandschuh geworfen. Es war ihre erste offene Herausforderung seit Beginn der Mißhandlungen.

»Nein, das ist es nicht!« schrie Bobby und stürmte davon.

Bobby fuhr nach Hause, holte sich einen Arbeiter und raste wieder zur Schule zurück. Aber diesmal hielt er nicht nach Shelley Ausschau. Er kurvte über den Parkplatz, bis er ihren Silverado entdeckt hatte.

Als Shelley kurze Zeit später aus der Schule kam, entdeckte sie den großen, weißen Cadillac ihrer Mutter auf dem Parkplatz.

»Steig ein, Shelley«, forderte Linda sie auf. »Dein Vater hat den Pickup mitgenommen.«

Shelley kochte den ganzen Weg nach Hause vor Wut. Linda

versuchte, Bobby zu verteidigen, aber Shelley hörte nicht hin. Sie begriff nicht, weshalb ihre Mutter Bobby immer noch in Schutz nahm.

Zu Hause angekommen, ließ Shelley ihrer Wut freien Lauf und zog lautstark über Bobby her. Linda griff sich einen Besen, schwang ihn über dem Kopf und setzte Shelley nach, traf sie aber nur leicht. Shelley duckte sich, um dem Besen zu entgehen, dann schnappte sie sich den Griff und ruckte daran. Linda schrie auf. Shelley hatte ihr das Handgelenk verstaucht. Linda rannte zum Haus ihrer Mutter und rief von dort aus Bobby in seinem Büro an.

»Shelley ist durchgedreht!« schrie sie. »Ich werde nicht mehr mit ihr fertig. Rede du mit ihr.«

Bobby ging ins Haus, aber er kam nicht dazu, mit seiner Tochter zu ›reden‹. Sie empfing ihn mit einer Schimpfkanonade.

»*Was hast du mit meinem Pickup gemacht?*«

»Ich habe dir gesagt, du sollst dich nicht mit Ricky treffen.«

Sie würde ausgehen, mit wem sie wollte, und tun, was ihr Spaß machte. »Ich werde nie wieder auf dich hören!« schrie sie ihn an. Die frühere Angst schien einer neuen Wut Platz gemacht zu haben.

So war es die ganzen letzten Monate über gewesen. Die Streitereien hatten an Lautstärke zugenommen. Und Shelley zögerte nicht länger, ihn zu schlagen oder nach ihm zu treten, wenn sie wütend auf ihn war.

Während einer dieser lautstarken Auseinandersetzungen landete Shelley einmal auf dem Boden der Waschküche.

Er stand über mir. Und ich trat so fest wie ich konnte – und traf genau die richtige Stelle. Er schwankte. Ich lief auf mein Zimmer, knallte die Tür zu und schloß ab. Ich wollte nur, daß er mir vom Leibe blieb. Ich hatte genug.

»Was hast du mit meinem Pickup gemacht?« schrie sie noch einmal. »Ich will die Schlüssel von meinem Pickup!«

Bobby drehte sich um und ging in Richtung Treppe.

»Ich werde allen erzählen, was du mit mir gemacht hast«, rief sie ihm hinterher.

Bobby murmelte: »Ich werde mit *allem* ein Ende machen.«

Shelley lief ihm nach, sie vermutete, was jetzt geschehen würde. Sie fand ihren Vater in seinem Schlafzimmer. Er hatte die Pistole aus der Schublade der Frisierkommode genommen und war auf dem Weg zur Balkontür, von der aus man den See und das weite Land überblicken konnte.

»Du brauchst dir wegen mir keine Sorgen mehr zu machen!« rief er seiner Tochter zu.

Es war nicht das erste Mal, daß Bobby mit Selbstmord drohte. »Das wirst du nicht tun«, sagte sie, packte ihn von hinten und versuchte, ihm die Waffe zu entreißen.

Ich geriet in Panik und dachte: Wenn er sich tötet, werden sie mir die Schuld geben. Sie werden denken, ich hätte es getan. Ich war so aufgeregt! Deshalb bin ich hinter ihm hergerannt, habe versucht, ihn zu packen.

Bobby gab leicht nach. »Wie würde es dir gefallen, wenn ich zuerst dich und dann mich erschießen würde?« brüllte er und fuchtelte mit der Pistole herum.

»Mach schon, töte mich«, schrie Shelley zurück. »Es wäre besser, tot zu sein!«

Sie stürzte sich auf ihn und griff nach der Pistole. Sie rangen am Rand des Balkons und auf der Wendeltreppe miteinander. Auf halbem Wege schien Bobby ins Stolpern zu geraten. Er knickte ein und griff sich ans Herz, während er die Treppe hinunterschwankte. Am Ende der Treppe fiel er bewußtlos hin.

»Steh auf!« schrie Shelley und trat ihn in die Seite. »Steh auf. Du hast keinen Herzinfarkt. Gib mir die Schlüssel!« Und trat noch einmal.

Ich wußte nicht, wo ich hingehen sollte. Ich wollte versuchen, an Geld heranzukommen, mein Zeug zusammensuchen und nichts wie weg.

Plötzlich stand Bobby auf, als wäre nichts passiert, und lief aus dem Haus. Shelley rannte hinterher und forderte ihre Schlüssel zurück.

Er sprang in seinen Pickup und fuhr los. Ich griff nach der Tür. Sie schwang auf, und ich hing dran. Es war ein großes Durcheinander.

»Gib mir meine Wagenschlüssel!« schrie Shelley, während ihr Vater Gas gab. Sie schlug mit der freien Hand nach ihm. Bobby bremste, griff in die Tasche, zog einen Schlüsselbund heraus und warf ihn Shelley zu. Er segelte an ihr vorbei auf den Boden.

Shelley hob ihn auf, lief zu ihrem Wagen und parkte ihn vor dem Haus.

Ich lief nach oben und schleppte ein paar Sachen nach unten, während er die Treppe hoch in mein Zimmer lief – und mir half. Er nahm meine Stereoanlage und trug sie hinunter. Ich nahm sie ihm weg und sagte: »Rühr meine Sachen nicht an. Ich mache es allein.«

Shelley warf Taschen mit Kleidern und Toilettenartikeln in den hinteren Teil des Wagens.

Als sie sich hinters Steuer setzte, kam Bobby aus dem Haus.

»Was hast du vor?« fragte er, bittend, doch wütend.

»Das geht dich nichts an!« brüllte Shelley und startete den Motor.

Er kam näher und warf ihr einen Hundert-Dollar-Schein zu.

»Wage es nur nicht, jemals wieder einen Fuß in dieses Haus zu setzen!«

»Mach dir *darüber* keine Sorgen!« brüllte sie zurück, warf den Motor an und fuhr los.

Das Kartenhaus schwankte. Bobby Sessions hatte nicht nur seine Quelle für kostenlosen Sex verloren, er verlor auch die Kontrolle über die einzige Zeugin des Verbrechens. Er vergaß das eben ausgesprochene Hausverbot und flehte sie an: »Komm zurück.«

Ich fuhr nach Kerens. Ich wußte nicht, was ich tun sollte. So fuhr ich zu einer Freundin, und sie sagte mir: »Dein Dad war gerade hier. Er hat meinen Eltern erzählt, du wärst von zu Hause fortgelaufen, und sie sollten dich nicht aufnehmen.«

Jetzt, da der erste Schock abgeklungen war, überfiel Shelley die Angst. Sie war sicher, daß ihr Vater mit der Pistole hinter ihr her war.

Wohin ich auch fuhr, er schien schon dagewesen zu sein. Ich besuchte meine Freundin Kim und fuhr mit ihr durch die Gegend. Ich nehme an, daß er, kurz nachdem ich sie abgeholt hatte, bei ihren Eltern eintraf und ihnen erzählte, daß ich von zu Hause weggelaufen sei. Sie sollten mich nicht aufnehmen.

Kurz nachdem Kim ihr vom Besuch ihres aufgeregten Vaters berichtet hatte, sah Shelley ihn. Er fuhr auf einer anderen Straße und hatte sie nicht gesehen. Sie trat das Gaspedal durch und raste los.

Sie hatte endlich den Bruch gemacht. Und was jetzt? Sie hatte auf diesen Augenblick gewartet, sich aber nicht darauf vorbereitet. Es schien, als sei ihr Vater überall. Wahrscheinlich würde er sie töten.

In diesem Augenblick entdeckte Shelley ihre Algebralehrerin Dede Scott, die sofort bremste.

Ein paar Tage vorher habe ich ihr von den schlimmen Problemen bei uns zu Hause erzählt. Sie sagte mir — wir waren wirklich gute Freunde —: »Wenn du mich brauchst, komm vorbei.« Sie hielt an und sah, daß irgend etwas mit mir los war... Ich hatte Kleider im Wagen gestapelt. Sie fragt: »Was machst du? Wohin fährst du?« Und ich antwortete: »Ich weiß nicht.«

Sie gab mir die Schlüssel zu ihrem Haus. So zog ich bei ihr ein.

Shelley hatte ihr Zuhause, aber nicht Kerens verlassen. Sie fühlte sich bei Dede so sicher, daß sie es wagte, weiter zur Schule zu gehen. Sie benutzte Schleichwege, um nicht von Sessions gesehen zu werden, und war bald mutig genug, sich zusammen mit Ricky und einem Klassenkameraden in die Nähe der Ranch zu begeben. Sie wollten am See schwimmen und sonnenbaden. Aber es dauerte nicht lange, bis eine Staubwolke sich rasch näherte.

Die drei Teenager kletterten hastig in ihren Wagen, während Bobbys Auto schleudernd zum Stillstand kam.

»Du kommst besser mit nach Hause«, forderte Bobby seine Tochter auf, die davon überrascht war, daß ihr Vater keine Pistole zog.

»Niemals.«
»Deine Mutter wird dich fortschicken«, brüllte Bobby.
»Mich fortschicken? Wohin?«
Shelley hielt die Drohung für einen Bluff. »Ich komme nicht nach Hause.«
Als Shelley am nächsten Morgen die Zeitung aufschlug, bekam sie noch einen Schock. Eine ganzseitige Anzeige sprang ihr sofort in die Augen. Bei der unsignierten ›Ode an meine Tochter‹ wurde ihr fast übel...

> Gestern verließ meine Tochter das Haus,
> und mir war, als würde ein Teil von mir sterben.

Und doch stand zwischen den Zeilen eine Wahrheit, die nur Shelley richtig verstehen konnte; trotz seiner Behauptung:

> Sie ging wegen meiner Vorschriften,
> die sie nie verstanden hatte...

Unglücklicherweise kannte nur Shelley die Wahrheit. Bobbys Ode war ein triefendes Bekenntnis, ergänzt durch Verweise auf die Gemeinheit und Grausamkeit seines Vaters und an seine schreckliche Kindheit. Und jetzt litt Bobby, wie die nicht gerade sehr empfindsame Ode durchklingen ließ, wegen der gefühllosen Flucht seiner Tochter. Das brachte ihm Sympathien ein.

»Danach fanden die Leute Shelley schrecklich«, erinnerte sich Cherry Layfield, die Shelleys Recht, von zu Hause fortzulaufen, verteidigt hatte. »Die Leute klopften an unsere Tür und sagten: ›Wie kann sie ihrem Vater so etwas antun? Sein Herz ist gebrochen.‹ Die Leute sahen auf uns herunter, als seien wir der letzte Dreck.«

Ein paar Tage später bekamen Shelleys Klassenkameraden einen Vorgeschmack von der anderen Seite von Bobby Sessions' Besessenheit. Shelley machte sich gerade Notizen, als ihr Vater in die Klasse stürmte.

»Wo ist deine Lehrerin?« schrie er seine Tochter an, die einen Augenblick lang wie betäubt war.

»Was machst du denn hier?« fragte sie schließlich.

Bobby sah sie kaum an. »Ich will nicht dich sprechen«, bellte er, »sondern Dede Scott.«

Die anderen Schüler blieben stumm. Bobby sah sich mit eisigem Blick um. Als Shelley schwieg, stürzte Bobby aus dem Zimmer.

Die Schüler rannten zur Tür und hörten, wie Bob über den Flur zum Büro des Direktors stürmte. Sie hörten, wie er dem Rektor Vorhaltungen machte und Dede Scotts Entlassung wegen Beherbergung eines Ausreißers forderte.

Bobby war krank; zu Tode geängstigt, daß Shelley alles offenbaren, zu Tode erschrocken, daß sie ihn verlassen würde, handelte er wie ein Wahnsinniger und benahm sich so, daß alle Welt sehen – und ahnen konnte – was los war.

Kurz nachdem Bobby ins Büro des Rektors geplatzt war, lief die Schulsekretärin zu Shelley und fuhr sie an: »Du kommst besser mit mir.«

Shelley sah sie erschrocken an. Die Frau beruhigte sie. »Keine Angst.« Sie ging mit ihr in den Ruheraum für Mädchen. »Wir warten hier, bis dein Vater fort ist.«

Schließlich verließ Sessions das Schulgebäude. Aber das Feuerwerk war noch nicht vorbei. Shelley kam aus ihrem Versteck zurück ins Klassenzimmer, wo ihre Freunde vor dem Fenster saßen. Auf dem Parkplatz hatte Bobby seinen Pickup neben Shelleys geparkt.

Alle schauten zu, wie Bobby sich aus seinem Wagen schwang und nach hinten ging. Er fing an, Kisten und Kleider, die Shelley als ihre erkannte, von seinem Wagen in ihren zu werfen. Die Schüler waren völlig aus dem Häuschen.

»Wir sitzen in der Klasse rum, und er ist da draußen und wirft Kisten über Kisten mit ihren Sachen in den Wagen«, erinnerte sich Ricky Layfield. »Und das genau vor der Klasse. Wo alle sitzen und zusehen. Die ganze Schule sieht zu. Da wußten wir, daß es sehr ernst war.«

Nachdem ihr Vater fort war, wurde Shelley zum Direktor gerufen. Er erklärte ihr, ihr Vater habe verlangt, daß Dede Scott gefeuert werden sollte.

Shelley wollte protestieren, aber der Mann hob die Hand. »Keine Angst, sie wird ihren Job nicht verlieren«, beruhigte er sie, aber gleichzeitig riet er ihr, bei Dede auszuziehen.

Unter diesen Umständen mußte sie sich eine neue Unterkunft suchen. Sie wollte Dede nicht noch mehr Schwierigkeiten bereiten. Sie wußte, daß Bobby nicht eher ruhen würde, bis er erreichte, was er sich in den Kopf gesetzt hatte. Wieder erwachte ihre Angst, daß ihr Vater sie töten könnte.

Als sie sich am nächsten Tag mit Dede zum Mittagessen treffen wollte, hielt Bobby neben ihr. »Am besten läßt du den Wagen nicht eine Sekunde aus den Augen«, warnte er sie, »sonst ist er weg.«

Shelley sah sich mit zwei Problemen konfrontiert: erstens, den Wagen zu behalten und zweitens, eine Unterkunft zu finden.

Sessions lauerte ihr einige Male auf. Er drohte, schmeichelte, tobte. Er versprach Shelley, daß es mit dem Sex vorbei sei. Dann erinnerte er sie daran, daß ihre Mutter sich mit ihrem Fortlaufen nicht abfinden könne, und daß sie die Polizei einschalten wolle. »Und das möchte ich nicht.«

Bobby hatte − bislang erfolgreich − versucht, Linda davon abzuhalten, die Polizei anzurufen, denn er fürchtete sich vor dem, was geschehen würde, wenn Shelley aufgegriffen und der Polizei erzählen würde, weshalb sie geflohen war.

Wieder einmal bestätigte sich, was Shelley immer schon gewußt hatte: Ihr Vater hatte nicht nur überall in der Stadt seine Spione, er kontrollierte praktisch die Stadt. Für viele Menschen, besonders für seine Freunde, war Shelley eine undankbare Tochter. Shelley hatte alles − und wenn überhaupt, dann hatte Bobby sie durch die Überhäufung mit materiellen Gütern verzogen. Diese Leute versuchten, Bobby zu helfen, seine Tochter wiederzubekommen. Sie hatten seine Ode gelesen und fühlten mit ihm.

Ein paar Nächte später, als Shelley mit einigen Freunden in der Stadt in ihrem Wagen herumsaß, kamen andere Freunde angelaufen, um sie zu warnen: »Dein Vater und ein paar Männer suchen nach dir. Sie haben Schrotflinten.«

Shelley parkte auf der ›Schleife‹, einem kleinen Straßenstück im Norden der Stadt, das als Flanierstrecke der Teenager bekannt war. An warmen Wochenenden kreuzten manchmal zehn, fünfzehn, zwanzig, fünfundzwanzig von ihnen auf der Straße herum.

»Unternimm nichts, fahr nur herum«, riet Ricky Layfield. »Fahr herum, rede und hör Radio. Hol Leute rüber und rede mit ihnen, fahr rum und trinke.«

Als sie Sessions' Hupe hörten, stellte sich ein Dutzend Kids mit ihren Wagen schützend um Shelley. Aber sie kamen zu spät.

Er kam mit einem anderen Mann und einer Schrotflinte im Wagen herauf und versuchte, mich durch das Fenster meines Wagens zu zerren. Ich schrie und schimpfte und versuchte, durch das Fenster nach ihm zu schlagen.

»Du Hure!« brüllte Bobby, riß die Wagentür auf und zerrte seine Tochter aus dem Auto. »Du Nutte!«

Shelley boxte nach ihm und schrie: »Wenn ich eine Nutte bin, dann hast du mich dazu gemacht!«

Aber er überwältigte sie und stieß sie gegen die Tür. Shelley fiel gegen den Seitenspiegel und ging zu Boden.

Ihre Freunde hatten bis dahin geschockt zugesehen, doch jetzt wagten einige, sich Bobby zu nähern. Er ignorierte sie. »Ich habe dich die ganze Nacht gesucht«, brüllte er und schlug Shelley ins Gesicht. »Wo bist du gewesen? Du warst mit Ricky irgendwo in einem Feldweg, stimmt's?«

Bobby schlug sie noch einmal, aber diesmal kam ein Dutzend Jungen näher. »Sie lassen sie besser in Ruhe, Mr. Sessions.«

Als sei er soeben aus einer Trance erwacht, hielt Bobby mitten in seiner Haßtirade inne, drehte sich um und ging.

Shelley stand — verlegen und verletzt — auf. »Laß uns nach Hause fahren«, sagte sie leise zu ihrem Freund.

Bobby hatte völlig die Kontrolle verloren. Er fuhr fort, Shelley auf jede erdenkliche Weise zu verfolgen. Aber er behielt auch Ricky Layfield im Auge.

»Er rief dauernd hier an«, berichtete Cherry Layfield. »Er rief die ganze Zeit an und fragte, ob Shelley da sei. Und ich fragte zurück: ›Warum soll sie denn hier sein?‹ ›Nun, sie ist von zu Hause fortgelaufen, und falls sie in Ihrem Haus sein sollte, möchte ich, daß Sie sie auf die Straße setzen. Werfen Sie sie raus!‹ Mann, er wurde richtig gemein. ›Werfen Sie sie hinaus. Vielleicht kommt sie dann nach Hause.‹ Ich antwortete: ›Also, sie ist nicht hier, aber wenn sie herkommen sollte, werde ich sie nicht hinauswerfen. Ich werde versuchen, mit ihr über das Nachhausegehen zu sprechen, aber ich werde sie nicht auf die Straße setzen. Bedenken Sie denn nicht, daß sie sich an die Straße stellen und trampen könnte, wenn ich sie vor die Tür setze? Sie ist fähig, nach Kalifornien zu gehen, und Sie würden sie nie mehr wiedersehen.‹ ›Nein, nein, nein. Das würde sie nie tun. Werfen Sie sie nur raus.‹

Ich sagte: ›Sie wissen nicht, wovon Sie sprechen. Diese Teenager trampen durchs ganze Land. Ich weiß Bescheid. Ich hatte damit zu tun.‹ Er sagte, Shelley würde so etwas nicht tun. Ich wußte nicht, was da ablief.«

Einmal rief Cherry Layfield frustriert bei Bobby Sessions an, um vernünftig mit ihm zu reden. »Man konnte mit dem Mann nicht reden«, erinnerte sie sich.

»Eines Tages ging ich zu ihnen und versuchte, mit Shelleys Mutter zu sprechen. Er ließ sie nicht zu Wort kommen. Nicht ein einziges Mal. Jedesmal, wenn sie den Mund aufmachte, begann er zu reden. Und dann erzählte mir Bobby, daß er vorhatte, sie fortzugeben. Er wollte sie in eine Art Heim geben. Er sagte, ihre Mutter wolle es so und fuhr fort: ›Ich habe nichts damit zu tun.‹ Und ich erwiderte: ›Linda, das brauchen Sie nicht zu tun.‹ Sie antwortete: ›Ah ...‹ Und er fiel ein: ›Es ist ihre Entscheidung.‹«

Es waren jetzt zwei Wochen vergangen, seit Shelley von zu Hause weggelaufen war, und es wurde immer schwieriger für sie, eine Unterkunft zu finden. »Niemand wollte Shelley aufnehmen«, erzählte Cherry Layfield. »Sie fürchteten sich. Sie hatten Angst vor dem, was Bobby tun würde, wenn sie bei ihnen bliebe.

Alle sagten: ›Du kannst hier nicht länger bleiben. Du mußt ausziehen.‹ Wir riefen Tina an und fragten sie, ob Shelley bei ihr bleiben könne. Nein, Sir — diese Leute ließen sie nicht bleiben. Sie blieb eine Nacht bei Ruthie's, dann sagte man ihr, sie solle ihre Sachen packen und verschwinden.«

Der einzige Ort, der Shelley noch blieb, war das Haus der Layfields. Shelley war noch nie dort gewesen und kannte Cherry Layfield und ihren Ehemann, Joey Ray, nur flüchtig, obwohl Joey mit ihrem Vater aufgewachsen war. Die Familie lebte in Kerens nahe der Route 31 an einer kiesbedeckten Landstraße in einem winzigen Haus mit zwei Schlafzimmern. Cherry und Joey Ray zogen fünf Kinder in diesem Haus auf, einem Haus, das nicht viel größer als Shelley Sessions' Schlafzimmer war.

Cherry bat Ricky, für diese Nacht sein Bett an Shelley abzutreten. Aber Shelley schlief nicht gut. Sie befand sich jetzt im Haus des Jungen, den ihr verrückter Vater als seinen Feind ansah.

Ich lag die ganze Zeit wach. Ich dachte, jemand würde kommen und mich holen. Ich habe mich versteckt. Es war schrecklich.

Am nächsten Morgen fuhr Ricky seine Freundin im alten Datsun seiner Mutter zur Schule. Aber Bobbys Spione hatten nicht geschlafen. In der Schule erfuhr Shelley von Ricky, daß ihr Vater bereits wußte, wo sie jetzt wohnte.

Sie hatten das Haus von Rickys Eltern umzingelt und warteten darauf, daß ich von der Schule kam. Ricky und ich waren ganz aufgeregt und dachten: »Wir können nicht mehr zurück.« Meine Freundin Jackie schickte mich zum Haus ihrer Mutter nach Malakoff. Ich ging dorthin und verbrachte eine Nacht dort. Ich konnte Ricky nicht anrufen, weil wir dachten, die Gespräche würden abgehört.

Ricky kam am nächsten Tag mit Shelleys Kleidern und fuhr sie zum ungefähr zehn Kilometer nördlich von Powell an der County Road 1129 gelegenen Haus seiner Schwester in Roane. Shelley war sehr müde. Sie fühlte sich, als sei sie ›hunderttausend Mal umgezogen...‹

»Eine Weile war es echt stürmisch«, erinnerte sich Ricky. »Sie wurde von hier nach da und von da nach hier gestoßen.«

Bobby verschwendete nicht eine Minute. Am nächsten Tag verließ er — während Cherry, Ricky und Shelley sich im Ort eine Flugshow ansahen — die in Kerens stattfindende, von ihm bezahlte Trauerfeier für seine Tante Leora. Die gesamte Johnson-Familie und Rickys Mutter waren anwesend, als er sich zu Linda beugte und sich entschuldigte. »Sie wurde an diesem Tag begraben«, so Betty, »und er verschwand einfach.«

Er raste mit seinem großen Coup de Ville nach Powell, lud einen seiner Arbeiter ein und fuhr wieder nach Kerens zurück. Aber nicht zur Beerdigung.

»Sie parkten die Straße hinunter«, erklärte Cherry Layfield. »Er lief die Straße entlang — Joey Ray saß im Haus und beobachtete ihn. Er rannte hierher, setzte sich in Shelleys Pickup und fuhr los. Ganz schön gerissen.«

Er fuhr mit dem Silverado zur Ranch, stellte ihn in der Gerätescheune ab, kettete ihn an einen Bulldozer und fuhr dann zum Trauerhaus zurück.

»Er kam zurück und setzte sich während der Predigt neben Linda«, erinnerte James Duvall sich.

Auf dem Friedhof fragte Bobby, ob James ihn nicht zur Ranch fahren könnte.

»Er fragte, ob ich einverstanden sei, wenn Linda und Michael mit Betty führen. Ich stimmte zu, und er fuhr fort: ›Ich glaube, Ricky Layfield wird versuchen, heute nachmittag ein Ding zu drehen.‹ Ich fragte: ›Wie kommst du darauf?‹ Er erwiderte: ›Ich war da und habe ihren Pickup fortgeschafft.‹ ›Aber du hast ihr diesen Pickup geschenkt und bist hingegangen und hast ihn gestohlen.‹ Er antwortete: ›Ich habe ihn nie auf ihren Namen umschreiben lassen. Es ist immer noch mein Pickup.‹ Wir fuhren zur Ranch, gingen ins Büro, saßen herum und redeten. Und er erzählte mir das wirreste Zeug, das ich in meinem ganzen Leben gehört habe. Er telefonierte die ganze Zeit und versuchte herauszufinden... nun, er unterhielt sich mit verschiedenen Leuten, um herauszufinden, ob einer von ihnen wußte, wo Shelley war, oder wer sie gesehen hatte.

Er rief einen seiner Freunde an, den Lehrer. Er rief auch diese Lehrerin an — wie heißt sie doch gleich — Dede Scott. Er telefonierte auch mit ... ich kann mich nicht mehr an seinen Namen erinnern; er war bei der Highway Patrol und kaufte Rinder. Er rief ihn an und fragte, ob er nicht hinausgehen und nach ihr sehen könnte. Er sagte zu ihm: ›Ich werde Ihnen alle Ausgaben ersetzen.‹

Er sprach mit jedem, der bereit war, ihm zuzuhören. Dann hörte er mit dem Telefonieren auf und unterhielt sich mit mir über die seltsamen sexuellen Gepflogenheiten eines Freundes unten in Houston. Und ich saß da und dachte bei mir: Bobby, die ganze Zeit tönst du herum, was für perverse Sachen dein Kumpel macht, aber in Wahrheit erzählst du mir, was *du* getan hast. Dauernd lief er hin und her. Er riß den Pickup regelrecht auseinander, um Zettel, Briefe oder irgendeinen Beweis für irgend etwas zu finden. Dreißig Minuten darauf fiel ihm eine Stelle ein, wo er noch nicht nachgesehen hatte. Dann ging er hinaus und sah unter der Motorhaube nach. Oder er kroch unter den Wagen. Er war dabei, durchzudrehen.

Während seine Suche sagte er kein Wort, aber er suchte wie ein Wahnsinniger. Er war sehr nervös. Ich sagte zu ihm: ›Was suchst du denn, Bobby?‹ Und er antwortete: ›Ich schaue nur nach.‹ Ich dachte: Mein Gott, der Kerl ist dicht davor, wahnsinnig zu werden.«

Die Rancharbeiter waren alle nach Hause gegangen, und außer Bobby und James war niemand im Büro. Bobby kaute an den Fingernägeln, rauchte eine Winston nach der anderen und schüttete Dr. Peppers in sich hinein. Auf seinem Schreibtisch lag eine geladene Pistole.

»Ich saß auf dem Sofa, und der Lauf wies auf mich. Ich konnte jede Rundung in der Kammer sehen und sagte zu ihm: ›Wie wär's, wenn du das Ding woanders hinlegen würdest?‹ Er grinste, nahm sie und legte sie auf die andere Seite.

Er sagte immer wieder: ›Ich kann alles wieder in Ordnung bringen. Ich kann es. Wenn ich sie nur erwischte, und wir uns zusammensetzen und unterhalten könnten. Ich kann es in Ordnung bringen, und alles würde wieder gut sein.‹ Ich fragte:

›Warum läßt du sie nicht einfach in Ruhe?‹ Und: ›Bobby, dieser Layfield-Junge...‹ Er unterbrach mich: ›Er ist einfach nur faul, er ist nicht tüchtig. Er wird es nie zu etwas bringen. Es sind arme Leute. Sie besitzen keine zehn Cent‹ und so weiter und so weiter.

Er war richtig wütend und drohte, ihn zu töten, falls er auftauchen würde. Dieser Ricky hatte etwas von der Wildheit eines Indianers an sich. Bobby fürchtete sich vor ihm. Und ich glaube wirklich, daß Bobby den Jungen, wenn er wie ein Westernheld hineingeschneit wäre, getötet hätte. Daran gibt es keinen Zweifel. Er hätte den Jungen getötet.«

Bobby redete und telefonierte bis in die Nacht hinein. »Er wollte nur Gesellschaft haben. Er war nicht gern allein. Es ist seltsam, aber man muß wissen, was für ein geistreicher Bursche er ist. Lassen Sie es mich Ihnen in aller Offenheit erklären. Er ist ein extrem gutaussehender Mann und hochintelligent. Und er ist ein Mann mit Charisma. Er kann sich mit Ihnen auf Ihrem Niveau unterhalten. Er ist geistreich. Und er ist reich. Ziehen Sie all das in Erwägung. Jeder hörte ihm bereitwillig zu. Er konnte einen fast überzeugen, daß Papst Paul ein Ungeheuer sei.

Was ich damit sagen will, ist, er ist die raffinierteste Person, die mir in meinem ganzen Leben untergekommen ist, inklusive der Warner Brothers und der größten Gauner der Welt. Er ist der Beste der Besten. Er könnte den Warner Brothers noch ein paar Tricks beibringen.

Er konnte überall mitreden. Er hat einen Verstand wie ein Computer. Er vergißt nichts, wie ein Elefant. Er vergißt nicht ein einziges Wort. Er kann Sachen, die man vor zehn Jahren zu ihm gesagt hat, wortwörtlich zitieren.«

In dieser Nacht redete Bobby eine Menge. »Er erzählte mir von dem College in Houston und diesem Kumpel. Er sagte: ›Ich verrate dir jetzt mal, wie man viel Geld machen kann.‹ Es war ein College für Kinder reicher Leute. Er sagte: ›Du mußt nur hinfahren, parken und die Mädchen beobachten. Du suchst dir eine aus, die sich vor dem College mit einem Jungen unterhält. Wenn sie sich trennen, folgst du ihr und findest heraus, wo sie lebt. Dann kaufst du dir eine gute 35-mm-Kamera mit Teleobjektiv und erwischst sie, wie sie es auf einem Parkplatz mit einem Jungen treibt. Wenn du gut bist, kannst du sie auch durchs Fenster fotografieren, wenn sie im Parterre wohnt. Und wenn sie im zweiten Stock wohnt, mietest du das Apartment gegenüber und machst von dort aus Aufnahmen. Dann zeigst du ihr die Fotos und erpreßt sie.‹

Ich hörte mir das ganze Zeug an. Er sagte: ›Du versteckst dich in einem Wandschrank und machst Fotos mit Nutten. Du heuerst eine Prostituierte an und beauftragst sie, sich an einen reichen Knacker ranzumachen. Du sitzt im Wandschrank, die Nutte schleppt den Kerl herein und treibt es mit ihm. Du steckst Toilettenpapier in den Auslöser, damit er nicht so laut ist.‹ So einen Mist erzählte er. Ich muß völlig verwirrt und weiß wie ein Laken ausgesehen haben.

Er sagte, ein guter Freund hätte ihm das alles erzählt. Ich erwiderte: ›Komm schon, Bobby. Deine guten Freunde posaunen so etwas nicht herum.‹ Er antwortete: ›Ach, vergiß es. Du verstehst überhaupt nichts. Du hast noch nie in einer Großstadt gelebt.‹ Und ich dachte: O Gott, Mann, dieser Kerl ...

Um Mitternacht holte sich Bobby ein paar Twinkies aus dem Kühlschrank. Er redete, trank sein Dr. Peppers, rauchte und warf Valium ein, das er in einer kleinen Aspirinschachtel immer bei sich trug.

Wir saßen bis zwei Uhr morgens im Büro. Mir kam es so vor, als würde er im Kopf ausrasten. Und er erzählte mir dieses Zeug. Und ein wenig später fiel ihm ein: ›Gott, ich muß noch den-und-den anrufen.‹ Es war, als käme er für eine Minute zur Besinnung. Und er rief irgendeinen an und unterhielt sich eine Minute mit ihm, dann legte er wieder auf. Und ein paar Minuten später war wieder mitten im vorherigen Gespräch. So ging es bis zwei Uhr morgens.

Dann redete er von Shelley. Er ließ den Kopf hängen, als weine er, und schnüffelte, aber ich sah keine Tränen. Damals gestand er es mir. Er sagte: ›James, ich liebe Shelley im wahrsten Sinne des Wortes. Ich ertrage es nicht, in Lindas Nähe zu sein oder mit ihr zu schlafen‹, und: ›Ich bin in Shelley verliebt.‹

Ich antwortete: ›Bobby, du weißt, daß das nie funktionieren kann.‹ Ich sagte: ›Was ist mit dir und Linda? Du weißt, ich bin ein alter Provinzler — wenn ihr Probleme habt, sprecht darüber. Versucht, die Sachen zu klären. Falls es nicht geht, reißt die Bettlaken auseinander. Jeder von euch kriegt einen Teil und sagt, was er denkt.‹

Er antwortete, er hätte zuviel zu verlieren. Er wollte seine Frau nicht verlieren, obwohl sie getrennte Schlafzimmer hatten. Sie führten keine richtige Ehe. Nein. Absolut keine! Sie dachte, er sei impotent... Sie hatte es uns gesagt. Er hatte keinerlei sexuelles Verlangen mehr nach ihr. Es gab keine Liebesbeziehung mehr zwischen ihnen. Es war nicht ihre Schuld. Sie versuchte es. Aber er wendete sich ab und stellte sich tot. Übergab sich oder so. Egal.

Er konnte sich nicht von Linda trennen und sie zerbrochen zurücklassen. Er sagte: ›Ich will kein Verfahren‹ und: ›Shelley würde es nicht verstehen — es ist zu kompliziert‹. Ich erwiderte: ›Bobby, du hast ein Problem. Du hast eine Menge Geld und siehst gut aus. Du bist intelligent. Du kannst alles haben, was du willst. Warum machst du dich wegen Shelley zum Narren? Wenn Linda dich nicht befriedigen kann... Am besten kaufst du dir einen großen Wohnwagen, den besten, lädst soviel Alkohol, soviel Dr. Pepper ein, wie du brauchst, nimmst das Geld und fährst los. Fahr nach Dallas und besorg dir zwei oder drei Prostituierte, die genau wissen, was du brauchst. Rase mit ihnen über die Highways und mach dir eine gute Zeit. Verpulvere das Geld — du hast es, um es auszugeben.«

In diesem Augenblick erkannte ich, daß er im wahrsten Sinne des Wortes besessen war. Er war richtig pervers... Mir ging ein Licht auf. Dieser Kerl war echt pervers. In dieser Nacht begriff ich es. Ich fühlte mich sehr, sehr schwach, war geistig erschöpft und dachte: Mein Gott, und für dieses Arschloch arbeitest du.«

Schließlich schlug James vor, daß sie gingen.

»Ich erinnere mich, daß es sehr neblig war. Wir fuhren zum Haus. Er sagte mir: ›Du schläfst im Gästezimmer. Wenn du den Flur hinuntergehst, kommst du zum Gästezimmer. Ich schlafe hier.‹

Er griff unters Bett und zog eine doppelläufige Schrotflinte hervor, die er quer übers Bett legte. Ich sagte: ›Die wirst du nicht brauchen, Bobby.‹ Er antwortete: ›Was weißt du.‹ Ich ging zu Bett. Aber ich bekam kein Auge zu.

Ich wußte nicht, wie spät es war. Aber als er zu schnarchen begann, tat ich, als müßte ich ins Bad und stand auf. Als ich an seinem Zimmer vorbeikam, warf ich einen Blick hinein. Er lag da und hatte den Lauf der Flinte direkt neben sich auf dem Kissen.

Er lag auf der linken Seite. Das Gewehr lag neben ihm. Seine Hand ruhte auf dem Gewehr.«

Am nächsten Tag rief Bobby noch einmal Cherry Layfield an, um zu fragen, wo Shelley sei. »Sie ist bei meiner Schwester in Roane. Es ist alles in Ordnung.«

»Und wie ist sie dahin gekommen?«

»Ich habe ihr meinen alten blauen Wagen überlassen.«

Cherry hielt Bobbys Sorge um seine Tochter immer noch für rein väterlich. »Damals wußte ich noch nicht, daß etwas mit ihm nicht stimmte«, erinnerte sie sich. »Wir hielten ihn nur für ein wenig streng. Ich habe ihn schon gekannt, als er noch ein Junge war. Ich spielte für seinen Vater Klavier bei Gottesdiensten. Ich wußte nicht, daß etwas mit ihm nicht stimmte. Er hatte gute Eltern.«

Aber bald sollte sie eines besseren belehrt werden. Durch Bobbys Gespräche mit Cherry alarmiert, zog Shelley ein weiteres Mal um.

Wieder meldete sich Bobby Sessions bei Cherry. »Er rief uns an und schrie und tobte.

Er erzählte Sachen, die mir richtig peinlich waren. Er sprach nur über Sex, und ich sagte zu Joey Ray: ›Er ist richtig sexbesessen.‹ Er sagte Sachen wie: ›Ich weiß, daß Ricky ihr an den Schlüpfer geht‹ und: ›Wenn Shelley ein Baby bekommt, gehört es euch. Dann könnt ihr es aufziehen.‹ Darauf antwortete ich: ›Nun mach mal halblang. Wir reden hier von sechzehnjährigen Kindern!‹ Er nahm kein Blatt vor den Mund, und ich sagte zu

Joey Ray: ›Ich kann es einfach nicht glauben, daß der Mann so mit mir redet.‹«

Bobby war dabei, die Kontrolle über sein geheimes Leben zu verlieren.

Mißlungener Selbstmord

Die Kugel aus der .38 Pistole drang genau über einer Brustwarze ein, traf eine Rippe, ging am Herzen vorbei, durchdrang das Zwerchfell, zerstörte die Milz und verließ den Körper durch den Unterleib.

Das nächste, woran sich Bobby Sessions erinnern konnte, war, daß er auf dem Boden saß und dachte: Es hat nicht sein sollen.

Linda Sessions wußte nicht, um was es ging. Vermutlich ahnte sie es aber. Und in ihrer Unschuld beschleunigte sie das Ende. Sie wollte sich glauben machen, daß Shelley einfach nur von zu Hause fortgelaufen sei. Und sie wollte die Polizei anrufen, damit sie ihre Tochter zurückbrachte, aber Bobby überzeugte sie immer wieder davon, daß er es allein schaffen würde.

Linda rief Henry Edgington an, ihr einziges Bindeglied zwischen Gott und den Kindern.

Inzwischen fand Shelley bei Julie Raglands Mutter im Süden der Stadt eine Unterkunft. Julie war eine der besten Freundinnen Shelleys aus Henry Edgingtons Church-of-Christ-Gruppe. Ihre Mutter, Jackie Roberts, sagte zu Shelley, sie könne bleiben, so lange sie wolle. Aber Shelley war durch die Ereignisse der letzten zwei Wochen vorsichtig geworden.

Ungefähr zur gleichen Zeit klopfte Linda an Henry Edgingtons Tür. Der Prediger kannte Shelleys häusliche Probleme — zumindest von außen —, und wußte von ihren Ausreißversuchen. Er hatte die Kinder darüber sprechen hören und nahm an, daß Bobby Sessions' übertriebener Beschützerinstinkt der Anlaß für Shelleys Aktion war. Und jetzt stand Linda vor seiner Tür und bat ihn, mit ihr zu Shelley zu fahren.

Sie fuhren in Lindas Cadillac. »Sie hatte herausgefunden, daß sich Shelley bei den Roberts aufhielt. Sie wollte, daß ich sie begleite. Ich wußte nicht ... Sie wollte nicht allein gehen. Ich sagte zu, und so fuhren wir zu den Roberts.

Wir klopften an die Tür. Ich denke, Shelley wußte Bescheid. Sie kam nicht sofort an die Tür, und als sie schließlich kam, fuhr sie Linda an: ›Was willst du?‹ Ich dachte: ›So redet man nicht mit seiner Mutter.‹ Da stand ich also und wußte von nichts. Fast nichts. Wenn man Shelleys Augen sah, entdeckte man eine Menge Sorgen. Ich wußte nur nicht, was es für Sorgen waren. Ich hielt sie für einen typischen Teenager, der nicht gern bei seiner Familie war.«

Zuerst rührte Shelley sich nicht von der Tür und bat weder ihre Mutter noch Edgington ins Haus. Dann trat sie zu ihnen auf die Veranda, wodurch das Gespräch aber nicht besser wurde.

»Sie unterhielten sich ein paar Minuten. Sie stritten sich die ganze Zeit. Ich sagte: › Was soll das? Ihr streitet euch doch nur.‹ Und Shelley antwortete: ›Ich komme nicht nach Hause, solange *er* noch da ist‹. Etwas in der Art. Ich wurde lauter und sagte ein paar Sachen, und Shelley drehte sich zu mir um, sah mich an — ich merkte, daß sie mich nicht zurechtstauchen wollte — und sagte: ›Hören Sie zu. Sie wissen nicht, wovon Sie sprechen. Halten Sie sich da raus.‹ Ich werde es nie vergessen. Ich dachte noch: Mein Gott, das Mädchen ist aber schwierig.«

Edgington bemerkte eine drastische Veränderung an Shelley, seit er zum letzten Mal mit ihr gesprochen hatte. »Sie sah nicht mehr traurig aus, sondern rasend. Diese Traurigkeit, die ich in ihrem Gesicht und in ihren Augen gesehen habe. Wissen Sie, ich dachte: Menschenskind, sie hat doch alles. Ihr Vater ist Millionär, ihm gehört dieses wunderbare Haus und eine Gesellschaft oder mehrere Gesellschaften — Circle S Construction —, und Shelley hat hübsche Pferde und einen schönen Pickup und so weiter und so weiter. Sie hat doch alles — warum ist sie dann so traurig?

Aber ich hatte ihre Traurigkeit gesehen. Wenn sie uns besuchte, sah sie immer sehr traurig aus. So traurig, wie man nur sein konnte. Ich hatte keine Ahnung, woran das liegen könnte und dachte nur: ›Sie ist richtig verzogen.‹ Ich weiß, das ist schrecklich – aber sie hatte sich sehr verändert. Damals, als wir uns noch in der Schule sahen, war sie immer traurig gewesen, und plötzlich brach der Wahnsinn durch. Ich meine, nackte Wut.«

Edgington fand nicht heraus, ob Julie oder ihre Mutter im Haus waren. Er stand mit Linda und Shelley auf der vorderen Veranda, die die Frühlingssonne von ihnen fernhielt. Dem Prediger fehlten die Worte.

»Die meiste Zeit hörte ich nur zu. Sobald ich etwas sagen wollte, schnitt Shelley mir das Wort ab. Ich versuchte ihr zu sagen, du mußt nach Hause zu deinen Eltern gehen, und du solltest wirklich nicht so mit deiner Mutter reden. Junge, da stand ich mit einer Fliegenklatsche, wo ich eine Schrotflinte gebraucht hätte.«

Das unangenehme Gespräch dauerte nur fünfzehn Minuten. Shelley weigerte sich, ihr Versteck zu verlassen.

Linda fuhr Edgington nach Hause. Aber sie wollte ihn nicht gehen lassen, sondern reden. »Wir saßen im Wagen und unterhielten uns noch eine Weile. Linda ging einiges im Kopf herum. Man könnte sagen, sie war auf der großen Suche nach der Wahrheit. Ich denke, das trifft es genau. Auf der Suche nach der Wahrheit der Bibel – wenn es wirklich einen Gott gibt, was will er von mir – die üblichen Dinge, nach denen Menschen suchen ... Und langsam dämmerte mir, daß da mehr hinterstecken könnte als die Weigerung, das zu tun, was Mom und Dad wollten.«

Was immer es auch sein mochte, Edgington ahnte, daß Linda der Wahrheit noch nicht ins Gesicht sehen konnte. »Sie begriff es nicht. Sie wußte nicht wirklich, weshalb Shelley so wütend war ... Und Shelley hatte nicht wirklich ihre Gefühle verletzen wollen. Sie wollte ihrer Mutter etwas sagen, doch ich fühlte genauso wie Shelley, daß es nicht gut war, es ihr zu erzählen, weil sie es nicht glauben würde. Ich halte das Wort naiv in diesem Zusammenhang für unangebracht. Es sah so aus, als wollte Linda die Wahrheit gar nicht erfahren. Sie wollte es einfach nicht glauben.«

Nach Edgingtons Einschätzung lag Lindas Blindheit zum Teil

an ihrer unangebrachten Loyalität gegenüber einer radikalen, religiösen Gruppe, die ihr Urteilsvermögen getrübt hatte. »Man sagte ihr, Shelley sei von einem Dämon besessen und müsse ins Rebekah-Heim. Dort würde man sich des Dämons annehmen. Wissen Sie, in Rebekah-Heim vertrat man den Standpunkt, wenn der Satan nicht freiwillig herauskommt, prügeln wir ihn heraus.«

Edgington über Linda: »Sie war gefühlsmäßig ein Wrack.«

Linda konnte es nicht mehr ertragen. Sie sagte Bobby, sie würde die Polizei rufen.

Shelley war in das Haus der Großmutter einer Freundin gezogen, nachdem Cherry Layfield ihr gesagt hatte, daß sie Shelleys derzeitigen Aufenthalt Bobby verraten hätte. Sie war erst kurz in ihrem neuen Versteck, als sie einen Polizeiwagen vor dem Haus halten sah. Ihr Vater mußte seine Suche aufgegeben und die Polizei auf sie angesetzt haben.

Shelley verschwand mit ihrer Freundin durch die Hintertür, während die Polizisten an der Vordertür klopften. Sie rasten nach Kerens. Zu Ricky. Aber als sie in die Straße einbogen, die zu den Layfields führte, entdeckten sie einen weiteren Polizeiwagen. Bobby zog die Schlinge zusammen.

Ich konnte nirgends mehr hin. Wir verbrachten die Nacht auf einer Wiese neben einem Feldweg und warteten darauf, daß die Polizei verschwand, damit wir wieder zurück konnten.

Am Sonntag, dem 29. Mai, rief ein Navarro County Deputy Sheriff die Jugendbewährungshelferin Melanie Hyder zu Hause an, um sie ins Bild zu setzen. »Ausreißen wird unter dem Family Code als Rechtsverletzung eingestuft«, erklärte Hyder, »und er wies mich nur darauf hin, daß die Eltern eine Ausreißerin gemeldet hatten und darum baten, daß wir sie suchten.«

Weshalb die Eltern so lange damit gewartet hatten, zur Polizei zu gehen, wußte Hyder nicht. Am nächsten Morgen tauchte Bobby Sessions in ihrem Büro im alten kuppelgeschmückten Bezirksgericht im Stadtzentrum auf. Er sagte, er wolle seine Tochter so schnell wie möglich wiederhaben. »Ich erklärte ihm, daß ich mich erst einmal durchfinden müsse und mit Shelley sprechen wolle, um herauszufinden, was los sei, und daß das eine Weile dauern würde. Ich sagte, ich würde mich bemühen herauszufinden, wo das Problem liege und gegebenenfalls eine Familienberatung arrangieren, um zu analysieren, weshalb sie von zu Hause fortgelaufen und worüber sie unglücklich war.«

Bobby Sessions hörte höflich zu und gab Hyder recht. Melanie Hyder kam es so vor, als sei er erleichtert, daß die Behörden sich jetzt darum kümmerten. Er war zuversichtlich, daß Shelley durch den Druck nach Hause getrieben würde.

Aber für Hyder war dieser Fall von Anfang an nicht wie die anderen. Auch sie hatte von der Sessions-Familie gehört — und Shelleys Fortlaufen fügte sich nicht in das normale Muster ein. »Bei den meisten Kindern, mit denen ich zu tun habe, war eine nicht funktionierende Ehe der Grund«, erklärte Hyder später. »Bei Shelley war es völlig anders. Ihre Erziehung, die häusliche Situation, der Vater hat ein gutes Einkommen, die richtigen Schulen, die richtige Kleidung, die richtigen Lebensumstände, soweit man das von außen beurteilen konnte.«

Shelley wohnte bei ihrer Freundin Julie Ragland. Die beiden Mädchen waren allein zu Haus, als Shelley den Deputy Sheriff die Einfahrt hochkommen sah. Sie floh zur Hintertür, dann hielt sie inne. Es hatte keinen Zweck, davonzulaufen. Sie wußten, daß sie hier war — vermutlich wußten sie alles, was ihr Vater wußte. Bobby schien jeden ihrer Schritte vorauszusehen.

Der Deputy brachte Shelley zu Melanie Hyder ins Bezirksgericht.

Bei ihrem ersten Gespräch mit Melanie Hyder machte Shelley klar, daß sie nicht gewillt war, nach Hause zurückzukehren, so lange ihr Vater dort war. Worauf Hyder ihr erklärte, die Erfahrung habe gezeigt, daß man sich mit den Eltern arrangieren sollte. »Das Jugendgericht ist kein Platz für dich, Shelley. Es ist ein schlimmer Ort, und du solltest nicht hier sein.« Aber Shelley ließ sich nicht beirren. Melanie Hyder klärte sie über die rechtliche Situation auf: da sie eine Minderjährige sei, könnte sie nicht frei entscheiden, wo sie leben wolle.

»Du mußt verstehen, daß die Menschen, bei denen du untergekommen bist, nicht für dich verantwortlich sind«, klärte die Bewährungshelferin sie auf. »Es ist schön, daß sie dir erlaubt haben, bei ihnen zu wohnen, aber du solltest wirklich nach Hause zurückkehren und versuchen, mit deinen Eltern alles zu besprechen.«

Hyder schien mit Shelley zu fühlen. Sie erklärte, es sei ihr Job, sie zu schützen und herauszufinden, weshalb sie unglücklich sei. Aber sie erinnerte sie auch daran, daß sie verpflichtet war, Shelley anderswo unterzubringen, falls sie nicht nach Hause zurückginge.

»Ich brauche etwas Zeit«, bat Shelley. »Ich kann nicht nach Hause. Ich bin nicht bereit, nach Hause zurückzukehren und damit fertigzuwerden.«

Hyder meinte, das sein kein Problem. »Ich merkte, daß sie ein vernünftiges Mädchen war«, erinnerte Hyder sich. »Sie war keines jener Kids, die ausreißen und schreckliche Sachen anstellen, wie die meisten Jugendlichen, mit denen ich zu tun habe. Man merkte, daß sie ein aufgewecktes Mädchen war, eine Menge gesunden Menschenverstand besaß, auf Draht und attraktiv war − eine Menge sprach für sie. Ich spürte, daß sie den Entschluß, davonzulaufen, nicht spontan gefaßt hatte. Etwas stimmte hier nicht, aber ich nahm an, daß sie etwas mehr Freiheit wollte, und ihre Eltern sich weigerten. Etwas in der Art.«

Inzwischen hatte Bobby Sessions bei Hyder angerufen, um herauszufinden, was geschehen war. Er beherrschte seine Ungeduld, drängte Hyder jedoch, einen Termin für Shelleys Rückkehr zu nennen. »Ich sagte ihm, wir würden sie ihm nicht ins Haus bringen, und daß es besser sei, wenn Shelley freiwillig käme.«

So weit, so gut. Bobby war erleichtert, daß Shelley ihr Geheimnis bewahrt hatte. Vielleicht würde sie nach Hause zurückkehren. Dann hätte er die Möglichkeit, alles wieder in Ordnung zu bringen.

Die ständigen Anrufe Bobbys hatten Cherry Layfield hellhörig gemacht, und sie begann zu argwöhnen, daß es sich um mehr als nur einen Familienkrach handelte.

Sie rief Jackie Roberts an. »Jackie, irgend etwas geht da vor. Das einzige, worüber dieser Mann sprechen kann, ist Sex. Ich bin eine Fremde – er sollte nicht so mit mir reden.«

Die beiden Frauen trafen sich später und sprachen über ihren Verdacht. Aber keine von ihnen wollte ihn wahrhaben. »Wir wußten, was die andere dachte, aber wir sprachen es nicht aus.«

Cherry sprach auch mit ihrem Mann darüber. »Ich glaube, da geht etwas vor, wovon wir nichts wissen sollen.« Dann rief sie Jackie an und schlug vor, daß sie sich noch einmal mit Shelley unterhalten sollten.

Die beiden Frauen saßen in Jackies Küche und baten Shelley, Platz zu nehmen. »Gibt es etwas, was du uns sagen möchtest, Shelley?« fragte Cherry.

»Nein«, erwiderte das Mädchen. »Nein, nein, nein.«

»Es war nichts aus ihr herauszubekommen«, erinnerte sich Cherry.

Shelley dachte verzweifelt darüber nach, was sie tun sollte. Möglicherweise gab es ja noch eine andere Lösung. Vielleicht gelänge es ihr, den Bezirk, den Staat zu verlassen. Aber sie hatte weder Geld noch einen Wagen. Sollte sie sich jemandem offenbaren? Bobbys Warnung stand drohend über ihr. Wenn sie darüber sprach, würde sie ihre Familie in eine peinliche Situation und Schande über sich selbst bringen. Man würde sie eine Hure schimpfen. Aber sie konnte nicht nach Hause zurück. Andererseits hatte sie es auch nicht verdient, daß man sie in ein Heim steckte. Sie hatte doch nichts falsch gemacht.

Jackie spürte, wie es in Shelley arbeitete. »Wenn du etwas zu sagen hast, dann sag es besser jetzt. Ansonsten werden sie dich mitnehmen.«

Es war Donnerstag, der 2. Juni, kurz vor Mittag. Henry Edgington war daheim und grübelte darüber, wie man Shelley überreden könnte, in den Schoß ihrer Familie zurückzukehren. Das Telefon läutete. Er war nicht überrascht, Jackie Roberts' Stimme zu hören. Vielleicht wußte sie eine Lösung. Aber das, was Jackie ihm zu sagen hatte, traf ihn wie ein Schock. »Ich weiß, weshalb Shelley nicht nach Hause will. Bobby hat sie mißbraucht.«

Edgington fiel beinahe der Hörer aus der Hand.

»Sie braucht dringend Hilfe, Henry.«

»Bringen Sie sie hierher«, erwiderte Henry gefaßt. »Ich werde mich darum kümmern.«

Der Prediger glaubte, in dem Fall, der sich plötzlich in eine schreckliche Tragödie verwandelt hatte, als Vermittler tätig sein zu können. »Mein Herz brach fast wegen Shelley. Und plötzlich ergab alles, was ich von den Kids über Bob gehört hatte, einen Sinn.«

Kurz darauf sah er Shelley und Jackie die Vordertreppe hochgestürmt kommen. Als er öffnete, umarmte Shelley ihn mit tränenüberströmten Gesicht.

Jeder liebte Henry. Er war gut Freund mit allen. Wissen Sie, er war immer da. Alle trafen sich bei ihm. Er schien die Person zu sein, der man sich anvertrauen konnte.

»Keine Angst, Shelley«, beruhigte er sie. »Niemand wird dich mehr anfassen.«

Henry führte Shelley und Jackie ins Wohnzimmer. Shelley fühlte sich sicher, aber nicht besonders wohl. Ein Teil von ihr fragte sich, weshalb sie sich nicht schon früher offenbart hatte.

Edgington verdammte sie nicht, noch nannte er sie eine Nutte. Obgleich sie ihm vertraute, hatte Shelley erwartet, daß ein Mann der Kirche von ihrer ›Beichte‹ angeekelt sein müßte. Als das nicht eintraf, fühlte sie sich wie von einer sanften Welle reingewaschen.

»Ich konnte förmlich sehen, wie erleichtert sie war«, berichtete Edgington. »Endlich hatte sie darüber gesprochen, und sie wußte, daß man etwas dagegen unternehmen konnte, und daß sie aus dem ganzen Chaos herauskommen würde. Sie wirkte verändert, als sie hereinkam.«

Shelley fühlte sich erstaunlich unbeschwert. Sie war zum

ersten Mal seit Jahren sicher, daß die sexuellen Mißhandlungen aufhören würden. Offen darüber zu reden, hatte eine unerträgliche Last von ihr genommen. Während sie darüber sprach, schien sich der Schrecken zu verflüchtigen.

Als sie geendet hatte, rief Henry die Bewährungshelferin an. »Melanie, pfeifen Sie bitte die Polizei zurück. Ich bringe Shelley zu Ihnen. Sie hat Ihnen etwas zu sagen.«

Jetzt war ihm alles klar. Shelleys Wut und Entsetzen ergaben auf einmal einen Sinn. Vor ein paar Tagen waren Shelley und Ricky zu ihm gekommen, um zu fragen, ob sie sich für eine Weile bei ihm verstecken könnten. Die beiden Teenager hatten so verschreckt ausgesehen, daß Edgington sie ins Dachgeschoß geführt hatte. »Sie sagten, Bob hätte einen Haufen Drohungen ausgestoßen, und sie befürchteten, er würde versuchen, Ricky zu töten.«

Jetzt, wo er die Wahrheit kannte, mußte Edgington überlegen, wie er Shelley nach Corsicana bringen konnte. Es waren zwar nur sechzehn Kilometer bis dorthin, aber sie führten an Bobbys Ranch vorbei. Henry befürchtete, Bobby könnte verzweifelt genug sein, um etwas Unüberlegtes zu unternehmen.

Deshalb rief er seine Freunde bei der Polizei in Kerens und Powell an und sagte ihnen, sie sollten wegschauen, wenn er an ihnen vorbeiraste – er würde Shelley Sessions nach Corsicana bringen.

Dann fuhr Edgington ein kleines Prachtstück auf vier Rädern aus der Garage: einen 1923 T-Bucket Roadster mit einem kehligen Leerlauf, der den Motor durchschüttelte. Oder wie Edgington es ausdrückte: »Dieser große, wunderbare, verchromte Chevrolet-Motor war das beste, was einem Ford passieren konnte.« Der Pfarrer war ein Autonarr. »Ich nahm den Roadster, weil wir befürchteten, Bob würde auf uns warten. Der Wagen hat einen frisierten Motor mit fast 400 Pferdestärken. Damit konnte ich alles von der Straße blasen. Dieser Roadster macht gut seine 250 Sachen.«

Edgington und Shelley erreichten das Gerichtsgebäude in Corsicana ohne Zwischenfall.

Im dritten Stock des Gerichtsgebäudes führte Hyder die beiden Besucher in ihr holzgetäfeltes Büro. Shelley fühlte sich schon ein wenig besser, aber das würde es nicht leichter machen. Edgington unterhielt sich noch eine Weile mit ihr, dann verstummte er.

Als Shelley endlich »Mein Vater hat mich mißhandelt« hervorgestoßen hatte, wußte Hyder nicht, was sie denken sollte.

»Ich war wie vor den Kopf geschlagen«, erinnerte sie sich. »Ich hatte keine Ahnung gehabt ... ich meine, es war überwältigend.« Sie hörte gebannt zu, als Shelley die fast achtjährige Geschichte ihres Mißbrauchs vor ihr ausbreitete.

Das war's. Je eher sie es erfuhren, desto besser.

Shelley ging nicht in die Details, und Hyder hakte nicht nach. Im Augenblick konnte sie auf Einzelheiten verzichten. Während Shelley stockend ihre Geschichte erzählte, kam Hyders Sekretärin an die Tür. »Mr. Sessions ist am Apparat.«

»Nicht jetzt!« schnappte Hyder. »Erzähl weiter, Shelley.«

Shelley fröstelte. Ihr Vater spürte sie überall auf. Es sah so aus, als könnte sie ihm nicht entkommen. Aber Melanie Hyder versicherte ihr immer wieder, daß sie und Henry ihr glaubten. Nachdem Shelley fertig war, fragte Hyder: »Ich nehme an, du weißt, was für eine schwere Anklage du erhebst?«

»Ja, Ma'am.«

»Bist du sicher, daß du nichts ändern willst?«

»Ja, Ma'am. Ich habe die Wahrheit gesagt.«

Hyder versicherte ihr nochmals, daß sie sich nicht schuldig zu fühlen brauche. »Ich weiß, wie du dich fühlst. Du hast jetzt eine Menge widersprüchlicher Gefühle. Aber ich bin froh, daß du mit mir gesprochen hast. Für eine junge Frau ist es schrecklich, so etwas durchzumachen. Und ich weiß deine Ehrlichkeit zu würdigen.«

Shelley hörte das Telefon läuten. Die Sekretärin kam noch einmal an die Tür. »Es ist Mr. Sessions«, meinte sie mit besorgter Stimme. »Er sagt, es sei dringend.« Hyder bedeutete ihr mit einer Handbewegung, sie solle verschwinden und wandte sich wieder Shelley zu.

»Shelley, da dies ein Fall von Mißhandlung ist, mußt du mit deiner Mutter sprechen und ihr sagen, was los ist.« Shelley reagierte nicht. Melanie Hyder bemerkte ihren besorgten Gesichtsausdruck. »Sie hatte Angst. Es ihrer Mutter sagen zu müssen, war das Schlimmste für sie. Das war schwerer, als es Henry und mir zu erzählen. Sie wußte nicht, wie ihre Mutter reagieren würde. Und sie wußte nicht, ob sie ihr glauben würde.«

»Ich weiß, daß ich es ihr sagen muß«, antwortete Shelley. »Werden Sie mitkommen, Henry?« Henry nickte und schlug vor, Linda sofort anzurufen. Am Telefon erklärte er Linda, daß er sie bei sich zu Hause sehen wollte, um mit ihr über Shelley zu sprechen. Shelley ging ans Telefon, um es zu bestätigen.

Sie war ganz aufgeregt. Sie dachte: »Sie kommt nach Hause.«

»Du wirst noch mit jemandem von der Polizei sprechen und dich eventuell einem Lügendetektor-Test unterziehen müssen«, erklärte Hyder ihr. Shelley nickte.

Shelley war in einen Strudel geraten, über den sie keine Kontrolle hatte. Das Geheimnis war gelüftet, und allmählich zeichneten sich die Folgen ab, von denen manche erschreckend waren. »Es war nicht einfach für Shelley, die Karten auf den Tisch zu legen«, erinnerte sich Melanie Hyder. »Sie brauchte eine Weile, ehe es heraus war. Sie war sehr durcheinander. Es war schwierig für sie, sich mir gegenüber zu öffnen, jemandem, den sie nicht so gut kannte.«

Mit der Zeit wurde es Shelley zum ersten Mal klar, daß sie die Unsicherheit der falschen Sicherheit der Geheimhaltung vorzog.

»Melanie Hyder war wirklich gut«, bemerkte Edgington später. »Sie war sehr besorgt um Shelley.«

Shelley verließ Hyders Büro mit einem Gefühl der Erleichterung. Aber sie sollte bald feststellen, daß ihre Schwierigkeiten noch lange nicht vorbei waren.

»Wir umfuhren Powell«, erinnerte Henry sich, »als ich einen Pickup auf der Straße sah, die zu den Sessions führte. Wir dachten, es sei Bob und gaben Gas. Ich glaube, ich bin so 200 bis 220 gefahren. Der Highway da draußen ist richtig schön gerade.«

Linda Sessions traf kurz vor achtzehn Uhr ein, nur wenige Minuten nach Shelley und Henry. Sie lächelte zaghaft.

Im Wohnzimmer ließ der Prediger Linda auf einem Sofa und Shelley auf einem Stuhl Platz nehmen. Er hatte seine Frau gebeten, die drei Kinder bei den Nachbarn unterzubringen, weil er nicht wollte, daß sie von diesem Gespräch etwas mitbekamen.

Bevor Edgington etwas sagen konnte, klingelte das Telefon. Es stand in der Küche. Er mußte durch sein Zimmer, um das Gespräch anzunehmen. Bobby Sessions war am Apparat und wollte wissen, ob Shelley und Linda bei Edgington seien. Er klang aufgeregt. Er wollte wissen, weshalb er nicht auch gebeten worden war. Edgington drückte sich um eine Antwort und fragte sich, woher Bobby wußte, daß Linda bei ihm war. »Wir unterhalten uns nur«, antwortete er, »und versuchen die Dinge zu klären.«

Froh darüber, dem peinlichen Gespräch entronnen zu sein, hängte Henry auf und ging ins Wohnzimmer zurück, wo Linda und Shelley sich gegenübersaßen und sorgsam vermieden, sich anzusehen.

Dann begann Edgington zu sprechen. Er erklärte Linda, weshalb er sie gebeten habe — und weshalb Shelley nicht mehr nach Hause wollte. »Bobby hat sie mißbraucht, Linda«, sagte er geradeheraus.

Man hätte eine Nadel fallen hören. Selbst die Luft schien still zu stehen.

Zuerst starrte Linda mit leerem Gesicht vor sich hin. Dann sah sie ihre Tochter an.

»Ist das wahr, Shelley?« fragte sie mit tonloser Stimme.

Shelley nickte.

Meine Mutter saß da, als hätte sie es die ganze Zeit gewußt. Sie saß eine Minute lang einfach nur da und schaute mich an.

»Oh, Shelley«, schrie Linda und stürzte durchs Zimmer. »Warum hast du mir nichts davon gesagt?« Sie drückte Shelley an sich. »Ich liebe dich, Shelley. Ich liebe dich.«

Shelley hing schlaff in Lindas Armen. »Was hättest du denn getan, wenn ich es dir gesagt hätte?« schluchzte sie. »Ich hatte Angst, es jemandem zu erzählen, weil ich dachte, man würde mir nicht glauben.«

Edgington war gerührt. »Ich dachte bei mir: ›Endlich ein Zeichen von Verständnis.‹ Alle weinten.«

Linda saß jetzt neben Shelley und hörte ihr zu.

Sie weigerte sich, das Gesagte in sich eindringen zu lassen. »Ich weiß nicht, weshalb ich nicht heftiger reagiert habe«, erinnerte sie sich später. »Ich dachte die ganze Zeit über nur: *Warum hast du mir nichts davon gesagt?* So oft schon hatte ich gehen wollen. *Ihr seid alle beide verrückt. Warum streitet ihr euch?* Sie stritten sich die ganze Zeit. Sie bekämpften sich andauernd. Sie kamen nicht miteinander aus.«

Wieder klingelte das Telefon. Edgington ging in die Küche. »Henry«, sagte eine aufgeregte Stimme, »worüber unterhaltet ihr euch?«

»Nun, im Moment sieht es so aus, als würden eine Menge gegenseitiger Entschuldigungen ausgetauscht«, erwiderte er. Es gelang ihm erneut, sich um eine Antwort zu drücken. Er sagte Linda und Shelley nicht, wer angerufen hatte.

Als Henry wieder ins Wohnzimmer kam, klingelte das Telefon erneut. Es war Bobby, der mit weinerlicher Stimme sagte: »Sie beschuldigt mich, nicht wahr, Henry?«

»Nun, Bobby . . .«

»Sie behauptet, ich hätte sie mißbraucht, stimmt's?«

Edgington konnte ihn nicht zum Schweigen bringen. »Ich wußte, daß sie so etwas versuchen würde, Henry. Das hat sie immer getan, wenn sie etwas wollte. Sie hat damit gedroht, den Leuten zu erzählen, ich würde sie vergewaltigen und mißbrauchen. Damit ich ihr gab, was sie haben wollte. Es ist eine Lüge.« Henry wußte, daß Bobby Angst hatte. Das war das erste Mal, daß Bobby Sessions besorgt klang. »Da sprach ich mit dem reichsten Kerl des Bezirks«, erinnerte er sich. »Und alles Selbstvertrauen war aus seiner Stimme gewichen.«

»Beschuldigt sie mich dessen, Henry?« fuhr Sessions fort. »Behauptet sie, ich hätte sie mißbraucht?«

»Nun, Bobby, ja«, antwortete Edgington schließlich. »Es stimmt, Bobby. Sie beschuldigt dich, sie schon als Kind mißbraucht zu haben.« Er wußte, daß Bobby wahrscheinlich immer weitergeredet hätte, wenn er es nicht zugegeben hätte. Nun konnte er sich eine Verteidigung zurechtlegen. Er würde eine gute Verteidigung brauchen.

»Das ist eine Lüge, Henry.«

»An deiner Stelle würde ich mir jemanden suchen, dem ich mich anvertrauen könnte, Bobby«, empfahl Henry ihm, während er sich zwang, ruhig zu bleiben. »Denn es sieht ganz so aus, als würde es schlimm werden.«

Es folgte eine lange Pause. Schließlich sagte Sessions: »Gut, Henry, ich danke Ihnen für alles, was Sie für Shelley tun. Kümmern Sie sich um sie, bis diese ganze Geschichte geklärt ist, ja? Wiedersehen.«

Bobby Sessions befand sich in seinem Schlafzimmer, als er sich von Henry Edgington am Telefon verabschiedete. Er legte den Hörer behutsam auf die Gabel zurück und zog einen Notizblock hervor. Dann schrieb er: *Henry, danke Ihnen für Ihre Mühe und dafür, daß Sie da waren, als Shelley und wir Sie brauchten. Möge Gott Sie segnen. Bobby Sessions.*

Die kurze Nachricht wirkte auf dem großen Blatt winzig und deplaziert. Er faltete das Papier fein säuberlich, steckte zehn Hundert-Dollar-Scheine hinein, und faltete das Blatt noch einmal. Ähnliche Nachrichten schrieb er auch an Linda und Shelley, ließ sie auf dem Schreibtisch liegen und stand auf.

Es war vorbei. Er wußte es. Es gab noch ein paar Dinge zu tun. Er sammelte die Polaroidfotos ein, die er von seiner nackten Tochter gemacht hatte, und die pornographischen Bücher, die sie hatte lesen sollen, und verbrannte alles im Kamin. Dann beschloß er, »mich aus dem Bild zu entfernen.«

Die Sonne sank, als Bobby mit dem Silverado zum See fuhr.

Nachdem sie Edgingtons Haus verlassen hatte, fuhr Linda nach Powell. Doch statt in die Straße zur Ranch einzubiegen, lenkte sie den weißen Coupe de Ville westwärts. Zu ihrer Linken sah sie das Circle-S-Gebäude und das Dach ihres Hauses. Linda wußte, daß Bobby dort war, aber sie fürchtete sich davor, nach Hause zu fahren.

Linda fuhr zu ihrer Schwester Sandra und erzählte ihr, daß

etwas Schreckliches passiert sei. »Ich wollte die Familie um mich scharen«, erinnerte sich Linda. »Ich wollte Menschen — die Familie — um mich versammeln, um es ihnen zu sagen, weil ich nicht wußte, was ich machen sollte.« Von Sandra fuhr Linda nach Corsicana, um Bobbys Schwester und ihrem Mann die Neuigkeit beizubringen.

»Du hattest recht«, gestand sie Betty. »Bob hat Shelley mißbraucht.« Linda sah arg mitgenommen aus. Sie bat Betty und James, sie zur Ranch zu begleiten und mit Bobby zu sprechen — da sie nicht wüßte, wie ihr Mann reagieren würde.

Auf der Ranch warf Gery Penny, ein Neffe Lindas und Bobbys, eben die Angelschnur in den See, als er einen Schuß hörte. Als er in die Richtung schaute, aus der das Geräusch gekommen war, entdeckte er Bobbys schwarzen Pickup.

Gary sprang in seinen Wagen und raste über den felsigen Grund, um zu sehen, was los war. Er fand Bobby in halb sitzender Position, neben sich eine Pistole. Blut strömte aus Brust und Rücken.

»Ich habe die Pistole gegen meinen Brustkorb gehalten«, erinnerte sich Bobby später. »Ich erinnere mich noch daran, wie sie losging. Und wenn ich so zurückblicke, war es schon ziemlich komisch. Ich kann mich noch genau erinnern, auf dem Boden gelegen zu haben. Ich sah an mir herunter, und da war ein großes Loch in meinem Hemd, aus dem Blut kam, und ich dachte: ›Etwas stimmt hier nicht.‹ Wissen Sie, ich hatte das nicht erwartet. Ich griff hinter mich, und meine Hand war voller Blut. Ich dachte: Junge, ich hab's vermasselt. Ich kann mich noch nicht mal richtig erschießen.«

Der Teenager lief zu seinem Onkel, der versuchte, wieder auf die Beine zu kommen. Bobby stützte sich schwer auf ihn, und gemeinsam gingen sie zum Wagen. Bobby murmelte vor sich hin, war aber klar genug, den Jungen, der erst kürzlich hierher gezogen war, zum Krankenhaus zu dirigieren.

Henry Edgington hatte gerade ein Gespräch mit Melanie Hyder beendet, in dem er sie vom Resultat der Unterhaltung mit Linda unterrichtet hatte, als Larry Green anrief. Green war ein Mitglied seiner Gemeinde, er arbeitete als Sicherheitsbeamter im Navarro County Memorial Krankenhaus in Corsicana.

»Er erzählte mir, Bob Sessions sei dort, weil er sich habe umbringen wollen. Er wüßte nicht, ob Sessions durchkommen würde, aber ich solle kommen, da Bob nach mir fragte.«

Sofort war Henry wieder in seinem Roadster, jagte die Route 31 westwärts und fragte sich, was noch alles passieren mochte.

Shelley war schon gegangen.

Mir gefiel es nicht, dort herumzusitzen. Ich dachte: ›Jesus, da sitze ich und erzähle meiner Mutter, was ihr Mann mir angetan hat.‹ Es war sehr unangenehm. Deshalb bin ich aufgestanden und gegangen.

Shelley ertappte sich dabei, daß sie wieder auf dem Weg zu den Raglands war. Der Druck war von ihr gewichen. Sie mußte jetzt nicht mehr davonlaufen oder Fluchtpläne schmieden.

Es war vorbei. Nach all den Jahren, all den Drohungen, den vielen Malen, wo sie sich in den Schlaf geweint und gewünscht hatte, von ihrer Mutter gerettet zu werden — wußte Linda endlich Bescheid. Shelley fühlte sich seltsam leer. Das Geständnis war eine Katharsis gewesen, aber es hatte sie nicht gestärkt, sondern erschöpft und verwirrt zurückgelassen.

Aber wenigstens brauchte sie jetzt nicht mehr zwischen Jugendarrest und Zuhause zu wählen. Edgington hatte ihr versichert, daß er für Shelley einen Platz zum Übernachten hätte, und gesagt, sie brauche sich keine Sorgen zu machen. Der Fall läge jetzt bei den Behörden, und ihr Vater würde ihr nie mehr weh tun.

Shelley wußte nicht, was sie denken sollte. Eine innere Stimme raunte ihr zu, daß niemand sie vor ihrem Vater schützen könne. Und dann hörte sie Ricky nach ihr rufen. Das war kein Traum. Er winkte ihr zu und lud sie ein, in den Wagen zu steigen. Shelley war erleichtert. Aber sie konnte ihm nicht sagen, was geschehen war. Während sie herumfuhren, tat Shelley, was sie schon immer getan hatte: sie behielt das Geheimnis für sich.

Sie fuhren zum Little-League-Feld, dann zur Hauptstraße. Als sie dort parkten, hörte Shelley Jackies Mann ihren Namen rufen. »Jemand sucht dich. Ich glaube, dein Onkel. Unten am Country Supermarkt. Deinem Vater ist etwas zugestoßen.«

Shelley ging die Nachricht nicht sonderlich nahe. Trotzdem fuhr sie mit Ricky zum Supermarkt. Dort sahen sie Bobbys Schwester Pat und Bettys Mann James. Beide waren sehr aufgeregt. James kam zu ihnen gerannt. »Shelley — dein Vater hat auf sich geschossen! Deine Mutter möchte, daß du ins Krankenhaus kommst.«

»Wir rasten nach Corsicana«, erinnerte sich Ricky, »und sie fing an, zu erzählen ... Sie war hysterisch, und ich mußte ihr alles aus der Nase ziehen. Ich fragte sie: ›Wovon redest du?‹ Ich wußte es, aber ich wollte es von ihr hören. Alles. Alles, was ich vermutet hatte. Es paßte alles zusammen. Ich wußte, daß sie nicht log. Sie erzählte mir, wie er sie mit einer Pistole bedroht und gesagt hatte, wenn sie etwas verriete, würde er ihren Freunden erzählen, sie hätte es gewollt, und dann würden sie nicht ihn, sondern sie hassen.«

Ricky nahm die Neuigkeit nicht gut auf. Er war wütend und verletzt. Er verstand nicht, weshalb Shelley es ihm nicht schon früher gebeichtet hatte. Er hätte sich mit Freuden um Bobby gekümmert und sie beschützt.

»Meine schlimmsten Alpträume wurden wahr. Ich spürte Groll in mir aufsteigen. Er ließ sich nicht zurückdrängen. Es gab nichts, was ich tun, nichts, womit ich ihr helfen konnte. Alle halfen ihr. Aber niemand dachte daran, daß ich in sie verliebt war, richtig verliebt war — und dann so was. Puh. Das hat meine Gefühle ausgelöscht.«

Shelley gestand ihm, daß sie oft nahe daran gewesen war, es ihm zu erzählen, aber um ihn Angst gehabt hätte. »Wenn sie es mir erzählt hätte, säße ich jetzt ganz bestimmt im Gefängnis. Denn ich war verrückt genug, um ihn zu erschießen. Ich hätte ihn auch aus großer Entfernung erwischt. Es wäre vorsätzlicher Mord gewesen. Ich bin froh, daß er auf sich selbst geschossen hat, denn das hat mir die Gerichtskosten, die Geldstrafe, das Gefängnis und alles erspart.«

Sie fuhren ins Krankenhaus. Beide waren verwirrt.

»Wir haben nur damals, auf dem Weg ins Krankenhaus, darüber geredet. Später brachte ich es nicht mehr zur Sprache, weil es sie verletzte. Mich auch. Meinen Stolz. Zu wissen, daß jemand mit meinem Mädchen herumgemacht hat — wenn es auch Mißbrauch war —, das hat mein Ego ganz schön getroffen. Wenn jemand sich auch nur mit meinem Mädchen unterhielt, bin ich dazwischengegangen und habe ihn zum Kampf aufgefordert. Und dann das. Das hat mich echt fertiggemacht.«

Auch Shelley war ›fertig‹. Sie fuhren so schnell sie konnten zum Krankenhaus. Shelley war nicht sicher, weshalb sie so gerast waren. Vielleicht war es Zuneigung oder Angst oder nur eine dumpfe Reaktion.

Shelley ging erst ins Wartezimmer, als sie ihre Frage zum Teil beantworten konnte. Die Familie war bereits versammelt. Bobbys Familie. Sie starrten Shelley an, als sei sie ein Judas — als *wüßten* sie Bescheid. Das, was sie *wußten*, war das, womit Bobby ihr gedroht hatte. Sie *wußten*, daß sie eine Nutte war. Daß sie böse, illoyal, respektlos und dafür verantwortlich war, daß ihr Bruder, ihr Sohn, ihr Ehemann, auf dem Sterbebett lag. Das las Shelley in ihren Gesichtern. Bobby hatte recht gehabt.

Die Ärzte, die Sessions in der Notaufnahme behandelten, meinten, er hätte Glück gehabt, daß er noch lebte. Die Kugel hatte das Herz nur um wenige Zentimeter verfehlt. Aber Bobby würde überleben. Shelley überraschte das nicht. Bobby überlebte alles. Er war unglaublich stark. Er hatte es geplant: um Sympathien zu gewinnen und Shelley als Nutte bloßzustellen. Überhaupt — wie kam es, daß ihr Cousin Gary in der Nähe war, als der Schuß fiel? Weshalb hatte die Kugel nur ein paar Rippen angekratzt? Warum wußte ein Mann, der soviel Erfahrung mit Waffen hatte wie Bobby, nicht, wie man sich aus nächster Nähe eine tödliche Verletzung zufügte?

Shelley kannte die Antwort: Er wollte sich nicht wirklich erschießen, sondern nur Sympathien heischen. Der Beweis war das Ergebnis: Er lebte, und er hatte die Sympathie auf seiner Seite.

Als Linda und Betty ins Krankenhaus stürmten, war Bobbys

Mutter, Lottie Caskey, schon da. Ihr Gesicht war starr vor Sorge. Sie lief zu Betty und umarmte sie schluchzend.

Ein paar Minuten später stürzte Henry Edgington herein. In seiner Verwirrung nahm er Bobbys Schwester und die Mutter nur undeutlich wahr, als er an den Stühlen im kleinen Wartezimmer vorübereilte.

Er traf Linda, die gerade aus dem Raum trat, in dem Bobby operiert werden sollte. Er lag rücklings auf dem Tisch. Man hatte seinen Oberkörper bandagiert, um die Blutungen zu stoppen. Die Ärzte bereiteten sich auf die Operation vor. Bobbys Zustand war stabil, aber seine Atmung war schwach, der Puls schnell. Bei der ersten Untersuchung fand man eine ein Zentimeter große Eintrittswunde direkt über der linken Brustwarze mit Schießpulververbrennungen und eine Austrittswunde im mittleren Rückenbereich, in Höhe der zehnten Rippe. Mehrere Schwestern drängten sich um ihn und justierten Schläuche und Kissen.

Bobby war bei Bewußtsein. Als Edgington an sein Bett trat, griff er nach seiner Hand. »Ich danke Ihnen, daß Sie sich um Shelley kümmern«, flüsterte er heiser und drückte ihm die Hand. »Ich danke Ihnen, daß Sie sich um Shelley kümmern...« Die Medikamente hatten ihn benommen gemacht.

Dann wirkte die Narkose, und Bobby wurde in die Chirurgie gefahren. Die Prognose war zurückhaltend. Dr. E. Scott Middleton operierte. Hier sein Bericht:

Alter Einschnitt im oberen Mittelbereich anläßlich einer Cholecystectomie (Gallenblasenentfernung) mit Verkalkungen an der alten Narbe... Zwei Löcher im Zwerchfell. Eines links im mittleren Bereich, das andere seitlich im linken, hinteren Bereich. Das Geschoß hat in der größeren Krümmung der Milz eine große Wunde verursacht. Die Leber blieb unverletzt. Die Milz wurde entfernt.

Als Shelley und Ricky eintrafen, war Bobby im Operationssaal. Sie warfen einen Blick ins Wartezimmer. Linda, Bobbys Mutter, Lindas Eltern, Bobbys Schwester Pat Davidson, Lindas

Schwester Sandra, Shelleys Cousin Gary und Betty und James Duvall — alle waren da.

Die ganze Familie saß da und starrte mich an, als hätte ich es getan. Es war unheimlich.

Bobbys Drohungen hatten sich bewahrheitet: »Sie werden *dir* die Schuld geben, Shelley«, hatte er sie wieder und wieder gewarnt, wenn sie damit drohte, das Geheimnis zu verraten. Sie hatte ihm geglaubt.

Und als sie sich jetzt im Wartezimmer umsah, fragte sie sich, wie sie es hatte wagen können, seine Warnungen in den Wind zu schlagen.

Ricky erinnert sich: »Ich sah Linda. Sie unterhielt sich mit jemandem und lächelte. Und ich dachte: Was für eine Familie. Der alte Bobby bläst sich die halbe Lunge aus dem Leib, und seine Frau steht da und lächelt. Eine Szene wie aus einer Seifenoper.«

Als Shelley erfahren hatte, was passiert war, und daß Bobby wahrscheinlich durchkommen würde, flüsterte sie Ricky zu: »Ich wünschte, er hätte sich getötet.«

Ricky dachte: Wenn ich dabei gewesen wäre, hätte ich den Hahn gespannt, ihm die Pistole zurückgegeben und gesagt: ›Bring es zu Ende.‹

»Ich hatte Mitleid mit ihr, denn ich wußte, daß alle es ihr übelnahmen«, gestand Betty Duvall. Sie ging zu ihr und umarmte sie.

Richard Ruiz, den Bobby erst vor Wochen gefeuert hatte, fragte Shelley: »Was ist los?«

»Er hat auf sich geschossen«, erwiderte sie, noch immer wie gelähmt.

Als Ruiz fragte, weshalb, antwortete Shelley nur: »Das kann ich Ihnen jetzt nicht sagen, denn Sie kennen die ganze Geschichte nicht.«

Shelley dachte, sie würde bei Betty und James übernachten, aber als sie dort ankam, führte sich ihr Bruder Michael wie ein Verrückter auf. Er schlug um sich, während James Duvall und

Lindas Schwester und Mutter versuchten, ihn zum Wagen seiner Großmutter zu tragen.

Er war dabei, durchzudrehen. Er verstand nicht, weshalb seine Schwester von zu Hause fortlief, und weshalb sein Vater auf sich schoß. Ich versuchte ihn zu beruhigen.

»Sie mußten richtig kämpfen, um ihn in den Wagen zu bekommen«, erinnerte sich Betty. »Er war gerade erst sechs Jahre alt und tat mir leid. Ein Grund, weshalb er nicht gehen wollte, war, daß man ihn immer vergaß. Man vergaß, ihn von der Schule abzuholen. Man vergaß, ihm sein Mittagessen mitzugeben. Er ging in dieselbe Schule wie meine Tochter, und ich wartete jeden Tag, bis ihn jemand abholte. Eines Tages wartete ich bis siebzehn Uhr. Niemand kam. Ich nahm ihn mit zu mir nach Hause und rief seine Großmutter an. Sie sagte: ›Oh, ich sollte ihn abholen, aber ich habe es vergessen.‹«

Shelley konnte nicht mit ansehen, wie ihr um sich tretender und schreiender kleiner Bruder zum Wagen gebracht wurde. Sie fuhr nach Kerens zurück und verbrachte die Nacht bei den Layfields.

»Wir waren die ganze Nacht wach«, erinnert Cherry Layfield sich. »Am Morgen erschien Linda und gab so ein Zeug von sich wie: Bobby sei ›gerettet‹ worden, und daß er jetzt ein völlig anderer Mensch sei und wünschte, daß Shelley nach Hause käme.«

Shelley war wütend. Nicht darüber, daß ihr Vater weiterleben würde, sondern auf die Folgen seiner Tat. Das Ganze war ein Teil seines Planes und bewies seine Macht.

Er ist nicht zum See gefahren, um wirklich zu sterben. Er wußte, daß mein Cousin dort unten fischte. Er wußte, daß man ihn ins Krankenhaus fahren würde. Er wußte, wie er zielen mußte. Er ist sehr clever. Er tut nichts ohne Bedacht. Weder im Geschäft noch sonstwo.

Natürlich war es riskant. Aber wenn er wirklich hätte sterben wollen, würde er sich in den Kopf geschossen haben. So sehe ich das. Wenn er wirklich lebensmüde gewesen wäre, hätte er nur paff! machen müssen. Und das wär's gewesen.

Aber er wollte, daß jedermann ihn mochte. Er wußte, daß

bald alle herausfinden würden, was für schreckliche Sachen er gemacht hatte. Er wußte, daß sie ihn wieder mögen würden, wenn er verletzt wäre und im Krankenhaus läge.

Es war ein einziges: ›O Bob. O Bob.‹ Und er: ›Ich bin krank. Ich bin verrückt. Aber jetzt habe ich Gott.‹ Und schon liebten ihn alle wieder. Er ist wirklich nicht auf den Kopf gefallen.

Auch Betty meinte, daß Bobbys versuchter Selbstmord nur eine Täuschung war. »Sie müssen wissen, wie er manipulieren konnte. Er wollte das, was Shelley gesagt hatte, aus den Köpfen der Leute drängen. Sie sollten ihn bemitleiden. Hätte er wirklich Selbstmord begehen wollen, würde er sich in den Mund und nicht in den Bauch geschossen haben.«

Das Geschäft

Linda blieb am ersten Abend nicht lange im Krankenhaus. Sie war verwirrt. Sie wußte nicht, was sie denken sollte. Es war alles so schnell gegangen — zu schnell für sie. Man sah sie in der Notaufnahme, dann war sie verschwunden. Sie rief die Layfields an, um sicherzugehen, daß Shelley auch wirklich bei ihnen war.

»Sie schlief auf der Couch«, erinnerte Cherry Layfield sich. »Dann legte sie sich auf den Boden. Sie wollte Ricky nicht aus den Augen verlieren. Sie war verschreckt, nervös und völlig durcheinander.«

Ich fühlte mich sicher, weil Ricky geübt im Kämpfen war. Ich dachte: Er ist mein Ritter. Er wird mich schützen.

Am nächsten Morgen erschien eine hysterische Linda bei den Layfields.

Meine Mutter flehte mich an, nach Hause zu kommen. Sie sagte: »Du kannst tun und lassen, was du willst, wenn du nur nach Hause kommst.«

Es schien, als sei jedermann durcheinander. Die Bürger von Kerens, ihre Klassenkameraden, Verwandte, Beamte — niemand wollte hören, was man Shelley angetan hatte. Sie fühlte sich eher wie eine Aussätzige, die man auf Schritt und Tritt anstarrte, als wie ein Opfer.

Ein paar Tage später kehrte sie wieder nach Hause zurück. Sie fühlte sich zum ersten Mal sicher, weil ihr Vater im Krankenhaus lag.

Aber die Sicherheit war trügerisch.

Die Polizei sagte mir, er würde halluzinieren, und ich solle nicht ans Telefon gehen.

Dann rief ihre Mutter an. Shelley wußte sofort, daß etwas nicht stimmte. Linda klang nervös, was auf drohende Gefahr hinwies.

»Pack deine Tasche. Wir treffen uns an der Straße hinterm Haus«, flüsterte sie. »Sofort.«

Das Drängen in Lindas Stimme trieb Shelley zur Eile an. Innerhalb weniger Minuten führte eine Staubspur zur gegenüberliegenden Seite der Ranch. Ihre Mutter wartete im weißen Cadillac. Shelley hielt neben ihr an.

»Du mußt verschwinden«, sagte Linda. »Du mußt sofort verschwinden. Hier.« Dieses Mal warf ihr Linda ein wenig Geld zu. Shelley starrte sie verwirrt an, obwohl sie gedacht hatte, nichts könnte sie mehr erschüttern. »Bobby erzählt überall, daß er dich umbringen will!« kreischte Linda hysterisch. »Du mußt verschwinden!«

Bobby hatte das, was die Ärzte eine ›progressive paranoide Psychose‹ nennen. Er war extrem erregt und hörte nicht auf, über Shelley zu reden; was sie jetzt tun würde, und daß er sie kontrollieren müsse.

Für Shelley gingen die Alpträume weiter. Sie war sicher, daß er absichtlich daneben geschossen hatte, um mit dem Mitleid, das man ihm entgegenbringen würde, dem Schaden entgegenzuwirken, der ihm durch Shelleys Geschichte zugefügt worden war. Als nächstes würde er sich phönixgleich aus seinem Bett erheben und ihrem Leben ein Ende setzen.

Shelley nahm das Geld und fuhr los. Sie hatte Angst, weil sie das Gefühl hatte, daß niemand sie mehr beschützen konnte. Sie verbrachte die Nacht in ihrem Wagen.

Am nächsten Tag kehrte sie zu den Layfields zurück. Henry Edgington und Melanie halfen ihr beim Ausfüllen der Formulare. Am darauffolgenden Mittwoch trafen sie sich mit Sheriff Ross in Edgingtons Haus, damit Shelley formelle Strafanzeige gegen ihren Vater erstatten konnte. Ross bat Shelley, die ganze Geschichte ihrer Mißhandlung niederzuschreiben, falls möglich, mit Datum und Zeit.

»Das erste ungewöhnliche Geschehen, woran ich mich erinnern kann (es passierte in New Jersey) bestand darin, daß Bobby Sessions meinen Rücken und meine Beine rieb (und mir einredete, es sei zur Entspannung) und dabei nach und nach seinen Weg zu meinen Brüsten und meiner Vagina fand«, schrieb Shelley. Dann beschrieb sie, wie Bobby sie im Motelzimmer während des Umzugs nach Texas mißbraucht hatte, und über die Folgen des Streichelns. »Er sagte, ich solle ihn so mögen, wie er mich mochte – aber ich weigerte mich.« Shelley stellte nach bestem Wissen und Gewissen eine Liste der Rinderausstellungen auf – mit Datum und Ort –, bei denen Bobby sie mißbraucht hatte. »Wenn ich ihm nicht zu Willen war, zitterte er am ganzen Leibe, beschimpfte, schlug und bedrohte mich.«

Der Sheriff hatte Shelley um Details des sexuellen Mißbrauchs gebeten. Shelley schrieb: »Details: Ich mußte ihn lutschen und visa versa (*sic!*) und mich ihm ganz hingeben (Liebe machen), wie er es nannte.« Man forderte Shelley auf, sich zu erinnern, wann sie das letzte Mal von Bobby zum Sex gezwungen wurde. Sie schrieb: »Am zehnten oder elften Mai. Zwei Tage, bevor Bobby nach London, England, reiste.«

Sheriff Ross tippte ihre Aussage auf ein Formular ›Freiwillige Aussage von Nichtinhaftierten‹. Shelley unterschrieb.

Dann wurde sie von Linda ins vierundzwanzig Kilometer entfernt liegende Fairfield, Texas, zu einem Test im International Polygraph Service gefahren. Es war das erste Mal, daß Linda und Shelley beisammen waren, seit Shelley ihrer Mutter gestanden hatte, was geschehen war. Aber Linda stellte keine Fragen. Es sah aus, als wollte sie nichts über den Inzest hören.

Melanie Hyder war auch mit Linda zusammengetroffen, die immer noch Shelleys gesetzlicher Vormund war, und hatte festgestellt, daß sie genauso verwirrt war wie alle anderen. Früher hatte sie die Hinweise übersehen können, die Shelley ihr zu geben versuchte, aber jetzt mußte sie der Tatsache ins Gesicht sehen: Ihr Mann hatte ihre Tochter mißbraucht. Sie mußte sich zwischen beiden entscheiden. Aber konnte sie das?

»Linda war sehr verwirrt«, erinnert sich Melanie Hyder. »Sie wußte nicht, was sie tun oder wie sie damit fertig werden sollte.« Linda blieb dem Krankenhaus fern, versuchte sich um Michael zu kümmern und Shelley zu helfen.

Shelley wurde von J. D. Williams begrüßt, dem Direktor der IPS, einer Gesellschaft, deren Motto lautete: ›Erforsche die Vergangenheit zum Wohle der Zukunft.‹ Er befragte die durch Drähte mit einer kleinen Maschine verbundene Shelley länger als eine Stunde. »Sie gab an, ihr erster sexueller Akt hätte in

Form von Oralverkehr stattgefunden, bei dem er seinen Mund auf ihre Vagina plaziert habe«, schrieb Williams in seinen Bericht. Shelley beschrieb Bobbys Versuche, sexuelle Gefälligkeiten zu erlangen, indem er Geschenke versprach oder damit drohte, der ›ganzen Welt zu erzählen, daß sie Abschaum sei.‹

Sie beschrieb die Ausstellungen, wo ›sie täglich sexuelle Beziehungen hatten.‹ Abschließend schrieb Williams: ›Shelly wurde gefragt, ob sie sich mit diesen Geschichten an ihrem Vater rächen wolle. Sie verneinte es vehement.‹

Williams machte mit Shelley zwei verschiedene Tests und kam zu dem Ergebnis: »Sie hat während der Untersuchung und des Gesprächs die Wahrheit gesagt.«

Mit diesem Ergebnis war der Weg zu einer formellen Anklage gegen Bobby frei.

Shelleys Aussage hatte die Räder der Justiz ins Rollen gebracht. Auf jeden einzigen sexuellen Mißbrauch einer Minderjährigen standen Strafen bis zu zehn Jahren Gefängnis. Da Bobby Sessions seiner Tochter nach ihren Angaben Hunderte Male vergewaltigt hatte, bestand für den Bezirksstaatsanwalt die Möglichkeit, ihn für lange Zeit hinter Gitter zu bringen.

Bobbys Familie handelte sofort. Sie wollte, daß alles so schnell wie möglich über die Bühne ging und über den Vorfall Stillschweigen bewahrt würde. »Alle waren wie erstarrt«, erinnert sich James Duvall. »Niemand wollte Wellen schlagen, niemand hatte Lust, Fragen zu stellen, niemand wollte wirklich etwas wissen.« Und niemand wollte die Publicity eines Prozesses. Deshalb schickte Lottie ihren Schwiegersohn James Duvall zum Sheriff.

Da James mit Sheriff Robert Ross gut befreundet war, besuchte er ihn zu Hause. »Er bat mich herein und ich sagte: ›Hör zu, Bobby, das ist eine schlimme Sache, und ich weiß, daß er seine Tochter mißbraucht hat. Aber er hat auch versucht, Selbstmord zu begehen, und damit könnte alles beendet sein.‹ Ich sagte, die Familie sei zerrissen. Wir wüßten nur, daß ein Mann auf sich geschossen, und daß Shelley ihn angeschwärzt habe. Und dann sagte ich, die Familie hätte gern gewußt, ob ihm der Prozeß gemacht oder was weiter geschehen würde.

Ross fragte: ›Bist du hier, um ihn zu verteidigen?‹ und ich antwortete: ›Nun, ich stehe als ein Familienmitglied vor dir, und die Familie möchte ihn vor dem Zuchthaus bewahren.‹«

Mit seinen Schenkungen für wohltätige Zwecke hatte Bobby Sessions sich im gesamten Bezirk einen Namen gemacht, aber selbst James ahnte nicht, wohin ein Teil des Geldes floß. »Ich wußte nicht, daß er das Sheriff Department mit ungewöhnlichen großen Schenkungen bedacht hatte. Er gab zwar nichts für den Wahlkampf, aber er unterstützte tausend Aktionen wie Kampagnen gegen Drogen — und Kindesmißbrauch. Hierbei handelte es sich nicht um Wahlgeld, sondern um Geld, das ins Sheriff Department floß und für verschiedene Programme bestimmt war.«

Ross entließ James mit dem Versprechen, den Bezirksstaatsanwalt anzurufen und zu sehen, was er tun konnte. Am nächsten Morgen rief der Sheriff James an. Der Staatsanwalt hatte Ross gesagt, daß ein kleiner Handel möglich sei, aber auch: »Zuerst muß ich sicher sein, daß es das ist, was die ganze Familie will.«

Es war anzunehmen, daß ein Familienmitglied, das sich auf eine Art wie Bobby Sessions schuldig gemacht hatte, die Familie in verschiedene Lager gespalten hätte. Der Bezirksstaatsanwalt Pat Batchelor wollte sich auf keinen Handel einlassen, falls einige Familienmitglieder Bobby lieber im Gefängnis sehen wollten.

Ross schlug James vor, er solle die Familie zusammenrufen. Man könne sich in seinem Haus treffen. Linda kam mit ihren Eltern, Lottie mit ihren Töchtern Betty, Pat und Wanda. Shelley war nicht dabei. »Das Kind war verschreckt, durcheinander. Sie wußte nicht, wo ihr der Kopf stand«, erinnerte sich James. »Bobby hatte sie ein oder zwei Mal angerufen und bedroht. Deshalb hielt sich Shelley eine Weile von der Familie fern.«

Der Sheriff erklärte ihnen, es bestünde die Möglichkeit eines Handels. Bobby würde in einem Punkt des sexuellen Mißbrauchs für schuldig gesprochen, brauche aber nicht ins Gefängnis zu gehen. »Er sagte, Bobby würde vor dem Richter Buck Douglas erscheinen und die Anklagepunkte würden vorgelesen«, erinnerte sich Duvall. »Sie würden ihn auf Bewährung verurteilen und in eine psychiatrische Klinik wie das Timberlawn stecken, das als sehr, sehr elitäre, mit rotem Teppich ausgelegte psychiatrische Klinik für die sehr, sehr Reichen galt.«

Sheriff Ross erklärte, die Alternative sei ein langwieriger Prozeß und möglicherweise eine Verurteilung zu zehn Jahren Gefängnis.

»Doch falls die Familie zustimmte, würde Douglas ihn zu zehn Jahren Bewährung und einem Jahr Aufenthalt in einer psychiatrischen Klinik verurteilen. Er müsse seine Behandlung selbst bezahlen«, so Duvall. Ross fragte jeden einzelnen, ob er oder sie noch Fragen hätten. Man hatte keine Fragen. »Alle sagten: ›Oh, das ist großartig. Wir werden Bobby überreden, einzuwilligen.‹«

Sheriff Ross rief umgehend Pat Batchelor an.

James Duvall ging ins Krankenhaus. Vor Bobbys Tür stand ein bewaffneter Posten, für den Fall, daß Bobby etwas anstellte.

»Entweder zehn Jahre Gefängnis oder zehn Jahre auf Bewährung und Aufenthalt in dieser psychiatrischen Klinik«, erzählte er Bobby.

»Das gefällt mir nicht«, antwortete Bobby kopfschüttelnd. »Ich kann alles klären, wenn ich nur Shelley sprechen könnte.«

»Du wirst nicht mit Shelley sprechen«, antwortete James. »Linda hat vor, dich strafrechtlich verfolgen zu lassen – und dir alles abzunehmen, was du hast.«

Bobby schien nicht zuzuhören. Er starrte die Wände an.

James holte Bobby wieder in die Wirklichkeit zurück. »Wir müssen zu einer Entscheidung kommen, oder sie werden dich strafrechtlich verfolgen lassen, und du wirst umgehend nach Huntsville gebracht. Wenn du das Angebot nicht annimmst, Bobby, wanderst du ins Gefängnis.«

Einen Augenblick später stemmte Bobby sich auf den Ellbogen hoch und zündete sich eine Zigarette an, den Rücken Duvall zugewandt. »Bist du sicher?« fragte er, ohne sich umzudrehen.

»Absolut sicher«, erwiderte James.

»Okay. Ich bin mit der Bewährung einverstanden – aber ich

liebe sie! Sie wird es verstehen.« Bobby ließ den Kopf sinken und weinte.

James ließ sich von den Tränen nicht rühren. »Sie wird es nicht verstehen, Bobby«, schnappte er. »Sie ist diejenige, die den ganzen Wirbel ausgelöst hat. Du bist überführt. Will das nicht in deinen Kopf?« Duvall war zum ersten Mal richtig wütend.

»Damals hätte ich ihn am liebsten den Geiern überlassen und ins Gefängnis wandern lassen. Aber ich hatte schon so viel unternommen, um der Familie zu helfen, und dachte: Wenn wir es schaffen, ihn in dieser Klinik unterzubringen, hat die Familie genug Zeit, alles wieder in Ordnung zu bringen. Und ich dachte: Gott, Linda, das ist deine große Chance, dich von ihm zu trennen. Nimm dir alles, was er hat. Du hast das Recht dazu. Er hat deine Tochter mißbraucht, seit sie ein kleines Kind war.«

Als der Bezirksstaatsanwalt Batchelor und Sheriff Ross am nächsten Tag im Krankenhaus erschienen, war Bobby vorbereitet. Betty Duvall und Lottie warteten draußen auf dem Flur, während die beiden Männer am Krankenbett standen und ihn über die Alternativen aufklärten. Wenn Bobby sich in einem Anklagepunkt der sexuellen Mißhandlung für schuldig bekennen würde, könnte er eine Bewährungsstrafe erwarten, die einen begrenzten Aufenthalt in einer psychiatrischen Klinik einschloß. Bobbys Anwälte rieten ihm, in den Handel einzuschlagen. Bobby diskutierte nicht lange: Er wollte nicht ins Gefängnis.

Am folgenden Tag trafen sich Anklagevertreter und Sheriff mit Shelley, um ihr mitzuteilen, daß sie das Urteil beeinflussen könnte, wenn sie es wollte. Linda hatte die Anwältin JoAnn Means gebeten, Shelley bei dem Treffen zu beraten. Linda selbst war dabei, um, wie sie später sagte, Shelley zu beteuern, daß ›ich ihr die freie Wahl lasse und sie tun kann, was immer sie möchte.‹

Als ihr die verschiedenen Möglichkeiten erklärt wurden, hatte Shelley nur eine vage Vorstellung von ihrer Bedeutung. Wenn er zu zehn Jahren Gefängnis verurteilt würde, erklärte der Bezirksstaatsanwalt ihr, würde Bobby nur für ein paar

Jahre hinter Gittern bleiben und dann entlassen werden. Wenn man ihn auf Bewährung verurteilte, konnte der Richter ihn in eine Nervenheilanstalt schicken, aus der er erst entlassen würde, wenn er völlig gesund wäre.

Er erzählte mir, daß Bobby, wenn man ihn ins Gefängnis steckte, auf Bewährung herauskommen würde, und daß der einzige Weg, ihn fernzuhalten, Timberlawn sei. Ich sagte ihm, ich wolle, daß er so lange wie möglich fort sei.

Shelley glaubte, sich für die größtmögliche Strafe entschieden zu haben.

Sie steckte in der Klemme. Es war, wie Bobby gesagt hatte. »Die allgemeine Einstellung war, hier ist diese kleine Sechzehnjährige, die sich wie eine Dreißigjährige aufführt«, erinnerte sich ein Gerichtsbeobachter. »Wahrscheinlich hat sie es herausgefordert. Das gleiche sagen die Leute, wenn jemand vergewaltigt wurde. *Es hat ihr bestimmt gefallen* oder: *Warum hat sie nichts dagegen unternommen, wenn es so schrecklich war?* Und jetzt bedenken Sie noch, daß Bobby ein angesehener Mann war, dann können Sie ermessen, welche Probleme Shelley hatte.«

Shelley versuchte, sich mit ihrem Schicksal abzufinden, und war nach Hause zurückgekehrt. »Ich werde nicht mehr vor ihm davonlaufen«, versprach sie Linda. Eines Tages würde Bobby in eine Nervenheilanstalt eingeliefert und wäre keine Bedrohung mehr für sie.

»Gut, aber geh wenigstens nicht ans Telefon«, warnte Linda. »Er leidet unter schlimmen Halluzinationen und sieht Schlangen und so was.«

Shelley vergaß die Warnung. Als das Telefon läutete, nahm sie instinktiv den Hörer ab.

»Shelley?« hörte sie eine heisere Stimme.

Sie wollte auflegen. Aber sie wartete, weil sie neugierig war, was Bobby sagen würde. »Shelley?« fragte er noch einmal.

»Was willst *du*?« schnappte sie.

»Shelley. Ich werde dich töten.«

Shelley knallte den Hörer auf die Gabel. Sie schrie: »Mom! Mom!« und lief in die Küche. »Er war am Apparat. Er sagte, er würde mich töten.«

Shelley zitterte am ganzen Körper. Bobbys Stimme hatte so vertraut geklungen. Sie konnte nichts dagegen tun — sie glaubte immer noch alles, was er sagte — sie glaubte auch seiner Drohung.

»Ich habe dir doch gesagt, du sollst nicht ans Telefon gehen«, schimpfte Linda.

Was für ein Trost, dachte Shelley. Er war dort draußen und wollte sie töten. Sie rief Sheriff Ross an.

Er sagte mir, ich solle keine Angst haben und gab mir all diese Telefonnummern — seine Privatnummer und so. Er sagte: »Ruf mich an, wenn irgend etwas passiert. Ich werde alles tun, um zu verhindern, daß dir etwas geschieht.«

Bobby litt im Krankenhaus immer stärker unter Halluzinationen. Er beklagte sich über die Nachwirkungen der Medizin und schwor, nichts von dem, dessen Shelley ihn anklagte, getan zu haben. »Es ist nicht wahr«, erklärte er seiner Mutter.

Doch sobald sie das Krankenhaus verlassen hatte, griff er zum Telefon und versuchte, Shelley anzurufen. Es war, als sei mit seinem neuen Leben auch eine neue Liebe erwacht. »Als seine Mutter aus dem Zimmer war«, erinnerte James Duvall sich, »sagte er: ›Ich kann nicht damit aufhören. Ich liebe Shelley. Ich bin verliebt in Shelley.‹ Er sagte eine Menge komischer und merkwürdiger Sachen. Er versuchte, einen glauben zu machen, er sei von den Medikamenten high. Aber das stimmte nicht. Er wußte genau, was ablief.«

Er wußte genug, um regelmäßig das neben seinem Bett stehende Telefon zu benutzen. Seit er Gott gefunden hatte, sprach er oft mit Lindas Beraterin Sarah Conn. »Er rief mich verschiedene Male an und bat mich, Linda und den Kindern zu helfen«, berichtete Sarah Conn. »Ich sollte alles in meiner Macht Stehende tun, damit seine Familie zusammenbliebe.«

Und er versuchte immer wieder, Shelley anzurufen. »Wenn er sagte: ›Ich liebe Shelley‹, war das wortwörtlich zu verstehen«, sagte James Duvall. »Nicht als eine Vater-Tochter-Liebe. Er liebte sie im wahrsten Sinne des Wortes. Wie eine Geliebte, nicht wie eine Tochter. Er war vollkommen besessen von diesem Mädchen.«

Richard Ruiz hatte Bobby wenige Tage nach dessen Einlieferung besucht. Lottie hatte ihn darum gebeten, weil Bobby nicht richtig aß. Sie machte sich Sorgen um ihren Sohn. Vielleicht könne der Ranchverwalter helfen. Als Ruiz ins Zimmer kam, bat Bobby als erstes um ein Dr. Pepper.

Laut James Duvall halluzinierte Sessions nicht so oft, wie Linda und die anderen dachten. »Er redete mit einem und plötzlich sprach er über die Papageien in der Wand. Oder er fragte: ›Wer steht da am Fenster?‹ Besonders wenn seine Mutter oder seine Schwester ins Zimmer kamen. Sobald Betty das Zimmer betrat, fing er an, verrückt zu spielen. Wenn sie wieder draußen waren, redete er wieder relativ vernünftig. Er versuchte, ihnen weiszumachen, daß er unter Halluzinationen litt.«

Das war auch einer der vielen Gründe, weshalb Bobby keinen Anwalt finden konnte. Seine Macht und sein Einfluß halfen ihm nicht mehr viel.

Einer seiner ehemaligen Anwälte, Jimmy Morris, früherer Bezirksstaatsanwalt des Navarro County, lehnte den Fall ab. Morris hatte Pat Batchelor zum stellvertretenden Bezirksstaatsanwalt gemacht und war Batchelors Chef gewesen.

James Duvalls Suche nach einem anderen Anwalt blieb erfolglos. »Niemand wollte ihn haben.« Die meisten Anwälte klagten, ihre Frauen würden sie umbringen, wenn sie den Fall übernähmen. So fand Shelley doch noch Unterstützung.

»Langsam begann ich zu begreifen«, erzählt James Duvall. »Ich kannte Bobby in- und auswendig. Ich kannte ihn besser als seine Schwestern. Ich kannte ihn besser als seine Frau. Ich habe mich jeden Tag mit ihm beschäftigt. Ich wußte, was er fühlte. Ich wußte, wie gut er andere manipulieren konnte. Aber irgendwie ... wenn ein alter Provinzler wie ich etwas von Mißbrauch von Kindern hört, will ihm das nicht in den Schädel. Ich wurde so erzogen. Ich konnte nicht glauben, daß ein Mann einem Kind so etwas antun konnte. Betty versuchte, es mir zu erklären, aber ich konnte es einfach nicht glauben.«

Bobby wurde aufgefordert, am 13. Juni 1983 zur offiziellen

Urteilsverkündung vor Gericht zu erscheinen. Er hatte trotz Milzentfernung nur elf Tage im Krankenhaus gelegen. Doch als er erfuhr, daß Linda nicht länger mit *seiner* Familie in Verbindung stand und sich einen eigenen Rechtsanwalt genommen hatte, wußte er, daß er neue Probleme hatte. Er befürchtete nicht nur, daß Linda ihn verlassen würde, sondern argwöhnte, daß sie Geld von ihm verlangen würde.

»Linda wechselte die Seiten wirklich schnell«, erinnert James sich. »Plötzlich legte sie ihre Gelassenheit ab und entschloß sich, einen Rechtsanwalt zu nehmen. Sie wollte Bobby für das, was er ihr angetan hatte, bluten lassen. Innerhalb weniger Tage wechselte sie ihre ganze Einstellung. Sie war entschlossen, Bobby auszunehmen.«

Als Linda einen eigenen Rechtsanwalt engagierte, befürchtete die Familie, es würde zu einem Krieg zwischen ihnen kommen.

Aber Bobby handelte schnell. Noch vom Krankenhausbett aus bewies er sein Geschick, Hindernisse einfach zu umgehen. Er rief James und Betty an und bat sie, alles vorzubereiten, damit er morgens als erster zur Bank gehen konnte. Betty hatte bis vor zwei Monaten dort gearbeitet, und Bobby gehörte zu den besten Kunden der Corsicana National Bank.

James klärte die Sache mit dem Sheriff Department. Ross schickte zwei Deputies, die Bobby, Betty und James zu der nur drei Häuserblocks vom Gerichtsgebäude entfernten Bank fuhren. »Es war noch sehr krank, trug Verbände und stand unter Medikamenten«, so James. »Es war nicht nötig, ihm Handschellen anzulegen, weil er nicht davonlaufen konnte. Er hatte schon genug damit zu tun, überhaupt gehen zu können.« Sie trafen um sieben Uhr fünfzehn morgens vor der Bank ein. Das heißt, noch vor der Öffnung. Der Direktor der Corsicana National erwartete sie bereits.

Als erstes hob Bobby 30 699 Dollar in bar ab und löste einen Scheck ein. Das Geld stopfte er in eine Aktentasche. Aber als er an sein Tresorfach wollte, konnte ihm selbst der Direktor nicht helfen. Die Stahlkammer war durch ein Zeitschloß gesichert und würde sich erst um acht Uhr öffnen. Da Bobby um acht Uhr einen Gerichtstermin hatte, wies er Betty an, das Fach zu öffnen und seinen gesamten Inhalt in ein anderes, auf ihren Namen laufendes Fach zu deponieren.

Die Bankangestellte Eulah Mae Boyd begleitete Betty in den Tresorraum. Sie öffneten das Fach mit zwei Schlüsseln. Betty warf einen Blick hinein. Was sie sah, überraschte sie: eine Rolex-Uhr, in die Shelleys Name eingraviert war, ein teures Jagdmesser mit Michaels Namen, eine Münzsammlung, die, wie Betty später feststellte, einen Wert von mehreren hunderttausend Dollar hatte, und sechzigtausend Dollar in bar.

Betty brachte alles in einem neuen Fach unter, das unter ihrem Namen lief. So waren Bobbys Schätze vor Linda sicher.

Im nicht weit entfernten Gericht erschien Bobby vor dem Richter Judge Buck Douglas. Bezirksstaatsanwalt Batchelor stand links am Tisch der Anklagevertreter, als Sheriff Ross und seine beiden Deputies den humpelnden Bobby Sessions zum rechten Tisch begleiteten. Bobby hatte keinen Anwalt. Hinter ihm saß James Duvall, und ihm gegenüber auf der ersten Bank saß Melanie Hyder.

Der Bezirksstaatsanwalt verlas die aus nur einem einzigen Punkt bestehende Anklage: Am 8. Mai 1983, also vor einem Monat, hatte Bobby Rowe Sessions ›vorsätzlich und wissentlich Geschlechtsverkehr mit Shelley Rene Sessions, die zu der Zeit noch nicht siebzehn Jahre alt und auch nicht seine Frau war.‹

Bobby bekannte sich schuldig. Douglas verkündete das Urteil: zehn Jahre Bewährung, Einlieferung nach Timberlawn auf eigene Kosten und keine Entlassung ohne Genehmigung des Arztes. Und er hatte die Prozeßkosten zu tragen. Douglas ließ den Hammer niedersausen. Es war vorbei.

Mehr als drei Jahre lang hatte er seine Tochter vergewaltigt, und zur Sprache kam nur ein Fall des sexuellen Mißbrauchs. Bobby kam so leicht davon, weil er der Anklagevertretung geholfen hatte, den Fall so schnell vom Tisch zu bekommen.

Er wollte nicht in die Klinik. Aber ihm blieb nur das Gefängnis als Alternative — und er scheute die Publicity.

Ich wußte noch nicht einmal, daß es eine Verhandlung gab. Niemand hat mir etwas davon gesagt. Ich mußte nicht einmal als Zeugin auftreten. Sie verurteilten ihn, ohne meine Aussage gehört zu haben.

Die Deputies des Sheriffs fuhren Bobby und James zurück ins Krankenhaus, um Bobbys Sachen zu holen und ihn abzumelden. Dann stieg er wieder in den weißen Polizeiwagen und fuhr nach Dallas.

Bobby saß, die geldgefüllte Aktentasche auf dem Schoß, auf dem Rücksitz. Er sah die meiste Zeit der einstündigen Fahrt starr geradeaus. »Ich werde mich an dieser Sache aufrichten, James«, sagte er. Sonst sprach er nicht viel. Weder über Linda noch über Shelley oder seine Familie oder die Ranch oder das Geschäft. Er sah James mit seinen durchdringenden blaugrauen Augen an: »Ich werde mich daran aufrichten.«

»Gut, Bobby«, antwortete James, »aber zuallererst mußt du versuchen, mit dir selbst ins reine zu kommen.«

Sie erreichten Timberlawn kurz nach neunzehn Uhr. Es war noch hell genug, um die ausgedehnten Rasenflächen, die hohen Bäume und die niedrigen Gebäude zu erkennen.

Die Deputies wanderten durchs Empfangsgebäude, während Bobby sich anmeldete. Die Prozedur erinnerte eher an ein Hotel als an eine Klinik.

»Nicht schlecht«, meinte Bobby.

»Mach das beste daraus«, riet James ihm. »Du wirst ein ganzes Jahr lang hier leben.«

Bobby warf ihm einen ernsten Blick zu. »Nein, das werde ich nicht.«

James Duvall war einmal mehr vom unerschütterlichen Selbstvertrauen seines Schwagers überrascht. Doch dieses Mal spürte er noch etwas — einen Hauch von Verrücktheit. »Ich dachte: Dieser Kerl! Er hat einen Riesenfehler gemacht, wird geschnappt, kommt mit links da heraus und ist wieder obenauf. Er will da raus. Da habe ich zum ersten Mal gemerkt, wie er wirklich ist. Und ich dachte: Du hast alles falsch gemacht. Ich ekelte mich vor mir selbst. Denn das meiste von dem, was ich getan habe, tat ich nur, weil mich die Familie darum gebeten hat. Nicht, weil ich es wollte. Ich habe nur zu helfen versucht. Aber als er mir diese Antwort gab, fiel mir das Herz in die

Hose. Ich dachte: Dieser Lump hat mich ganz schön an der Nase herumgeführt.«

Auf dem Rückweg prophezeite James: »In sechs Monaten ist er wieder draußen.«

»Nein, nein«, antwortete einer der Deputies. »Er wird zwölf Monate dort bleiben.«

Worauf James Duvall erwiderte: »Sie kennen Bobby Sessions nicht.«

Feier

»Der Herr hat mich mit einem fast vollständigen Erinnerungsverlust von sechzehn oder siebzehn Tagen gesegnet, denn ich kann mich von der Zeit (des versuchten Selbstmords) bis zu meinem Erwachen in Timberlawn an nichts mehr erinnern.« Ein sehr nützlicher Erinnerungsverlust, wenn man bedenkt, daß er gerade in dieser Zeit damit gedroht hatte, Shelley umzubringen.

Der Sheriff selbst teilte Shelley mit, daß man ihren Vater nach Dallas gebracht hätte. Es war der dreizehnte Juni und erst elf Tage her, seit Bobby die Pistole gegen sich gerichtet hatte. Der Sheriff erklärte Shelley, wenn ihr Vater fliehen sollte, würde er es als erster erfahren und sie sofort informieren.

Shelley glaubte allmählich, daß es tatsächlich vorbei war. Ihr Peiniger war von der Bildfläche verschwunden.

Sie ging aus – und nichts geschah. Sie fuhr in die Stadt und besuchte Freunde – und nichts geschah. Sie blieb lange fort, verabredete sich und ging auf Parties – und nichts geschah. Es war, als wäre sie von schweren Fesseln befreit worden.

Linda war Shelley gegenüber überraschend nachsichtig. »So lange du nach Hause kommst und in meinem Haus wohnst, kannst du machen, was du willst«, erklärte sie ihrer Tochter.

Shelley dachte, sie hätte ihre Mutter wieder. Wie früher. Nur sie beide – und Michael. Und sie dachte, Linda hätte beschlossen, sich von Bobby zu trennen, um ihre Kinder zu retten.

Als ich wieder zu Hause einzog, sagte sie mir, das sei alles, was sie von mir wollte.

Was aber nicht bedeutete, daß sie viel Zeit mit Linda verbrachte, gegen die sie immer noch Groll hegte.

Ich fühlte mich in ihrer Gegenwart nicht wohl, weil ich wußte, daß es für sie eine Tortur war und ihr weh tat. Mir war damals nicht klar, daß wir Zeit brauchten – sie war mir damals keine Hilfe.

Shelley war immer unterwegs — und wenn sie einmal zu Hause war, dann mit Ricky, dem Jungen, vom dem Bobby sich bedroht gefühlt und der den Bruch ausgelöst hatte.

»Sie brauchte sehr viel Liebe«, erinnerte sich Linda. »Sie wollte ihre eigenen Sachen machen. Sie hatte das Gefühl zu ersticken. Deshalb ließ ich ihr viele Freiheiten.« Linda verwöhnte Shelley. Sie machte Ricky Essen, wenn er zu Besuch kam, und gab ihm und seiner Familie das Gefühl, willkommen zu sein. »Ich ging mit meinen Kindern zu ihnen«, berichtete Cherry Layfield. »Sie schwammen dort. Ich brachte meine Enkelkinder dorthin. Bubba (ihr ältester Sohn, ein Geistlicher) ging mit, und Linda war überaus nett. Sie sprach mit Bubba über Religion.«

Linda unterhielt sich mit ihrer Tochter darüber, wie es wäre, die Ranch zu übernehmen, weil Shelley den Betrieb einer Ranch kannte und Linda nicht. Sie erzählte ihrer Tochter, sie würde sich von Bobby scheiden lassen. Und sie tolerierte Shelleys plötzliche Wildheit. »Ich hatte das Gefühl, sie wollte von mir nur hören, daß ich sie liebte, daß ich sie liebte, daß ich sie liebte — und daß ich ihr keine Vorschriften machte. Ich faßte sie mit Samthandschuhen an.«

»Linda behielt einen kühlen Kopf«, erinnerte sich Betty Duvall. »Nach der ganzen Geschichte kam sie vorbei und erzählte uns, sie sei entschlossen, mit den Kindern für ein oder zwei Monate zu verreisen. Sie sagte: ›Ich gebe euch Bescheid, wo ich bin. Ich glaube, wir gehen weg von hier.‹ James sagte: ›Linda, ich glaube, das ist das Beste, was du tun kannst. Du mußt die Kinder schützen. Verschwinde von hier und fang mit deinen Kindern ein neues Leben an.‹«

Linda ging bei der Umkrempelung ihres Lebens so rigoros vor, daß Bobby seine Schwester Betty anrief und sie bat, zur Corsicana National zu gehen und alles Bargeld aus dem Fach zu entfernen. Er glaubte nicht, daß es dort sicher lag.

Betty und James stopften das Geld in eine Aktentasche und fuhren damit nach Hause. Dort angekommen, konnte sie sich nicht entscheiden, wo sie es verstecken sollten. Wo wäre es vor einem Einbrecher am sichersten? James kam auf die Idee, daß ein Einbrecher wahrscheinlich nicht in der Tiefkühltruhe nachschauen würde. Also versteckten sie die Aktentasche zwischen Hühnchen und Fleisch.

»Als meine Mutter das herausfand«, erinnerte Betty sich, »rief sie an und beschuldigte uns, wir würden sein Geld stehlen. Sie wollte zwanzigtausend Dollar haben. Das sei Bobbys Wunsch.« Kurz darauf tauchen Lottie und Bobbys Buchhalter Travis Kendal bei Betty auf und fragten nach dem Geld.

»Ich wollte ihm nichts geben«, so Betty. »Ich wußte nicht, was sie abgemacht hatten... Ich sagte meiner Mutter, ich würde nichts herausgeben, weil Bobby mich nicht angerufen habe – er durfte in Timberlawn das Telefon benutzen und alles tun, was ihm Spaß machte. Und mir hatte er nichts davon gesagt, daß er das Geld brauchte.«

Eine Woche später erhielt Betty einen Brief von Bobby, in dem stand, daß sie das Geld Lottie übergeben solle. Betty kam zu dem Schluß, daß Bobby sie nicht angerufen hatte, weil er Angst hatte, jemand in Timberlawn würde mithören. Lottie schickte ihren neuen Ehemann vorbei. Er warf das tiefgekühlte Geld in den Kofferraum und raste los.

Bobby bearbeitete Linda weiterhin. Und zwar durch Sarah Conn, die er durch Linda kennengelernt hatte. Die beiden Frauen hatten gemeinsam einen Kurs belegt über die Pflicht der Frau, ihrem Manne gehorsam zu sein, und waren gute Freundinnen geworden. *Halte die Familie zusammen. Halte die Familie zusammen*, war das Glaubensbekenntnis der Fundamentalisten. Sarah wurde schließlich Lindas spirituelle Beraterin und zu einer Stütze in ihrem chaotischen Leben. Und jetzt war sie auch Bobbys Beraterin – und Botin – geworden. Sie überredete Linda, Bobby zu besuchen und einen Aussöhnungsversuch zu unternehmen.

»Linda machte einen schrecklichen Fehler«, so James Duvall. »Sie hatte alles in den Griff bekommen und hätte die Ranch bekommen können, das ganze Geschäft... Aber Bobby hatte diese aus Colorado und New Mexico eingeflogenen spirituellen Berater und faselte andauernd davon, daß er ein neues Leben angefangen habe und wiedergeboren sei und so blödes Zeug.

Die spirituellen Berater begannen, in Bobbys Auftrag mit Linda zu sprechen. Sie forderten sie auf, Bobby in Timberlawn zu besuchen und ihn nur anzuhören, denn er sei ein neuer Mensch geworden. Und Linda machte den schrecklichen Fehler, hinzugehen.«

Linda lernte Leslie Carter kennen, einen bekannten Autor psychologischer Abhandlungen und Psychotherapeut an einer Klinik in Dallas. Er erklärte: »Sie fragte mich, wie sie die familiäre Situation handhaben solle. Sie wußte nicht, ob sie zusammenbleiben sollten, und wie sie sich als Mutter verhalten sollte.« Carter bemerkte auch: »(Linda) neigte dazu, die Augen vor vielen offensichtlichen Dingen zu verschließen.«

Die Berater waren der Meinung, die Familie müsse zusammenbleiben. Eines Tages würde Bobby aus der Timberlawn-Klinik entlassen werden. Linda begann zu glauben, daß die Sessions eine glückliche Familie werden könnten.

Doch je mehr sich ihr Verhältnis zu Bob besserte, desto weniger tolerant wurde sie Shelley gegenüber. Es herrschte wieder das alte, zerstörerische Ungleichgewicht. Selbst aus der Ferne drängte sich Bobby zwischen Linda und Shelley. Linda sagte ihrer Tochter, sie mache sich Sorgen um sie, und schimpfte sie aus, wenn sie zu lange weggeblieben war oder getrunken hatte.

»Sie wollte nicht zu Hause bleiben«, beklagte Linda sich. »Ich brauchte sie dort. Aber sie wollte weg. Sie benahm sich wirklich albern.«

Plötzlich konnte Linda nicht mehr begreifen, weshalb Shelley ihrem Vater nicht verzeihen wollte. Shelley lachte nur darüber.

»Es ist allein deine Schuld«, kreischte Linda. »Du bist ein gemeines Weibsstück und eine Nutte!«

»Bin ich nicht!« brüllte Shelley zurück und schlug ihrer Mutter ins Gesicht.

Sie wollte mich nicht da haben. Ich hatte das Gefühl, als mache sie mich für die Ereignisse verantwortlich. Es kam mir so vor, als wollte sie mich nicht um sich haben, um nicht an das Vergangene erinnert zu werden. Sie wollte nicht ... sie betrachtete mich als Konkurrentin. Sie wollte mich nicht bei sich haben.

Wenn sie in mir mehr ihre Tochter gesehen hätte, hätte sie vermutlich zu mir gehalten. Aber für sie schien ich nur eine andere Frau statt ihre mißbrauchte Tochter zu sein.

Linda dagegen erklärte, sie wollte Shelley um sich haben, obwohl sie ihrer Tochter das Leben unerträglich machte. Aber auch Shelley war verwirrt.

Als ich wieder zu Hause einzog, war die ganze Familie anwesend. Als ich ins Zimmer kam, starrten mich alle an. Keiner sagte ein Wort. Dann fingen sie zu reden an. Sie wußten nicht, was sie sagen sollten... Alle taten so, als sei nichts geschehen.

Ich sah sie nur an und ging auf mein Zimmer. Es war so unheimlich, daß ich am liebsten wieder gegangen wäre.

Damals habe ich mit dem Trinken angefangen. Sie sagte: »*Solange du hier lebst, kannst du tun, was du willst. Also ging ich aus. Ich kam nach Hause, wann ich wollte. Ich ging früh am Morgen fort und kehrte bei Anbruch der Dunkelheit zurück, um mir andere Kleider anzuziehen, dann ging ich wieder fort.*

Ich war der Schnapsladen der Stadt. Wir hatten eine Bar. Ich kam nach Hause, ging zur Bar und nahm ein paar Flaschen heraus, dann fuhr ich in die Stadt zurück und verteilte sie.

Shelley hatte keine Lust, zu Hause herumzusitzen. Sie ignorierte ihre Mutter. Sie lebten zwar im selben Haus, führten aber ein getrenntes Leben.

Shelley und Ricky übernahmen die Bar des Hauses. Shelley konnte nicht genug von ihrer neuen Freiheit bekommen — aber sie wußte nicht, was sie damit anfangen sollte.

Ich durfte nie den ›Drag‹ entlangfahren. Nichts. Und plötzlich war ich frei. Es war phantastisch. Ich ging aus, immer wieder.

Ich hatte keine Möglichkeit, meine Frustration loszuwerden, als herumzuziehen.

Shelley verbrachte viel Zeit bei den Layfields. »Sie lag auf dem Sofa im winzigen Wohnzimmer, sah fern und blieb bis zwei, drei Uhr morgens«, erinnerte sich Cherry. »Jedesmal rief Linda an und fragte: ›Ist Shelley da?‹ Und ich sagte: ›Ja, sie ist hier.‹ Worauf sie erwiderte: ›Okay. Ich wollte nur wissen, wo sie ist.‹ Sie rief jede Nacht an. ›Gut, daß sie da ist.‹ Ich versuchte, Shelley nach Hause zu schicken, aber sie schlief wieder ein. Ich wurde sie nicht los.«

Shelley fand in dem kleinen Haus, an dem die Farbe abblätterte, etwas, das sie in der teuren Villa nie bekommen hatte.

Ich liebte Rickys Eltern sehr! Sein Vater nahm mich zum Angeln mit. Wir blieben die ganze Zeit zu Haus, aßen auch dort, und ich schlief jedesmal ein. Cherry weckte mich und sagte: »Shelley, du mußt nach Hause gehen.« Ich haßte es, nach Hause zu gehen. Ich wollte nicht nach Hause gehen. Es war unheimlich dort. Meine Mutter behandelte mich seltsam. Alle behandelten mich seltsam.

Eines Nachts stolperte Shelley ins Haus, Ricky hielt sie am Ellbogen fest. Sie ging vornübergebeugt und schwankte, und Linda vermutete, sie sei krank. Ricky erklärte, er würde sich um sie kümmern und schleppte Sheliey ins Badezimmer, wo sie sich übergab. Linda war besorgt.

»Bleib so lange hier, wie sie dich braucht, Ricky«, sagte sie zu dem Jungen. »Bleib da.«

Ricky blieb, bis Shelley endlich ins Bett fiel. Linda hatte nicht den blassesten Schimmer, was passiert war, bis sie Shelley am anderen Morgen fragte, was denn los gewesen sei.

Shelley schüttelte sich vor Lachen. »Du Närrin«, fuhr sie ihre Mutter an. »Ich war betrunken.«

Linda verschloß noch immer die Augen vor dem, was sie nicht wahrhaben wollte. »Es schien, als wolle ihre Mutter es einfach nicht sehen«, erinnerte sich Ricky. Mutter und Tochter befanden sich auf einer Achterbahn.

Dann hatte ich Flashbacks und erzählte Dinge, die mir passiert waren, und meine Freunde saßen um mich herum und fragten sich, was mit mir los war.

Was war mit Shelley geschehen?

Linda fragte sich das gleiche, aber aus einem anderen Grund. Sarah Conn brachte Nachrichten von Bobby. Er bat sie, zu ihm zu kommen. Er habe den Herrn angenommen, bereue das Geschehene und wolle, daß die Familie wieder vereint sei.

Linda drängte Shelley, nach Timberlawn zu fahren und mit dem Psychiater Dr. Byron Howard zu sprechen. Shelley fragte sich, wozu das gut sein sollte. Schließlich aber fuhr sie doch. »Sie war sehr wütend«, erinnerte sich Dr. Howard. »Begreiflicherweise. Aber sie war versessen darauf, mit Bob abzurechnen. Sie erklärte, sie würde ihn am liebsten mit einer Schrotflinte erschießen. Sie würde es tun, wenn sich eine Gelegenheit dazu ergäbe. Und sie hätte versucht, einen Freund zu überreden, es zu tun.«

Shelleys Meinung nach verdiente Bobby für das, was er ihr angetan hatte, den Tod — aber sie war klug genug, nichts Unüberlegtes zu tun. Sie begnügte sich damit, die Wut zu fühlen, und nicht zu handeln. Und sie war froh, von Bobby befreit zu sein.

Aber Shelley begriff nicht, daß noch andere Bestrebungen am Werk waren. Bestrebungen um die ›geistige Gesundheit‹; was bedeutete, daß die Familie zusammengehalten werden mußte — um jeden Preis. Dieses Ziel zu bekämpfen, war in den Augen der Psychiater ›ungesund‹ und ein Anzeichen für ›Probleme‹. Shelley wurde von den Ärzten sehr rasch in die Rolle gedrängt, die sie über Jahre gespielt hatte — in die Rolle des Mittlers zwischen Bobby und Linda, des Schlüssels zur ›Gesundheit der Familie‹.

Shelley schien das jedoch instinktiv zu begreifen und weigerte sich, nach Timberlawn zurückzugehen. Aber die Würfel waren gefallen.

Linda versuchte, gemeinsam mit dem Psychotherapeuten Carter, ihre zunehmend schlechtere Beziehung zu Shelley zu analysieren. »Sie sprach über die Spannungen zwischen ihr und Shelley«, erinnerte sich Carter. »Wir diskutierten ihren Kommunikationsstil mit Shelley und versuchten, Shelleys Spannungen zu beeinflussen und sie zu beruhigen.«

Linda drückte auch Sarah und anderen gegenüber ihre Sorge über Shelleys ›wildes‹ Verhalten aus. Sie rief Teen Challenge an, eine Beratungsstelle. Aber dort konnte man erst etwas unternehmen, wenn Shelley freiwillig kam. Doch Shelley war nicht gewillt, irgend etwas freiwillig zu tun.

Sie drängte mich, zur Beratung zu gehen, weil sie dort hinging. Dann fing sie an, meinen Bruder mitzunehmen. Sie hörte nicht auf, mich zu drängen, ich solle zur Beratung gehen, und ich antwortete jedesmal: »Ich gehe nicht zur Beratung. Ich will nicht. Ich gehe nicht zur Beratung!«

Linda wandte sich an Bobby und ihre frommen Freunde. Sie sprach mit Sarah Conns Schwester, die wie ihr Sohn in einem Roloff-Heim gewesen war, und mit einer anderen Frau von der Beacon Light Church, deren Sohn ebenfalls im Roloff-Heim für Jungen gewesen war. Sie empfahl Linda, Shelley fortzuschicken. Sarah Conn fungierte als Bobbys Nachrichtenüberbringerin und machte Bobbys Vorschläge zu ihren eigenen.

Sarah hatte Linda bereits vom Lester-Roloff-Heim erzählt. »Roloff hat ein Heim, in dem ein Kind, das dabei ist, sich zugrunde zu richten, wieder Halt finden und das Wort Gottes hören kann«, erklärte Linda. »Sie lehren, Gut von Böse zu unterscheiden, und wie man zu Gott finden kann. Es ist der einzige Ort für dein Kind.«

»Ich versuchte, sie im Haus zu halten«, berichtete Linda. »Sie hatte so viel Freiheit. Sie hatte einen Wagen und war die ganze Zeit fort.« In Lindas Augen war Shelley tief gesunken.

Aber als Linda beschloß, Druck auf Shelley auszuüben, war es schon zu spät. Shelley war zu lange kontrolliert, ausgenutzt und mißbraucht worden und war nicht bereit, ihre Freiheit aufzugeben. Sie erfreute sich dieser Freiheit noch nicht einmal einen Monat, als Linda sie widerrief.

Anfang Juli kam es wegen der Frage, ob Shelley zuviel Benzin in den Silverado tankte, zu einem heftigen Streit. Als Bobby davon erfuhr, wies er Sarah Conn an, Linda zu sagen, daß sie etwas unternehmen müsse.

Linda erzählte Henry Edgington von ihrem Plan. Der junge Pastor versuchte sie aufzuklären. »Ich erzählte ihr alles, was ich über Roloff und das Rebekah-Heim für Mädchen wußte«, sagte Edgington, der in Corpus Christi, wo sich das Heim befand, aufgewachsen war. »Ich erwähnte, daß es nicht von der Regierung lizensiert war, und daß in Zeitungsartikeln oft von Kindesmißbrauch und Prügelstrafen die Rede war.«

Aber Linda stand jetzt unter dem Einfluß von Conn und den Roloff-Anhängern. »Diese radikale Gruppe fing sie ein, als sie dafür empfänglich war«, erklärte Edgington, »als sie gefühlsmäßig labil und auf der Suche nach der Wahrheit war. Ich denke, wenn Linda sich selbst gegenüber zugegeben hätte, was Bob getan hatte, wäre ihre Selbstachtung und ihr Selbstverständnis derart gesunken, daß sie nicht hätte weiterleben können. Und deshalb machte sie weiter, ohne ihrer Tochter Glauben zu schenken. Selbst nach diesem Treffen, als es wirklich so aussah, als glaubte sie Shelley, und als wolle sie ihr helfen.«

»Sie sprach nicht mit jedem darüber«, erinnerte sich James Duvall. »Nur mit diesen spirituellen Beratern ... Sarah Conn konnte ihr sagen: ›Gott hat mir befohlen, dir zu sagen, du sollst auf dem Kopf stehen‹, und Linda hätte sich auf den Kopf gestellt.«

Im zweiten Monat ihrer Freiheit kam Shelley langsam wieder auf den Boden zurück. Aber Michael, der gerade erst sieben Jahre alt war, gelang es nicht.

Mein Bruder flippte völlig aus. Er wußte nicht, was los war. Alles, was er wußte, war, daß seine Schwester fortgelaufen war, sein Vater auf sich geschossen hatte, seine Schwester jetzt wieder zurück und sein Vater fort war. Er wurde richtig bösartig und gefährlich.

Shelley versuchte, vor allem wegen Michael, mehr Zeit zu Hause zu verbringen. Und als sie eines Tages einmal mit ihm in Corsicana einkaufen ging, schien ihr kleiner Bruder zum ersten Mal seit Monaten wieder glücklich zu sein.

Jetzt war zwar nicht alles großartig, aber für Shelley war es viel besser als vorher. Sie begann ruhiger zu werden. Auch ihrer Mutter gegenüber. Linda ging mit ihr zu Dr. Campell, damit er ihr ein empfängnisverhütendes Mittel verschrieb.

Aber Shelley achtete nicht auf die Warnzeichen. Linda fuhr nach Timberlawn, um Bobby zu besuchen. Und wenn sie in Dallas war, traf sie sich mit ihrem Therapeuten, der ihren Plänen lauschte.

»Linda sagt, die Spannungen zwischen ihr und Shelley seien stärker geworden«, schrieb Dr. Carter am 13. Juli in sein Notizbuch. »Wir sprachen darüber, ob Shelley wegen ihrer inzestuösen Beziehung zu ihrem Vater versteckten Groll gegen sie hege

– ob sie vielleicht annahm, ihre Mutter billige es. Linda überlegt, ob sie Shelley in ein privates Heim geben soll.«

Daß Linda sich gegenüber Shelley behauptete, hatte ihr der Arzt geraten – aber Shelley hatte eben angefangen, sich zu beruhigen. Und die Notwendigkeit einer Regelung, von der ihr Therapeut gesprochen hatte, fügte sich nahtlos in Lindas keimenden Verdacht ein, daß alles was *Shelley* tat, ›falsch‹ war. Aus dem ›Shelley fortschicken‹ war jetzt ein ›Shelley gehen lassen‹ geworden. In den letzten Wochen hatten Linda und ihre Berater nicht nur den Brennpunkt ihrer Diskussionen von Lindas Schwierigkeiten auf Shelley verschoben, sondern auch die Kontrolle über Bobbys Tochter wiedereingeführt.

Der Therapeut sollte später zu dem Schluß gelangen: »Es bestand ein wirkliches Zusammengehörigkeitsgefühl zwischen (Linda und Bobby). Es sah so aus, als hätte Linda die Sache in den Griff bekommen, und sie schien bereit zu sein, Bobby zu verzeihen und ihn wieder aufzunehmen. Ich hielt es für äußerst bemerkenswert, daß sie dazu bereit war, nach allem, was passiert war . . . Ich würde sagen, es war ein Erfolg.« Die kleine Familie würde wieder vereint – und Shelley wieder die Außenseiterin sein.

Auf der Ranch gaben sich die frommen Leute – Sarah Conn und Konsorten – die Klinke in die Hand und sprachen nur von Familie, Kontrolle, Disziplin.

Eines Tages kam ich nach Hause, und meine Mutter sagte zu mir, eine Freundin von ihr käme mit ihrem Sohn zu Besuch, und sie wünschte, daß ich den Jungen kennenlernte. Ich antwortete, daß ich ihn nicht kennenlernen wolle, weil ich schon einen Freund hätte. Als ich später ins Arbeitszimmer ging und sagte: »Mom, ich gehe zu Ricky«, antwortete sie: »Ich möchte, daß du die beiden kennenlernst.« Ich kannte die Lady. Sie war so eine Art christlicher Berater. Aber ich habe mir nie Gedanken über sie gemacht.

Lindas Versuche, Shelley in ihre fromme Welt zu locken, blieben fruchtlos. Shelley hatte genug von den Frömmlern. Wie es aussah, gab ihr Vater das gleiche Kauderwelsch von sich, was eher dazu beitrug, die Glaubwürdigkeit der Religion zu schmälern, als Bobbys Ansehen zu steigern. Deshalb schöpfte Shelley keinen Verdacht, als Linda sie Anfang Juli Sarah Conn und ihrem Sohn vorstellte.

»Hi«, sagte Shelley im Hinauslaufen.

Sie sollte Sarah und ihren Sohn am 19. Juli — mitten in einer heißen Nacht — wiedersehen, als sie sie wachrüttelten und aufforderten, mit ihnen zu gehen. Shelley folgte ihnen, weil sie glaubte, Bobby sei entkommen. Zwölf Stunden später fand sie sich in einem ›Gefängnis‹ wieder.

»Ich ließ sie kommen, kurz nachdem Shelley zu Bett gegangen war«, berichtete Linda. »Sie sollten sie mitnehmen. Notfalls hätten sie sie auch gefesselt. Ich mußte etwas für sie tun, weil sie sich weigerte, Rat anzunehmen. Sie war nicht bereit, sich helfen zu lassen. Sie wollte nicht tun, was man ihr sagte.«

Linda hatte an jenem Dienstagabend wiederholt bei den Layfields angerufen, um zu erfahren, ob Shelley noch da sei, und wann sie nach Hause kommen würde.

Wie gewöhnlich hatte Shelley keine Lust zu gehen. »Komm, Linda, fahr nach Hause«, drängte Ricky sie. »Sonst gibt es nur Schwierigkeiten.« Ricky fühlte sich nicht gut, der Hals tat ihm weh.

Er gab ihr einen Gute-Nacht-Kuß und sagte: »Ich rufe dich morgen an.« Aber er sollte sie fast ein Jahr lang nicht mehr sehen.

Timberlawn

Bobby Sessions wurde am Montag, dem 13. Juni 1983 um 19 Uhr in die Timberlawn-Klinik eingeliefert. Er bezahlte bar und sagte, er würde alle Kosten seiner Behandlung auf diese Art begleichen. Die Kosten beliefen sich auf 1700 Dollar pro Woche für die psychiatrische und neurologische Betreuung, schlossen aber keine auswärtigen Psychologen oder medizinische Leistungen wie Röntgen mit ein. Bobby wickelte die Scheine von einer ansehnlichen Rolle und fragte, ob er den Rest — ein Scheck über 20 000 Dollar und 10 699 Dollar in bar — deponieren könne. Er gab auch seine Uhr ab, eine vierzehnkarätige goldene Rolex, die nach seinen Angaben 14 000 Dollar wert war.

Man sagte ihm, er bekäme wöchentlich zwanzig Dollar, um sich in der Klinik-Kantine etwas kaufen zu können.

Der gerade verurteilte Kinderschänder trug ein Westernhemd, Bluejeans und Stiefel.

Während der Aufnahmeprozedur wanderten die beiden Deputies des Sheriffs unruhig auf und ab. James Duvall sah schweigend zu. Sessions zeigte sich sehr kooperativ und reuig. Er verkündete bei jeder Gelegenheit, er hätte zu Gott gefunden, Gott habe mit ihm gesprochen und ihm vergeben, jetzt sei er ein neuer Mensch.

Obwohl es nur eine Formalität war, denn er hatte ja Bewährung, trug sich Bobby als freiwilliger Patient ein. Das bedeutete, daß er, wann immer er wollte, wieder gehen konnte. Der Haken war nur, daß es der Genehmigung des Richters bedurfte, ehe die Ärzte ihn entlassen konnten.

Dr. Louis Gibson, Bobbys Hausarzt, hatte bereits eine Woche vorher angerufen, um für die Einlieferung alles zu regeln.

Sessions kam in die Abteilung des Psychiaters Dr. Byron Howard, der jetzt für ihn verantwortlich war und ein Team von Pflegern beaufsichtigte.

Bei ihrem ersten Treffen zeigte Bobby sich sehr reumütig. Er sagte zu Howard, er gehöre überhaupt nicht hierher, da seine Probleme gelöst seien: »Ich habe Gott um Verzeihung gebeten. Gott hat mein Flehen vernommen. Ich habe keine Probleme mehr. Ich weiß, wer mein Retter ist, und ich habe Frieden mit mir geschlossen. Gott hat eine Absicht verfolgt, sonst hätte die Kugel, die ich mir in die Brust geschossen habe, mich getötet. Ich habe Frieden mit mir geschlossen.«

Es war eine der schnellsten Selbstheilungen der Geschichte.

Er erzählte Howard, seine größte Sorge gelte Shelley. »Ich wollte nicht, daß ihr Name oder Name meiner Frau oder unserer ganzen Familie durch einen Prozeß und die damit verbundene Publicity gezerrt würde.« Bobby erzählte dem Arzt, seine Ehe wackele seit zehn Jahren, und zwar hauptsächlich wegen Shelley.

Er sei nicht nach Timberlawn gekommen, weil er Hilfe brauchte oder wollte, erzählte er Howard, sondern weil er keine andere Wahl hatte. »Es war die einzige Alternative, die der Staatsanwalt mir außer Gefängnis gelassen hat – und ich wollte keine Publicity.«

»Was erwarten Sie für sich von Ihrem Aufenthalt hier?« fragte Howard.

»Um ganz ehrlich zu sein«, erwiderte Bobby, »ich brauche nichts zu erwarten, weil ich meine Probleme bereits gelöst habe.«

Howard schrieb später über dieses Gespräch in sein Tagebuch: »Er gibt an, zu wissen, daß er Probleme hatte. Gibt an, zu wissen, daß die inzestuöse Beziehung zu seiner Stieftochter falsch war und er sich hätte beherrschen sollen, aber daß sie sehr eigensinnig und fordernd sei und die Beziehung benutzte, um zu bekommen, was sie sich wünschte.«

In dieser Nacht wurde Bobby Sessions bewacht. Eine Routinemaßnahme zur Verhinderung eines neuerlichen Selbstmordversuches. In den nächsten drei Tagen überprüfte man ihn viertelstündlich. Jedesmal, wenn er das Zimmer verließ, wurde er von einem Aufseher begleitet.

Die Überwachung erfüllte noch einen weiteren Zweck. Howard wollte Bobby ›klare Grenzen aufzeigen‹. Bobby war schon bald frustriert und wütend darüber, eingesperrt zu sein und zeigte ein ›hypomanisches Verhalten‹.

Es gefiel ihm in der Klinik nicht. »Ich war noch nie in meinem Leben eingesperrt«, erklärte er später. »Ich begriff zwar nicht alle Konsequenzen dessen, was geschehen war, aber ich wollte nicht eingesperrt sein. Es war ein kleines Zimmer, und ich konnte nicht hinaus. Ich erinnere mich, daß ich die ersten zwei oder drei Tage mit Händen und Füßen an einen Rollstuhl gefesselt war. Ich durfte nichts tun und nirgendwo hingehen. Sie fütterten mich. Und ich wollte unbedingt raus.«

Es war klar, daß er ein schwieriger Fall sein würde. Noch dazu mußte sich das Klinikpersonal mit Familienmitgliedern herumstreiten, die sich sorgten, Bobby würde durchdrehen, wenn er nicht seine tägliche Ration Dr. Peppers bekäme.

Zwei Tage nach Bobbys Ankunft bemerkte Dr. Howard kaum eine Veränderung an seinem Patienten:

1. Pt. weigert sich, den Ernst seines Verhaltens & die Auswirkungen zu sehen.
2. Angst & Wut über Eingesperrtsein nehmen zu. Körperliche Kondition gebessert.

Bobby Sessions stand während seines Aufenthalts in Timberlawn unter Dr. Howards ständiger Beobachtung. Er sah den Patienten täglich auf seinen Runden und versuchte, mit ihm ins Gespräch zu kommen. Bald schon lernte er Bobby kennen.

Howard schlug ›wirksame Hilfe‹ für die Familie Sessions vor, zu der auch eine Therapie für Linda und Shelley gehörte.

Zu Bobbys nicht aufgearbeiteten Problemen gehörte auch die Beziehung zu seiner Frau und den Kindern. Seine Tochter war so wütend auf ihn, daß sie ihn töten wollte. Sein Sohn war von den Geschehnissen so verwirrt, daß er fast reif für die Timberlawn-Klinik war. Und seine Frau plante die Scheidung.

Der in Timberlawn tätige Psychiater Doyle I. Carson war beauftragt, mit Sessions eine Psychotherapie zu machen. »Der erste Kontakt mit Bob Sessions«, berichtete er zwei Tage nach dessen Ankunft, »zeigte ihn als reumütige und zugleich sehr aggressive Persönlichkeit, die so schnell wie möglich aus der Klinik entlassen werden möchte. Er ist sehr berechnend und manipulativ und gewohnt, seinen Kopf durchzusetzen, obwohl er kürzlich eine große persönliche Tragödie durchlebt hat. Es ist schwer zu sagen, welche Richtung er einschlagen wird. Er wird eine therapeutische Herausforderung sein.«

Am Ende seiner ersten Woche in Timberlawn wurden ein sehr umfänglicher Diagnoseabriß und ein Behandlungsplan für Bobby aufgestellt. Darin stand, daß der Patient ›außergewöhnlich intelligent, sehr motiviert‹, aber auch ›manipulativ, narzißtisch, egozentrisch und gelegentlich impulsiv‹ war. Er hat sich ›sehr rasch in die Klinikroutine eingelebt‹, er ›streitet das Vorgefallene ab und bagatellisiert es‹ und ›hat sich intensiv der Religion zugewandt.‹

Der zehn Punkte umfassende Behandlungsplan schien die 1700 Dollar wöchentlich mehr als wert zu sein. Zum Plan gehörten Pflege, Konsultation von Ärzten und Internisten, psychologische Tests, Gruppentherapie sowie Individual- und Familientherapie.

Die Begutachter hielten einen Aufenthalt von mindestens sechs Monaten für angebracht.

Aber Sessions hatte schon versucht, seine eigene Therapie zu bestimmen. Timberlawn war eine höchst unaufdringliche Klinik, und ein Patient wie Bobby machte sich seinen ›Freiwilligen‹-Status sofort zunutze. Einen Tag nach seiner Ankunft, als er wegen Selbstmordverdachts unter Beobachtung stand, erlaubte man ihm, seinen Anwalt zu empfangen.

Am dritten Tag durfte er schon Sarah Conn anrufen. Ob er sie absichtlich so einsetzte oder nicht — Sarah war die Mittlerin zu seiner Frau, die ihn fallengelassen hatte. Man erlaubte ihm auch Anrufe oder Besuche seiner Frau, aber sie kam nicht. Sarah war die einzige Verbindung.

Sarah war auch eine der ersten Besucherinnen im Navarro-County-Krankenhaus gewesen. Dank ihrer intensiven Beratung hatte sich Bobby in einen gläubigen Christen verwandelt. Sie erzählte ihm zwei- bis dreimal wöchentlich vom Herrn, und Bobby hörte zu. Sarah gehörte zur ›Gott-ist-dein-Therapeut‹-Schule. Bobby führte sie in die Timberlawn-Welt ein. Ihr Name war sowohl auf dem Diagnoseabriß als auch auf dem Behandlungsplan aufgeführt, obwohl sie weder in Psychologie noch in beraterischer Hinsicht eine offizielle akademische oder klinische Ausbildung vorweisen konnte.

»Ich weinte mich an ihrer Schulter aus und entschuldigte mich immer wieder für das, was vorgefallen war, und Sarah fuhr mir einfach über den Mund und sagte mir, was ich falsch gemacht hatte«, erinnerte Bobby sich. »Ich müsse mich Gott zuwenden und neu beginnen, ohne mich um das Vergangene zu kümmern.«

Durch Sarah erfuhr Bobby von einem anderen christlichen Ratgeber, Dr. Charles Solomon von der Grace Fellowship International in Denver. Solomon behauptete, seinen Doktor in ›Spirituotherapie‹ an der University of Northern Colorado gemacht zu haben. »Ein Begriff, den ich so interpretierte, daß der Heilige Geist der Therapeut war... Diese Methode ist nicht aufsehenerregend, wenn nicht ein Wunder geschieht.«

Solomon, ein ehemaliger Ingenieur für Treibstoffsysteme in Militärjets, hatte fünf Broschüren über Spirituotherapie verfaßt, darunter die Titel *Handbuch der Glückseligkeit und Ratschläge im christlichen Geiste*. Er brachte seine Therapie in eine Organisation ein, die ihr Hauptquartier mit zwanzig Mitarbeitern in Denver hatte und Büros in Atlanta, Tampa, Indianapolis, Springfield, Missouri und Buenos Aires unterhielt.

Da Sarah in den höchsten Tönen von Solomon gesprochen hatte, ließ Bobby den Spirituotherapeuten sofort nach Dallas einfliegen und spendete der Gruppe einen ansehnlichen Betrag. Er war noch immer in seinem Zimmer eingesperrt, als Solomon eintraf, und dem gefiel das gar nicht. »Er war frustriert«, erinnerte sich Solomon, »aber mental sehr stabil. Ich konnte keine Anzeichen einer geistigen Erkrankung bei ihm feststellen.«

Am ersten Tag unterhielten sie sich fast eine Stunde. Solomon erklärte Bobby die Grundregeln der Identifikation mit Christus und sprach mit ihm über Tod und Auferstehung. Er zeichnete für ihn die gleichen Diagramme — zum Beispiel ›Rad und Linie‹ —, die auch in seinen Büchern zu sehen sind. Und die Linie zeigt an, wie das ewige Leben sich zwischen Himmel und Hölle erstreckt.

Auf diese Art konnte Bobby, laut Solomon, sehen, daß »sein Problem nicht die Sünde war, die er mit seiner Stieftochter begangen hatte; eine Sünde, die der Staat ein Verbrechen nennt ... Da gab es ein tieferliegendes Problem, und es war dieses Selbst oder der innere Bob, der ihn zu seinen Taten angeleitet hatte, und den er nicht ändern konnte, so sehr er sich auch bemühte, sich zu ändern. Sobald er erkannt habe, daß sein Problem die Selbstzentriertheit war, könne er akzeptieren, daß ›die Sache mit Shelley‹ überhaupt nicht das Problem war.«

In dieser Nacht las Bobby zwei von Solomons Broschüren. *Das Rad & die Linie: Ein Führer zur Freiheit durch das Kreuz* begann folgendermaßen: »Wenn Sie diesen Text lesen, stecken Sie vielleicht mitten in einem Chaos« — und schon war Bobby gefangen. Er sank auf die Knie und betete. Dann setzte er sich über die Anweisungen hinweg und las die Kapitel Sechs, Sieben und Acht der Paulus-Briefe an die Römer. »Wir wissen, daß das alte Selbst mit ihm gekreuzigt wurde, auf daß der sündige Körper vernichtet werde«, stand dort. »Deshalb werden jene nicht verdammt, die an Jesus Christus glauben.«

Als Solomon am nächsten Tag zurückkehrte, fand er einen völlig veränderten Menschen vor. »Sein Gesichtsausdruck hatte sich verändert«, erinnerte sich der Prediger. »Bobby hatte seinen Frieden gefunden und die Selbstsicherheit, daß er nicht mehr derselbe Mensch war.« Solomon bemerkte, daß jede Bitterkeit, jeder Haß und Groll von Bobby gegangen war.

Der Prediger aus Denver behauptete, er sei Zeuge der Verwandlung Bobbys geworden.

»Der Teufel hat ihm seine Taten eingegeben«, erklärte er Dr. Howard nach seinem ersten Treffen mit Bobby. »Haben Sie mit dem *Mädchen* gesprochen?« Mit dem *Mädchen* war natürlich Shelley gemeint.

»Was wollen Sie damit sagen?« erwiderte Howard, irritiert von Solomons anklagendem Ton.

»Nun, haben Sie sie gesehen? Bob hat mir erzählt, daß sie ihn erpreßte — und Sie wissen doch, daß so etwas einen Mann richtig fertigmachen kann.«

Howard erinnerte sich später: »Es war ganz offensichtlich, daß Dr. Solomon die Schuld der Tochter zuschieben wollte.«

Howard betrachtete Bobbys religiöse Bekehrung mit gemischten Gefühlen. »Sie war einerseits hilfreich, weil er einen neuen Glauben entwickelte und sich entschloß, seine Ehe zu retten, die Familienverhältnisse in Ordnung zu bringen und um Vergebung für das Geschehene bat«, erklärte Howard später.

Das Gefährliche daran war, daß er seine Taten nicht mehr als ganz so schwerwiegend empfand. In der ersten Woche nach seiner Ankunft vertrat er den Standpunkt: »Es war eine schreckliche Sünde. Ich habe sie gebeichtet und Vergebung erlangt. Und jetzt laßt uns alles vergessen und uns darum kümmern, wieder zur Familie, zur Arbeit zurückzukehren.«

Für Dr. Solomon hatte Bobby kein Persönlichkeitsproblem: »Er hatte ein Sünden-Problem.«

Derart rasche Heilungen sind den Psychologen ein Greuel — und verwirren die Justiz. Aber anders als im Gefängnis, wo solche Dinge keine Auswirkung auf das Urteil haben, konnte eine Bekehrung innerhalb einer Klinik von großer Bedeutung sein: Eine religiöse Bekehrung und eine psychologische Heilung sahen wie eins aus. Die sichtbaren Resultate waren die gleichen. Nur das Verfahren war anders.

»Da wir eine psychiatrische Einrichtung sind«, fuhr Howard fort, »waren wir daran interessiert, den Ursprung seines Problems zu erfahren. Wie konnte so etwas Schreckliches geschehen? Seine rasche Bekehrung stellte sich uns in den Weg.«

Eine religiöse Bekehrung störte die Behandlung vor allem durch das Tempo, mit der sie sich vollzog. Aber sie hatte stattgefunden. Jetzt standen die Psychiater vor dem Problem, Bobbys offensichtliche geistige Gesundheit zu erklären.

»Innerhalb weniger Tage (nach seiner Ankunft) — als seine Lebenskraft wieder zurückgekehrt war, gestärkt durch die Bekehrung — war er plötzlich gesund«, erinnerte Howard sich. »Sein alter ›Ich-kann-alles‹-Zug brach wieder durch. Diese

Eigenschaft hatte ihm früher geholfen, finanziell erfolgreich zu sein, große Unternehmen zu leiten und sich selbst ernsthafte Probleme zu bereiten... Er brannte darauf, uns zu erzählen, wie man die Klinik effektiver führen, das Programm schneller durchziehen könnte. Er war voller Tatendrang und ärgerte sich über die Beengtheit, in einer Klinik zu sein.«

Da Timberlawn als das Taj Mahahl unter den privaten Nervenheilanstalten galt, war Bobby Sessions nicht der erste wohlhabende, erfolgreiche, energiegeladene Patient Howards. »Es sind oft leitende Angestellte, sehr produktive, sehr erfolgreiche Menschen. Sie arbeiten oft bis zu 15, 18, 20 Stunden täglich. Und solange ihr ›Ich-kann-alles‹-Gefühl nicht mit der Wirklichkeit kollidiert, wie es bei Bobby der Fall war, gehören sie zu den produktivsten Bürgern...«

Obwohl Bobby gesund wirkte, sah Howard ihn nicht als geheilt an.

»Es war manchmal recht gefährlich, weil er die Realität leugnete«, klagte Howard. »Bobby dachte zum Beispiel, er könne nach seiner religiösen Bekehrung Shelley um Vergebung bitten, und alles würde wieder gut.«

Howard hatte Shelley, eine Woche bevor Solomon sie als *dieses Mädchen* titulierte, getroffen. Er hatte keine angenehmen Gefühle mitgenommen.

»Sie ist eine sehr gefährdete junge Dame – auch ohne das inzestuöse Verhalten«, teilte er seinen Kollegen nach dem Gespräch mit. »Sie mag ihn nicht, möchte ihn nicht wiedersehen und wünscht sich, er wäre bei dem versuchten Selbstmord gestorben. Andererseits sagt sie Dinge über die Zukunft, die davon ausgehen, daß sie damit rechnet, wieder Kontakt mit ihm zu haben. Sie bestreitet, die sexuelle Beziehung mit ihrem Vater benutzt zu haben, ihn zu manipulieren.«

Bobby hatte gehört, daß Linda und Shelley kämen. »Er ist sehr besorgt darüber, daß Dr. Howard sich heute mit seiner Frau und seine Stieftochter trifft«, notierte Schwester Barnes im Tagebuch.

Die Kontakte und Beratungen mit Bobbys Familie waren zum Teil Untersuchung, zum Teil Therapie. Die in der Psychiatrie beschäftigte Sozialarbeiterin Sally Moore kümmerte sich um Linda. Sie beriet sie und sammelte Informationen, die für Bobbys Behandlung nützlich sein mochten. Verschiedene Ärzte trafen sich mit Bobbys Mutter und Schwestern, um etwas über die Kindheit und den Familienhintergrund des Patienten zu erfahren. Dr. Howard rief auch einige Geschäftsfreunde Bobbys zu Hause an.

»In den ersten beiden Wochen bekamen sie nichts aus ihm heraus«, erinnerte Bobbys Schwester Betty sich. »Deshalb baten die Ärzte die Familie zu sich, um sich mit ihr zu unterhalten. Meine Mutter erzählte ihnen nichts; meine Schwester Pat erzählte ihnen nichts. Aber ich sagte ihnen, was er mir angetan hatte.«

Shelley war ein anderer Fall. Für die behandelnden Ärzte war sie ein wesentlicher Bestandteil des dynamischen Geschehens, der zu den Schwierigkeiten ihres Patienten beigetragen hatte. Sie war vielleicht nicht dafür verantwortlich, aber die Ärzte waren der Meinung, daß sie − wenigstens aus psychologischer Sicht − ein Teil seines Problems war. Und solange sie Shelley nicht verstanden, erschwerte sich Bobbys Behandlung.

Nach Dr. Howards erstem Treffen mit Shelley bemerkte er, sie sei »fast eine Kopie des Patienten und, falls das überhaupt möglich war, noch wütender als er. Sie gibt ihm die ganze Schuld, aber es besteht kein Zweifel, daß sie eine sehr manipulative, impulsive junge Dame ist, die diese Beziehung so weit wie möglich zu ihrem eigenen Vorteil ausnutzte.«

Howard spürte soviel Zorn in Shelley, daß er Bobby vor ihr warnte. »Nach dem Gespräch war ich um beider Sicherheit besorgt, falls sie wieder zusammen sein sollten«, sagte Howard später.

Gleichzeitig sah Howard die Notwendigkeit, sich um die »Besessenheit des Patienten von seiner Tochter und die Besessenheit der Tochter von ihrem Vater (zu kümmern) ... Keiner von beiden kann den anderen in Ruhe lassen.«

Nach dem ersten Treffen weigerte Shelley sich, diesem psychologischem Schluß zu folgen, und so weigerte sie sich auch,

Timberlawn mit ihrer Anwesenheit zu beehren. Bobby hatte sich das Problem selbst geschaffen, er würde es ohne ihre Hilfe lösen müssen.

Dr. Doyle I. Carson, der für Bobby verantwortliche Therapeut, hatte schon andere Patienten aus dem Ölgeschäft gehabt. »Es ist ein Markt, der viele Gelegenheiten für illegale Geschäfte bietet. Ich kannte einen Knaben, der machte zehn Millionen Dollar im Monat, bis er geschnappt wurde.«

Er wollte Bobby nicht das gleiche unterstellen, aber eines war ihm sofort aufgefallen: Wenn Bobby ›zu sprechen anfängt, bemerkt man die Willenskraft und die Lust am Wettkampf.‹

Bei einem Mitarbeitertreffen beklagte sich eine Krankenschwester: Bobby ›übernimmt bei der Gruppentherapie die Rolle des Vaters und Dozenten und redet hochgestochen daher.‹

Howard verstand sie gut und erklärte, sie seien alle ›ein wenig hilflos‹. Einerseits mußten sie ›seine Weigerung, den Ernst der eigenen Situation zu erkennen, durchbrechen‹ und andererseits ›sehr feinfühlig in bezug auf seine heftigen Gefühle sein. Er hat ein sehr gestörtes Bewußtsein.‹

Howard war sich völlig klar, daß der Patient ein tiefsitzendes Problem hatte. »Die Art, wie er über seine Tochter sprach, besonders über die Pubertät und die Zeit danach, zeugte davon, wie besessen er davon war, sie zu beherrschen«, erklärte Howard. »Er beschrieb auch das Verhalten der anderen Teenager in der Stadt, und wie schrecklich sie sich benahmen und daß er Shelley davon bewahren müsse, weil sie ein wildes, junges Mädchen sei.«

Sessions erhielt einen Ausschnitt aus einer Zeitung aus Corsicana, der Bobbys Verweigerungsmechanismus untermauerte. Howard fand es interessant, daß die Titelgeschichte samt Foto bei seinem Patienten nur eine schwache Reaktion hervorrief. »Sie haben meinen Namen nur in der Überschrift erwähnt«, meinte er. »Es ist nicht so schlimm, wie es hätte sein können.«

»Das zeigte den Grad der Verweigerung und Verdrehung des Patienten«, bemerkte Howard.

Eine Woche nach Bobbys Ankunft schickte ihn Dr. Howard zu Dale Turner, einem Psychologen, der mit ihm sechs Tests durchführte. Turner berichtete, Bobby habe einen IQ von 126 Punkten, und er wirke ›sehr intelligent‹. Aber über eine Geisteskrankheit fand er nicht viel heraus. »Ich würde höchstwahrscheinlich eine atypische Persönlichkeitsstörung in Betracht ziehen.«

Sessions hatte seine Geschichte nicht sonderlich verändert. Turner schilderte Bobbys Darstellung: »Sein einziges Problem war seine Stieftochter, die sich weigerte, ihm Zuneigung zu zeigen. Was seiner Meinung nach hauptsächlich daran lag, wie seine Frau die Tochter erzog.«

Das ist das Problem der Psychiatrie: Sie stützt sich größtenteils auf das äußere Verhalten, um den Grad der inneren Krankheit festzustellen. Das hat seine Ordnung, wenn jemand krank *aussah* – und ein Inzest und ein mißglückter Selbstmordversuch schienen Beweis genug für eine Krankheit. Doch da man sich in diesem Beruf stark auf das Verhalten konzentriert, um zu einer Diagnose zu kommen, ist man oft hilflos, wenn der Patient nicht mehr krank aussieht. Wie Bobby Sessions zwei Wochen nach seiner Ankunft in Timberlawn. Howard beschrieb seinen Zustand als »Flucht in die Gesundheit.«

Er bat Turner nach einem Monat, Sessions noch einmal zu testen. Dabei ergaben sich laut Turner nur »sehr wenige wesentliche Änderungen.«

Die Ironie des Ganzen war, daß die *Strafe*, die der Staat Bobby auferlegt hatte, in Wirklichkeit eine Verordnung von Krankheit war – deren Dauer von Bobbys Verhalten abhing, der sein Bestes tat, um die Ärzte von seiner Heilung zu überzeugen.

Linda war immer noch verwirrt und zornig. Sie schwankte zwischen Scheidung und Beistand, und das hing oft davon ab, mit wem sie sich gerade unterhielt. Doch sie hatte ihren Anwalt gebeten, die Scheidungspapiere vorzubereiten.

Im Juni besuchte sie Bobby nicht ein einziges Mal. »Ich versuchte einfach nur weiterzumachen«, erinnerte sie sich. »Einfach nur zu leben. Ich hatte einen kleinen Jungen und wir versuchten, über den Schock hinwegzukommen.«

Sie traf sich in Dallas mit einem Berater, besuchte Bobby aber erst im Juli, als Sarah sie überredete, ihm eine Chance zu geben.

Im Juni und Juli erzählte sie Dr. Howard bei mehreren Treffen, sie werde ihm vergeben.

»Bobby hat sich verändert«, berichtete sie. »Sehr verändert. Als ich ihn in Timberlawn besuchte, waren die Berater auch dort. Sie haben uns die Augen geöffnet.«

Zur gleichen Zeit erzählte sie der Sozialarbeiterin Sally Moore, daß sie an Scheidung denke. »Damals wollte sie Distanz zu ihrem Mann haben«, erinnerte sich Moore. »Aber der Patient erzählte, seine Frau wünsche keine Scheidung und wolle wieder mit ihm zusammenleben.«

Bobby hatte in der Klinik genügend Freiraum, um mit jedem Verbindung aufzunehmen, mit dem er es wünschte. Und er hatte genügend Geld, um die Verbindung beizubehalten. So bearbeitete er Linda über seine neuen frommen Freunde, während er sicherstellte, daß sie nicht an seinen Besitz herankam.

»Bob ist wortgewandt. Kann logisch denken«, notierte Sally Moore sich. »Er redet Linda regelmäßig ihre Gefühle aus.«

Schließlich änderte Linda ihre Einstellung über Schuld und Sühne und Bobbys Aufenthalt in Timberlawn. »Bobby war schon bestraft genug«, erinnerte sie sich. »Sein Foto war auf der ersten Seite. Sein Ruf ruiniert. Sein Stolz gebrochen. Er war total fertig. Er ist durch die Hölle und wieder zurück gegangen. Er hat versucht, sich zu töten. Nein, mehr kann man nicht ertragen. Was er durchgemacht hat, hat ihn zerbrochen. Ein Mensch kann nicht mehr ertragen.«

Linda betete zu Gott, und Gott antwortete: »Gott hat mir offenbart«, sagte sie später, »daß er nicht nur Bob ändern wolle, sondern meine Gebete erhört habe und auch Shelleys Herz ändern würde.«

Sarah Conn war überzeugt davon, daß Bobby eine religiöse Erweckung erlebt, und daß die Erfahrung ihn völlig verändert hatte. »Bobby hat eine sehr starke Persönlichkeit. Er ist sehr geschäftig und voller Elan. Zu sehen, wie das alles zum Stillstand kam ... zu sehen, wie er sich den Umständen beugen mußte ... zitternd und zagend lernte er, Gott zu vertrauen, sich der Autorität zu fügen.«

Aber er lernte es nicht hundertprozentig.

Als Sarah Conn an einem Wochenende Mitte Juli erzählte, daß Shelley und Linda sich oft stritten, reagierte Bobby weder fügsam noch friedlich.

Sarah berichtete, daß Shelley ihrer Mutter bei einem Streit um die Wagenschlüssel mit einem Ringergriff auf den Küchenboden geworfen habe.

Bobby war den Rest des Tages außer sich vor Wut. Er verlangte, daß die Schwestern Dr. Howard zu Hause anrufen oder ihn mit seiner Frau in Powell sprechen lassen sollten.

Als Howard davon erfuhr, war er verärgert. »Ich ließ die Frau wissen, daß sie derartige Nachrichten nicht mehr überbringen sollte.«

Aber Bobby war nicht mehr zu stoppen. Er benutzte Sarah, Dr. Solomon, Familienmitglieder, Freunde, das Telefon und seine immer noch starke Überzeugungskraft dazu, mit seiner Familie in Verbindung zu bleiben und sie zu kontrollieren.

Eine nützliche Nebenwirkung des religiösen Netzwerks war — beabsichtigt oder nicht —, daß Linda ihrem Mann wieder näher kam. Wenn er seinen Glauben gefunden hatte, bestand noch Hoffnung. Sie wollte glauben, daß sie alles wieder in Ordnung bringen könne, da sie sich weder von der Ranch noch vom Geld trennen wollte.

Bobby bekam sogar jeden Dienstag Besuch von Ken Goode, Pastor im Beacon Light Christian Center. Um den Weg zu ebnen, überließ Bobby dem Gottesmann einen Pickup und Benzin von der Ranch zum Sonderpreis. Er ließ Solomon nach Dallas zurückfliegen und beglich Sarah Conns Ausgaben.

»Entweder kampierte sie vor der Kliniktür oder bei Linda«, erzählte James Duvall über Sarah Conn. »Hin und zurück, hin und zurück, hin und zurück.«

Tatsächlich konnte Bobby seine ferne Familie besser kontrollieren als die vielen Mitarbeiter der Timberlawn-Klinik. Es gelang ihm sogar, die Therapeuten zu beeinflussen.

Ein junger Therapeut gestand: »Als ich ihn das erste Mal traf, dachte ich, er sei ein Mitarbeiter. Er wirkte sachkundig und wußte genau, was in der Klinik vor sich ging.«

Ein anderer Mitarbeiter notierte sich: »Der Patient versuchte, sich in den Mitarbeiterstab zu integrieren, und konnte bei seinen Bemühungen Erfolge verzeichnen, indem er Mitarbeiter auf die eine oder andere Weise korrumpierte.« Während einer Gruppentherapie hatte Bobby einen der Assistenzärzte dazu gebracht, über seine Probleme mit seiner Freundin zu sprechen.

Dr. Howard stellte fest, Sessions könne ›die meisten Mitarbeiter in die Tasche stecken‹.

Das erfuhr Dr. Howard selbst am Morgen des 19. Juli. Shelley war zu einem auf zehn Uhr festgesetzten Termin nicht erschienen. Es wäre ihre zweite Sitzung gewesen. Nur unter Schwierigkeiten hatte er letzte Woche diesen Termin mit Linda vereinbaren können. Aber Howard wartete vergeblich. Niemand rief an.

Am Tag zuvor hatte Linda mit Sally Moore gesprochen und ihr erzählt, daß sie immer noch an Scheidung denke. Aber von dem Termin hatte sie nichts gesagt.

Am Mittwoch fand Howard bei seiner täglichen Visite heraus, daß Bobby ihn an der Nase herumgeführt hatte. Sessions schien immer ein Blatt im Ärmel zu haben, aber an diesem Morgen hatte er eine Neuigkeit, die Howard aus mehreren Gründen interessierte.

»Ich habe gerade mit meiner Mutter gesprochen. Sie haben Shelley heute morgen nach Corpus Christi in das Rebeka-Heim für Mädchen gebracht.«

Es war Teil eines Musters, erkannte Howard. »Ein Familiensystem der Unaufrichtigkeit«, das diesen Fall so schwierig machte.

»Sie wird abhauen, wenn nicht gesetzliche Maßnahmen ergriffen werden, sie dort festzuhalten«, antwortete Howard, der ahnte, daß Bobby die Einweisung nach Rebeka angeordnet hatte.

Howards größte Sorge galt nicht Shelley, sondern Bobby, der selbst von der Klinik aus fortfuhr, seine Stieftochter zu kontrollieren.

»O nein — sie werden sie zwingen. Man wird sie einsperren und falls nötig anbinden«, erwiderte Bobby.

»Nun, das mag stimmen«, bemerkte Howard, »aber was halten Sie davon?«

»Sie *muß* angebunden werden.«

Howard hatte für den Nachmittag eine Mitarbeiterkonferenz anberaumt, in der Bobbys Zustand und Behandlung diskutiert werden sollten. Bobby befand sich jetzt schon länger als einen Monat in Timberlawn — für Ärzte und Mitarbeiter genug Zeit, um sich ein Bild von dem ›hypomanischen‹ Patienten zu machen.

Es sei ›eine ungewöhnliche und atypische Zusammenkunft‹, verkündete Howard den Versammelten, das Bobby Sessions ein ungewöhnlicher Patient sei. Eine Tafel wurde in den Konferenzraum gerollt. Zwanzig Personen waren eingeladen: Ärzte, Sozialarbeiter, Schwestern, Pfleger und ein Medizinstudent.

Im Augenblick bestand das größte Problem darin, genaue Informationen über Sessions' Vergangenheit zu bekommen. Der Psychiater Dr. Doyle I. Carson sagte, der Patient sei von einer Militärakademie angenommen worden, das spräche für ihn.

Für Howard war das genau der Punkt. »Weder seine Frau noch seine Mutter oder seine beiden Schwestern oder seine beiden Schwager haben etwas darüber gesagt — und man hätte annehmen sollen... daß so etwas erwähnt würde.«

Carson fügte hinzu, Bobby habe ihm erzählt, er sei Vorsitzender der Studentenschaft am Navarro-College gewesen.

»Vielleicht bin ich etwas zu kritisch«, erklärte Howard, »aber ich habe mit diesem Burschen lange genug gearbeitet, um zu sehen, wenn etwas nicht zusammenpaßt.« Er gab eine kurze Zusammenfassung der Informationen, die er von Bobbys Hausarzt bekommen hatte und wiederholte seine Bedenken betreffs der ›Glaubwürdigkeit seiner Geschichte‹.

Howard hatte Bobbys Geschichten über den Inzest bereits durchschaut. »Anfangs versuchte er, die ganze Sache herunterzuspielen und mir zu erzählen, es hätte ein Jahr gewährt und sei nur ein paarmal vorgekommen. Dann waren es anderthalb Jahre, dann zwei und zum Schluß drei Jahre, während die Familie drei bis vier Jahre vermutet.«

Howard warnte die Versammelten: »Wir haben es mit einem äußerst charmanten, sehr intelligenten, geistig sehr beweglichen Burschen zu tun, der sich in der Abteilung nützlich gemacht hat und . . . eine führende Rolle übernehmen möchte, um die Vorgänge kontrollieren zu können.«

Deshalb könne er auch nicht verstehen, weshalb Sessions auf sich geschossen habe, sagte Carson. »Ich fragte ihn: ›Warum haben Sie nicht alles abgestritten?‹ Sein Wort hätte gegen das eines Teenagers gestanden. Wer hätte ihr geglaubt? Er antwortete: ›Ich weiß es nicht.‹« Als Carson ihn fragte, weshalb er nicht zum Haus des Seelsorgers gegangen sei und versucht habe, ›es im Kreise der Familie zu regeln‹, antwortete er, seine Frau hätte ihn erschießen können . . . »Wir haben es also mit einem Burschen zu tun, den man für gerissen halten muß, der aber nicht versucht hat, den Vorwürfen auf gerissene Art zu entkommen.«

Howard bot folgende Theorie an: »Ich denke, seit ungefähr zwei Jahren befürchtete er, daß alles herauskommen könne. Er fühlte sich sehr schuldig und hatte große Angst . . . Er wußte, wenn alles herauskäme, würde es zu einer Katastrophe kommen und alles wäre vorbei.«

Howard berichtete weiter: »Alle Familienmitglieder stimmten darin überein, daß in den letzten zwei bis drei Jahren seltsame Dinge vorgegangen seien und er von Shelley besessen sei.« Howard brachte Lindas Bemerkung zur Sprache, daß Bobbys sexuelle Forderungen an sie beträchtlich zurückgegangen seien.

»Könnte sie nicht gewußt haben, was sich abspielte?« fragte der Psychiater Dr. Conway McDonald.

»Möglich«, erwiderte Howard. »Es gibt Hinweise darauf.«

Carson fügte hinzu: »Bob erzählte, Shelley habe mehrmals während eines Streits zu ihrer Mutter gesagt: ›Wenn du wüßtest, was wirklich los ist.‹«

Alle, die mit Bobby zu tun hatten, waren sich einig, daß es

sich bei ihm um eine manische, besessene Persönlichkeit handle. »Bobby meinte, seine Besessenheit hätte ihm bei dem Kind geholfen und ihm ihre Liebe eingebracht«, berichtete Howard über die ersten Jahre der inzestuösen Beziehung. »Die ganzen Beschränkungen, Regeln, die Sorge um seine Tochter, wurden irgendwann in ihrer Pubertät zu einer Besessenheit, sie zu überwachen, zu kontrollieren, und dann eskalierte das Verhalten.«

Carson fügte hinzu: »Als Teenager begann sie, sich für Jungs zu interessieren. Bobby mußte sie mit anderen teilen. Er fragte sie, was sie mit den Jungen anstellte. Er sagte, daß sie es bleiben lassen solle; daß es sich nicht schicke. Das hörte sich für mich recht bizarr an (sic). Er wechselte von der Rolle des Liebhabers zur Vaterrolle«, resümierte Carson.

Über zwei Stunden erforschten die Ärzte Sessions' zwiefache Besessenheit. »Er verhält sich immer noch fast wie ein Liebhaber«, sagte Howard. »Er sorgt sich um sein Liebesobjekt und warnt sie davor, sich von anderen berühren zu lassen.«

Als Howard anfing, mögliche Diagnosen für Bobbys Krankheit vorzutragen, zählten die Ärzte Fälle von Inzest auf, von denen sie gehört oder die sie selbst behandelt hatten. »Ich bin in einer kleinen Stadt im Osttexas aufgewachsen. Dort in den Kiefernwäldern lebten Familien, von denen man wußte, daß in ihnen Inzest üblich war, und alle hielten es für schrecklich, aber man sagte sich, so seien diese Leute nun mal, und kümmerten sich nicht weiter darum. Ich glaube nicht, daß jemand verhaftet wurde.«

Die Ärzte schienen enttäuscht zu sein, daß Inzest-Fälle vor Gericht landeten.

»Die meisten der Fälle gehören in Behandlung«, sagte Carson, »und nicht vor Gericht ... Ich nehme an, in diesem Fall ist es einfach so gelaufen, aber ich komme nicht darüber hinweg, wie alles ...«

»Ich glaube, einer der Gründe, die diesen Fall auf die Schienen setzte«, unterbrach Howard ihn, »liegt darin, daß seine Tochter wütend auf ihn war, weil er sie so kontrollierte. Ich glaube nicht, daß sie wegen der sexuellen Komponente so wütend auf ihn war; obwohl das komplizierte Zusammenhänge sind.«

Howard hatte Anfang des Monats 45 Minuten mit Shelley verbracht. »Sie fürchtete sich vor ihm. Sie sähe ihn am liebsten im Gefängnis und war traurig darüber, daß sein Selbstmordversuch mißglückt war. Tatsache ist, daß sie ihn gern erschießen würde, wenn er wieder in die Stadt kommt. Vielleicht überredet sie ein paar Freunde, ihn zu erschießen.«

Shelley hatte deutliche Nachteile in der Gruppe. Das meiste, was die Ärzte über sie wußten, basierte auf ein paar kurzen Begegnungen und auf Bobbys Geschichten über ihre Beziehung. Selbst hier schien sie die Außenseiterin zu sein, wie Bobby ihr vorausgesagt hatte. Er zog die gesamte Aufmerksamkeit auf sich. Diese 21 Menschen kümmerten sich ausschließlich um seine, nicht um ihre Probleme.

»Er wollte nur eine gute Beziehung zu ihr haben«, berichtete Dr. Carson. »Es wurde sexuell ... sie nahm willig teil und genoß es. Sie war sehr egoistisch und interessierte sich nur für ihre, nicht für seine Bedürfnisse.«

Aber man schluckte nicht alles, was Bobby erzählte. »Was ich nicht ganz verstehe, ist die Beziehung zwischen ihm und seiner Frau«, warf Carson ein. »Ich glaube, er hat sie noch verzerrter dargestellt als die Beziehung mit Shelley.«

»Ganz meiner Meinung«, pflichtete Howard ihm bei, »aber was noch schlimmer ist, ich denke, seine Frau ist eine sehr unglaubwürdige Person. Sie erzählte heute dies und morgen jenes.«

»Hat er Ihnen gesagt, daß seine Frau einmal aus dem zweiten Stock ihres Hauses in Corsicana springen wollte, um sich zu töten?« fragte Carson.

»Das überrascht mich nicht«, meinte Howard. »Sie ist eine aggressive, hysterisch wirkende, sehr intelligente und hübsche Frau, die jünger aussieht als sie ist.«

Alle Diskussionen sollten zu einer Diagnose führen. Übereinstimmend sprachen sie von einer ›zwanghaften sexuellen Perversion‹, was ›entweder Pädophilie oder den zwanghaften Wunsch, sexuelle Beziehungen mit seiner Tochter zu haben‹

bedeuten konnte. Aber die Tatsache, daß der Fall vor Gericht gekommen war, fügte ihm nach Meinung der Ärzte eine neue Dimension hinzu. »Sie sind jetzt in der Gerichtsmühle«, sagte Howard, »und ich erkannte allmählich die zwanghafte Komponente der Situation. Ich bin mir nicht sicher, ob der Patient oder die Tochter jetzt Ruhe geben. Ich mache mir Sorgen wegen der Folgen.«

Howard reichte das Gedicht herum, das Bobby in die Zeitung gesetzt hatte, nachdem Shelley fortgelaufen war. »Es ist einfach unglaublich«, war sein Kommentar.

Dr. Ernest Brownlee meldete sich zum ersten Mal zu Wort. Auch er hatte mit Sessions zu tun, in der vergangenen Woche zweimal. »Er verkündete seine Zauberformel, alles sei jetzt anders« berichtete Brownlee, »er hätte sich verändert, und diese Dinge würden nicht wieder vorkommen. Doch im Laufe des Gesprächs sagte er einiges, das mir nicht mehr aus dem Kopf geht. Zum Beispiel seine Erklärung, daß Bob Sessions alles bekommt, was er will, ganz egal, was er dafür tun muß.«

»Halten Sie es für eine echte Bekehrung?« fragte Carson.

»Ich glaube, es ist ein Körnchen Echtheit daran«, erwiderte Brownlee, »aber ich würde sagen, er ist eine Grenzfall-Persönlichkeit. In dieser Woche ist er wirklich bekehrt. Möglicherweise bleibt er das, solange seine Hände gebunden sind. Er will immer die Bibel lesen. Er ist hyperenthusiastisch.«

»Er sagt, er sei jetzt ein anderer Mensch als vor sechs Monaten«, warf Carson ein.

»Als ich ihn fragte, ob ihm der Sex mit seiner Tochter Spaß gemacht habe«, fuhr Brownlee fort »stockte er und beteuerte wiederholt, es sei sehr schmerzhaft gewesen. Ich sagte: ›Kommen Sie! Wenn sie fünfzehn, sechzehn gewesen wäre, das wäre doch wunderbar, oder?‹ Aber er konnte nicht wie ein erwachsener Mann damit umgehen und sagen: ›Ja, ich fühle mich wirklich elend deswegen. Ich hatte diese Gefühle ihr gegenüber und habe sie genossen.‹ Statt dessen kam ein: ›Nein, das ist jetzt Vergangenheit, das ist von mir gewichen.‹ Was soviel hieß, wie: ›Es existiert gar nicht mehr, wenn ich will, daß es nicht mehr existiert.‹ Es hatte Zeiten gegeben, in denen er sich der Religion zuwandte, dann tat er wochenlang Gutes, aus welchen Gründen auch immer.«

Howard meldete sich. »Seine Frau sagte über diese Zeit und sein Interesse (an einer Beratung), daß er nicht viel davon hielt. Sie hätte ihn zwingen müssen, mitzugehen, und er hätte sich geweigert, bis sie mit Scheidung drohte.«

Als Bobby mit Shelley und Linda zur Beratung ging, legte er nur sich selbst herein, erklärte Brownlee. »Ich fragte ihn: ›Wie oft haben Sie bei den Sitzungen über den Inzest gesprochen?‹ Er antwortete: ›Nun, davon war nie die Rede.‹ Ich erwiderte: ›Wie konnten Sie sich aufrichtig damit auseinandersetzen, wenn es geheim blieb?‹«

Brownlee verriet nicht, was Sessions darauf antwortete. Statt dessen fuhr er fort: »Ich bin immer noch von dem primitiven Niveau seines Glaubens beeindruckt.« Er verglich Sessions' sogenannten Glauben mit der Wahrnehmung eines kleinen Kindes. »Es gleicht dem, was man bei einer frühen Objektkonstanz zu sehen erwartet, bei der das Opfer, wenn es vorhanden ist, hundertprozentig vorhanden ist. Und wenn es fort ist, ist es fort.«

Um die Begründung der religiösen ›Bekehrung‹ Sessions' zu ergründen, zogen die Ärzte Parallelen zu seiner sexuellen Perversion. Brownlee vermutete: »Die Libido hat ihn erst zum Alkohol und dann in die Arme seiner Tochter getrieben — derselbe libidinöse Trieb ist jetzt auf spirituelle Befriedigung gerichtet, und er verspricht, eine sehr leidenschaftliche spirituelle Person zu werden. Ich bin überrascht, daß er nicht davon anfängt, Visionen zu sehen oder so.«

Howard brachte das Gespräch wieder auf die Diagnose zurück und versuchte, ein Bild von Sessions' Libido zu zeichnen. »Sein Schwager sagte, Bobby habe eine ziemlich lange und peinliche homosexuelle Affäre mit einer Person in Corsicana gehabt. Er sei nach Houston gefahren und habe sich von meist jungen Prostituierten bedienen lassen. Er habe Bemerkungen über Teenager gemacht, die er im Lebensmittelladen und anderswo gesehen habe, und wie sehr sie ihn sexuell erregten, daß er sie fotografierte und filmte und Leute einlud, in einem

Wandschrank versteckt zuzusehen, wie er mit einer jungen Prostituierten oder Leuten, die er in einer Houstoner Bar auflas, Sex hatte. Das alles spiegelt eine Art Besessenheit wider.«

Howard wies darauf hin, daß Bobby und die anderen Familienmitglieder derartige Aktivitäten abstritten und das Gespräch darüber ablehnten. Sie erinnerten sich aber an Bettys Geschichte des Mißbrauchs während ihrer Kindheit.

Brownlee erinnerte sich an sein ersten Treffen mit Sessions. »Ich platzte in ein Telefongespräch mit seiner spirituellen Therapeutin. Er nannte sie ›Sugar‹, ›Sugarbaby‹ und so weiter. »Ich fragte: ›Sprechen Sie mit Ihrer Frau, Bobby?‹ Sessions erklärte, es sei seine spirituelle Beraterin und wechselte rasch das Thema.«

»Meiner Meinung nach deutet das auf eine polymorph perverse sexuelle Identität hin, und ich glaube, daß der Bursche an allem möglichen Interesse haben könnte«, schloß Brownlee.

An allem möglichen? Die Ärzte brauchten nicht lange, um festzustellen, daß seine ›polymorph perverse‹ Persönlichkeit mehr als nur ein sexuelles Chamäleon war. Schließlich unterbreitete Howard seine Diagnose von einer »Zwangsneurose bei einer narzißtischen Persönlichkeit.« Howard las die Definition aus dem Diagnostic and Statistical Manual vor, der Bibel der Psychiatrie. »Ausgeprägte Überheblichkeit in Verbindung mit dem Gefühl der Einzigartigkeit; träumt von grenzenlosem Erfolg, Macht, Brillanz, Schönheit oder idealer Liebe, Zurschaustellung, braucht laufend Aufmerksamkeit und Bewunderung, kühle Gleichgültigkeit oder heftige Gefühle der Wut, Minderwertigkeit, Scham, Demütigung, Leere.«

»Wie würden Sie eine narzißtische Persönlichkeit mit einer Zwangsneurose behandeln?« fragte Howard.

»Mit der Psychotherapie fortfahren«, antwortete Carson.

»Warum könnte er nicht sofort entlassen werden und dann mit der intensiven Psychotherapie weitermachen?« schlug Howard vor. »Von Corsicana bis Dallas ist es nur ein Katzensprung.«

Niemand hielt den Vorschlag für eine gute Idee. »Sie können doch diesen Kerl nicht einfach gehen lassen«, wandte Carson ein. »Ich bin mir nicht sicher, ob dann nicht jemand getötet würde.«

»Ich mache mir große Sorgen wegen seiner Tochter«, sagte Howard, und fuhr fort, Bobby habe ihm erzählt, man hätte Shelley ins Rebekah-Heim gebracht.

Howard berichtete von ihrem kurzen Gespräch. »Ich hatte bei seiner Reaktion ein ungutes Gefühl. Es sieht so aus, als wolle er die Kontrolle übernehmen«, erzählte Howard seinen Kollegen. »Wir haben Bedenken, ihn das Telefon benutzen zu lassen, mit dem er die christlichen Berater, die Mutter oder seine Schwestern sprechen kann, aber wir glauben, daß er das Ganze eingefädelt hat.« Die Ärzte wußten, daß eine Behandlung schwierig werden würde, weil Bobby so gut darin war, andere Menschen zu manipulieren, seine Umgebung zu kontrollieren und die Wirklichkeit zu leugnen. Howard erklärte: »Ich sage ihm immer: ›Bob, Sie können so gut kommandieren und manipulieren und Eskimos Kühlschränke verkaufen, daß Sie es auch bei sich selbst machen. Sie haben sich eingeredet, Sie könnten kontrollieren, was Sie getan haben.‹«

Dr. McDonald machte sich Sorgen über den Einfluß, den die christlichen Berater auf Sessions hatten. »Können wir ihn einem System überlassen, das seine Leugnungsmechanismen unterstützt?« fragte er.

Man stimmte überein, daß die christlichen Berater für Bobbys Genesung wichtig waren, weil er ihnen mehr als jedem anderen vertraute.

»Er ist sehr darauf bedacht, uns für sich einzunehmen«, warnte Howard. »Er wird hereinkommen und charmant sein und uns alles erzählen, was wir hören möchten.«

»Da stimme ich Ihnen zu«, meldete sich Brownlee. »Er wird den christlichen Beratern dieses und jenes erzählen.«

»Wir müssen uns im klaren darüber sein«, fuhr Howard fort, »daß dieser Bursche verschiedene Bilder zeichnet. Daß er jedem sagt, was er hören will. Das vergrößert unsere Schwierigkeiten.«

Man sprach über alle möglichen Aspekte. Aber es war, als kämpfe man mit den Zeigern einer Uhr, um herauszufinden, wie sie – alias Bobby – funktionierte, nur um festzustellen, daß sich einem die Zeiger unversehens aus der Hand wanden.

»Es ist entlarvend«, schloß McDonald, »daß dieser Mann, der zu zehn Jahren auf Bewährung verurteilt wurde und sich der Anklage gegenübersieht, seine Tochter vergewaltigt zu haben, sich darüber aufregt, daß er in Behandlung bleiben muß. Das sagt eine Menge darüber aus, mit wem wir es hier zu tun haben. Er nimmt es nicht ernst und versteht unsere Bedenken nicht. ›Was meinen Sie damit, wenn Sie sagen, ich sei nicht in Ordnung?‹«

Shelley war fort. Bobby konnte sich wieder entspannen. In der Woche, nachdem seine Tochter ins Rebekah-Heim geschickt worden war, nahm er fast zwei Kilo zu. Er war wieder in Sicherheit. Alles war unter Kontrolle.

Endgültiger Betrug

Als erstes erklärte sie mir die Kleiderregeln — daß ich Kleider und Röcke zu tragen hätte. Daß ich während des ersten Monats als Neuling angesehen würde, und daß immer jemand bei mir sei, der auf mich aufpassen und mir alles zeigen würde. Das erzählte sie mir, als ich darauf bestand, meine Mutter zu sehen. Sie weigerte sich. Sie sagte, ich solle gehen und mir die Sachen anziehen, die sie mir gegeben hatte. Ich sagte ihr, ich würde mich nicht eher umziehen, bis ich meine Mutter gesehen hätte.

Plötzlich gab es überall Regeln, einen alles umschließenden Zaun. Es war fast so schlimm, wie Bobby ständig um sich zu haben. Shelley weinte den ganzen ersten Tag lang.

Eine streng aussehende Frau machte sie mit der Hausordnung bekannt, aber Shelley hörte kaum hin. »Du darfst zweimal wöchentlich einen Brief nach Hause schreiben. Eine Seite lang, nicht länger. Wir lesen ihn. Dir steht ein Telefonanruf im Monat zu — aber nur fünf Minuten.«

Das hörte sich an, als sei sie im Gefängnis.

»Du bleibst so lange auf deinem Zimmer, bis du gerufen wirst.«

Eine Frau wollte mir meinen Schmuck abnehmen, und ich wollte ihn nicht hergeben... Sie gaben mir eine Uniform, die ich anziehen sollte... Sie erklärten mir die Regeln... und schließlich durfte ich meine Mutter sehen. Ich dachte, ich könnte sie umstimmen.

Shelley liebte ihre Mutter. Doch Linda hatte sie betrogen. Wie hatte sie sie nur so im Stich lassen können?

Sie erzählte mir, sie würde sich scheiden lassen, weil ich ihre Tochter sei. Dann drehte sie sich um, schickte mich fort und ließ den Gedanken an Scheidung fallen.

Man hatte Shelley im Dunkel der Nacht überrumpelt und in ein häßliches, auf dem Grundstück der People's Baptist Church of Corpus Christi liegendes Gebäude gebracht. Es lag in einer aus alten Häusern bestehenden, heruntergekommen wirkenden Nachbarschaft im Südwesten der Stadt.

Es war eine anerkannte High-School, aber alle Fächer waren christlich. Christliche Geschichte, christliches Englisch. Alles war christlich. In Mathe sagte man statt zwei Äpfel plus zwei Äpfel sind vier Äpfel, Moses nahm zwei Äpfel und Moses nahm drei Äpfel.

Die Methoden der Schule waren eher dem Alten als dem Neuen Testament entlehnt.

Man hatte das Heim nach Rebekah benannt, der Mutter Jakobs und Esaus, Frau des Isaak, dessen Vater Abraham ihn als Knabe Gott opfern wollte. Rebekah hatte sich in der biblischen Geschichte durch die Behandlung, die sie Jakob, ihrem jüngsten Sohn angedeihen ließ, einen Namen gemacht. Sie wurde zum Symbol der ränkeschmiedenden Mutter, als sie Jakob dabei half, seinem blinden Vater das Erstgeburtsrecht abzuluchsen, das eigentlich Esau zustand.

Shelley kam sich vor, als hätte man auch sie um ihr Erstgeburtsrecht betrogen. Bobby hatte sie ihrer Kindheit beraubt – und ihre Mutter hatte es zugelassen. Und jetzt zwang man sie, ein Leben in geistiger Isolation zu führen. Im Rebekah-Heim gab es so viele Einschränkungen, daß man für alles eine Erlaubnis zu brauchen schien. Sie lebte wie im Gefängnis. Warum? Womit hatte sie das verdient?

Ein Anruf wurde als Privileg betrachtet. Einmal im Monat – und er mußte vom Büro aus und unter Aufsicht eines Lehrers oder einer Hausmutter geführt werden. Eine Klage über die Schule, und das Gespräch würde augenblicklich unterbrochen.

Alles war auf dem System Belohnung und Strafe aufgebaut. Wenn man in der Schlange redete, gab es Minuspunkte. Am Ende der Woche wurden die Punkte zusammengezählt. Die Mädchen, die sich die Woche über gut aufgeführt hatten, durften Filme wie The Three Stooges *sehen. Das war eine große Sache, weil es weder Fernsehen noch Radio gab. Die Mädchen, die es nicht geschafft hatten, mußte sich in den vorderen Aufenthaltsraum setzen und zwei bis drei Stunden Bibelstellen rezitieren.*

Henry Edgington: »Das Rebekah-Heim sieht wie ein Gefängnis aus... und hatte nie einen guten Ruf.« Man konnte nicht entscheiden, ob es die Menschen drinnen oder draußen halten sollte. Roloff hatte einen hohen Zaun errichten lassen, der beides schaffte. »Man bekam nichts mit«, erinnerte Edgington sich an seine Kindheit in der Nähe des Heims. »Bestimmt versucht niemand, sich dort einzuschmuggeln. Das wäre noch schlimmer, als sich herauszuschmuggeln. Für die Kinder, die da drinnen waren — war es genau wie in einem Gefängnis.«

Um den trübe und steril aussehenden Innenhof standen drei weitere ›Heime‹. Eines für Frauen, ›die sich von Alkohol, Drogen und Sünden befreien mußten, die ihr Leben ruiniert hatten (sic)‹. Ein anderes für Jungen, bei denen Drogen und Alkohol aus dem Körper entfernt wurden, damit ›Platz wurde für das Wort Gottes‹. Im dritten Gebäude waren normale Schuljungen untergebracht, die einfach nur lernen mußte, daß ›Christus die einzige Antwort auf all ihre Probleme und ihr Streben ist‹.

Roloff war ein Feuer und Schwefel predigender Evangelist, der 1944 in Corpus Christi mit einer täglichen Rundfunksendung — ›Das Familienaltar-Programm‹ — begonnen hatte. Es gab auch Programme für Alkoholiker, Drogenabhängige und Jugendliche. Seine Behandlung bestand darin, die Teilnehmer zu isolieren und sie rund um die Uhr einem christlichen Fundamentalismus auszusetzen.

Roloff hatte ein Jahr vor Shelleys Einlieferung das Zeitliche gesegnet, aber seine Nachfolger setzten das Programm in seinem Sinne fort, es wurde sogar landesweit ausgestrahlt. Die Nachfolger führten seinen Glaubenskrieg weiter.

Roloffs ›Glaubenserklärung‹ klingt wie eine Mischung aus ›Ruf zu den Waffen‹ und einer Verordnung für das tägliche Leben.

›Wir glauben an die jungfräuliche Geburt, das sündenfreie Leben, den Sühnetod und die glorreiche Auferstehung, sowie an die Wiederkunft und Gründung des tausendjährigen Reichs Christi auf Erden.‹

Roloff und seine Nachfolger schworen, ›die Sünde auf ewig zu hassen‹ und treu zu Jesus Christus zu stehen. Und sie wendeten diese Treue auf alle weltlichen Belange an — nur weniges im Leben der Gläubigen wurde nicht von der ›Baptisten-Kirche des Volkes‹ reglementiert.

›Wir glauben, daß der Gatte und Vater Oberhaupt der Familie sein und Disziplin von seinen Kindern fordern soll . . .‹, ging es in der ›Glaubenserklärung‹ weiter.

Linda entdeckte den Roloffschen Glauben, doch es war Bobby, der am meisten davon profitierte. Indem sie sich auf diesen Glauben einließ, gelobte Linda nicht nur Unterwürfigkeit, sondern sie opferte auch ihre Tochter. Der Glaube war ideal für Bobby. Er paßte so gut in sein Konzept, daß er später einmal sagte: »Für gewisse Mitglieder hat Gott einen besonderen Platz in der Familie bestimmt. Shelley ist meine Tochter, und ich bin ihr Vater. Gott sagt, daß Shelley unter meiner Gewalt steht. Daran glaube ich mit ganzem Herzen.«

Bobby fand im Roloffschen Glauben reichlich Unterstützung für seine strengen und schulmeisterlichen Ansichten. Dieser Glaube schrieb vor, was Mädchen und Frauen anziehen durften und verbot Fernsehen, Rock-and-Roll-Musik, geeisten Tee, Kaffee, Tabak, kohlensäurehaltige Getränke und Schweinefleisch.

Wenn man sein Mittagessen nicht aufaß, gab es Minuspunkte. Beim Anstehen schwätzen — Minuspunkte. Wenn man zu viele Minuspunkte hatte, setzte es Schläge. Die Schläge wurden mit einem Brett ausgeführt, das ungefähr 45 Zentimeter lang, 30 Zentimeter breit und zwei Zentimeter dick war. Sie taten weh. Man mußte sich über einen Tisch beugen.

Der Staat Texas war von der Roloff-Schule nicht sonderlich angetan, und man versuchte noch, als Shelley dorthin gebracht wurde, die Schule zu schließen, weil sie sich weigerte, sich staatlichen Vorschriften unterzuordnen. Nach Roloffs Tod gerieten seine Heime in eine schwere Krise.

Ende der siebziger Jahre wurden sie schon vom Texas Human Services Department wegen ihrer rigiden Disziplinierungsmethoden unter Beschuß genommen. Aber Roloff jagte sie von seinem Grund und Boden. Er weigerte sich, eine Lizenz zu beantragen oder jemandem von außerhalb die Erlaubnis zu geben, seine Einrichtungen zu inspizieren.

Im Jahre 1979 schloß er die Heime kurzfristig, um zu verhindern, daß die staatlichen Inspektoren seinen Besitz betraten.

»Als ich in Corpus aufwuchs, gab es ständig Beschwerden wegen körperlicher Mißhandlungen«, berichtete Henry Edgington. »Man hörte Geschichten von Kindern, die mit einer Wäscheklammer im Ohr herumlaufen mußten, weil sie aus der Reihe getanzt waren.

Als ich hörte, daß einige dieser Radikalen Shelley aus dem Schlaf gerissen und nach Rebekah verschleppt hätten, dachte ich, sie ist diejenige, die bestraft wurde. Bobby gehörte dorthin, nicht Shelley.«

Die erste Woche im Rebekah war die reinste Tortur für Shelley. Sie mußte lernen, mit ehemaligen Dealerinnen, Drogenabhängigen und Prostituierten zu leben — den Mädchen, für die das Heim errichtet worden war.

Shelley wohnte mit zwei weiteren Mädchen in einem kleinen Zimmer in einem großen zweistöckigen Gebäude. Fast 300 Mädchen lebten dort auf engstem Raum zusammen. Immer drei in jedem Zimmer.

Es war verrückt. Alle Typen waren vertreten. Die meisten von ihnen waren echte Drogenfreaks mit von Einstichen übersäten Armen.

Aus der vertrauten Umgebung gerissen, von ihren Freunden abgeschnitten, weinte Shelley nur noch. Sie konnte niemanden anrufen, niemandem schreiben. Wußte überhaupt jemand, wo sie war?

Ricky und Cherry

Ricky Layfield war mit Fieber zur Arbeit gegangen. Er hatte das Gefühl, Mandelentzündung und Grippe zugleich zu haben. Es war schon heiß, und der Staub wirbelte um seinen Kopf, als er die große Walze über das neue Straßenbett rollte. Alles tat ihm weh. Als er merkte, daß er seinen Kopf nicht mehr oben halten konnte, sprang er von der Maschine und machte sich auf die Suche nach einem Telefon. Sein Vater nahm ab.

Ricky stöhnte. »Du mußt mich abholen...«

»Junge, ich muß dir etwas sagen«, unterbrach Joey Ray Layfield ihn. Ricky wartete. Dann hörte er, wie sein Vater etwas sagte wie: »Shelley ist fort.«

»Was?« In seinem Kopf hämmerte es. Er kam sich vor wie im Delirium.

»Sie haben Shelley geholt und in ein Heim gebracht.«

Ricky hatte richtig gehört. Dann erinnerte er sich an den letzten Abend. Plötzlich wurde ihm klar, wie seltsam es gewesen war, daß Linda zwei oder drei Mal angerufen hatte. Sie hatten auf sie gewartet. Und Ricky hatte sie nach Hause geschickt!

Er flehte seinen Vater an, sich zu beeilen.

Es war eine Fahrt von 50 Kilometern, und das Fieber machte das Warten noch unangenehmer. Ricky war außer sich vor Zorn. Während er auf seinen Vater wartete, überlegte er, was er tun sollte.

»Wir waren völlig aus dem Häuschen«, erinnerte Cherry Layfield sich. »Die ganze Familie drehte durch und machte sich auf die Suche nach Shelley. Sie hatte uns gesagt, sie würde am nächsten Tag um die Mittagszeit wiederkommen. Als sie nicht auftauchte, riefen wir auf der Ranch an. Es meldete sich niemand. Wir fuhren hin, aber es war niemand da. Ich rief Lindas Schwester Sandra an. Zuerst druckste sie herum, dann rückte sie damit heraus, Shelley sei zur Schule gegangen. Ich sagte, sie lüge. Ich sagte: ›Soll ich dir mal was sagen? Shelley würde nie fortgehen, ohne sich von Ricky zu verabschieden. Man hat sie irgendwo hingebracht!«

»Als ich nach Hause kam«, erzählte Ricky, »zog ich meine alte Karatehose an — sie hatte sie mir gekauft — und das Hemd mit dem Aufdruck ›Shelley und Ricky‹ auf dem Rücken.

Dann ging ich zum Haus ihres Onkels Rick. Mein Freund Junior war bei mir. Er machte auch Karate. Wir hatten Chucks dabei.«

Chucks sind ein Paar Kampfstöcke, mit einer 30 Zentimeter langen Kette verbunden. Wenn man sie herumwirbelt, geben sie einen drohenden Ton von sich; als sei man einem Ventilator zu nahe gekommen.

Ricky und Junior, ein schwarzer Junge, schritten mit ihren locker sitzenden, dunklen Sportsachen die Einfahrt hoch. Sie sahen aus, als seien sie einem Karatefilm entsprungen. Aber das hier war kein Spiel. Ricky klopfte an die Tür. Shelleys Tante Sandra öffnete.

Rickys Gesicht verriet seinen Haß, als er sie anstarrte. »Wo ist sie?« fragte er ohne große Vorrede.

»Das kann ich dir nicht sagen«, antwortete Sandra, und dann verschwand ihr Kopf langsam hinter der Tür.

Ricky stellte seinen Fuß dazwischen. »Ich will Ihnen mal was sagen. Ich werde sie finden. Und wenn ich sie gefunden habe, werde ich wieder zurückkommen, und dann werde ich mir Sie und Rick vorknöpfen.«

Ricky vermutete, daß Shelleys Onkel Rick hinter der Entführung stand, weil Linda in letzter Zeit oft bei ihnen gewesen war.

»Dann fuhr ich rüber zum Haus von Shelleys Eltern, und ihre Großeltern und eine Menge anderer Verwandter und Rick waren da. Er lag in einem Liegestuhl am Swimmingpool. Ich ging an allen vorbei. Ihre Münder standen offen. Sie hatten nicht mit mir gerechnet. Ich schritt direkt auf ihn zu.«

»Wo ist sie?«

Onkel Rick tat scheinheilig. »Wovon sprichst du?«

»Ich fing an, ihn zu beschimpfen. Dann sagte ich ihm, was ich schon seiner Frau gesagt hatte. ›Wenn ich sie finde, sind Sie der erste auf meiner Liste. Sie werden dafür als erster büßen.

Das hat sie nicht verdient. Wenn hier jemand eingesperrt werden sollte, dann Bobby. Sie hat das nicht verdient.«

Er versuchte aufzustehen, und ich wollte mich auf ihn stürzen, um ihn festzuhalten. Aber der erste Zorn war schon verraucht. Doch dann versuchte er mich zu beruhigen, und ich drehte immer mehr durch. Dazu kam noch, daß ich krank war. Ich holte aus, tat aber nichts. Allein von meiner Bewegung wäre er fast in den Pool gefallen.«

Ricky stürmte davon, fuhr nach Hause und ließ sich ins Bett fallen, kranker als ein Hund.

»Sie belogen uns weiter«, berichtet Cherry Layfield. »Sandra erzählte uns, Shelley sei fortgelaufen. Aber ich wußte, daß Shelley nicht weglaufen würde, ohne uns Bescheid zu sagen. ›Erzählen Sie mir nicht, sie sei weggelaufen‹, sagte ich. ›Ihr habt sie entführt. Ihr habt irgend etwas mit ihr angestellt. Es wäre besser, wenn ihr es uns sagen würdet.‹« Dann fragte Cherry: »Wo ist Linda?«

»Verreist«, antwortete Sandra.

Am nächsten Tag stand Ricky früh auf, um wieder zur Sessions-Ranch zu fahren. Auf dem Weg dorthin sah ihn Kim Speakes, eine Freundin Shelleys, und winkte ihm zu.

Kim warnte ihn. Wenn er je verriet, woher er es wußte, würde sie ihn umbringen – ihre Mutter hatte gedroht, sie selbst auch dorthin zu schicken.

»Ich war oft mit Kim zusammen. Und jetzt erzählte sie mir, daß ihre Mutter und Shelleys Mutter Linda in dieser Sektiererei mitmachten. Es war ein religiöser Kult. Kims Mutter hat ihrer Tochter verraten, wo Shelley sich aufhielt. Und Kim erzählte es mir. Sie wußte, daß ich hinfahren würde. Ich fuhr zur Bank und hob mein Erspartes ab. Ungefähr 400 oder 500 Dollar.«

Ricky raste in seinem alten Datsun 210 nach Hause und lud alles ein, was er seiner Meinung nach für Shelleys Befreiung brauchte. »Ich nahm unter anderem ein Gewehr mit, eine Ladung Schrot, Chucks, Wurfsterne, einen Koffer mit einem Zelt, Rute und Winde und Werkzeugkasten, eine Rolle Garn und was zum Essen. Drahtschere und Bolzenschneider, um durch den Zaun zu kommen.

Ich hatte vor, sie dort rauszuholen, zurückzufahren und abzuwarten. Sollten sie nur versuchen, sie sich zu greifen. Ich wollte es im Bandito-Stil durchziehen. Ich würde da reinmarschieren, und jeder, der Ärger haben wollte, würde ihn bekommen.«

Es war später Nachmittag, als Ricky Richtung Süden aufbrach. An der ersten Ampel — Kerens einziger — gab er mehr Gas, als er geben durfte. Nur wenige hundert Meter weiter winkte ihn ein Polizist zur Seite.

»Er verwarnte mich wegen Geschwindigkeitsüberschreitung. Dann fuhr ich mit dem kleinen Wagen weiter nach Corpus. Er hatte vier Zylinder, aber er verbrauchte nur knapp fünf Liter auf 100 Kilometer und machte fast 180 in der Stunde. Ich fuhr 160, und dieser Truck gab mir Blinkzeichen. Ich ging runter. Aber bei 160 ist das nicht so leicht. Junge, und dann war der schwarzweiße Wagen hinter mir. Er erwischte mich.

Der Polizist sagte: ›Ich habe dich bei ungefähr 144 Stundenkilometern gestoppt‹ und ›Warum die Eile, Junge?‹ Ich wußte, ich würde im Gefängnis landen. Er würde mich ins Gefängnis stecken, weil meine Versicherungskarte nicht mehr gültig war. Der Termin war überschritten. Meine Versicherung war in Ordnung, nur das Datum war überschritten. Aber er gab mir eine Verwarnung über fünfundsechzig Dollar und machte sich einen Vermerk wegen meiner Versicherung. Es würde mich ungefähr fünfzig Dollar kosten.«

Cherry Layfield war jetzt doppelt besorgt. Erst war Shelley verschwunden, und jetzt Ricky. »Er sagte mir, er würde noch ein bißchen herumfahren, aber er kam nicht wieder.« Sie wußte, was das bedeutete: Ricky hatte herausgefunden, wohin man Shelley gebracht hatte. Denn wo immer Shelley war, würde auch Ricky sein.

Nach dem, was sie über Linda und ihre Freunde wußte, hatte Cherry bereits vermutet, daß man Shelley ins Roloff-Heim gesteckt hatte. Sie schickte ihre Töchter zum Baseballplatz, um von den Kids zu erfahren, wohin Ricky gefahren war.

»Mary Ann stieg aus dem Wagen«, erinnerte Cherry sich, »und sagte zu den Mädchen: ›Wißt ihr was — Ricky ist in

Gefahr. Wenn er da ist, wo wir ihn vermuten – wenn er nach Corpus Christi gefahren ist – wird man ihn töten. Und ihr wißt, wo er ist.‹ Das löste ihre Zungen. Sie sagten, er hätte eine Schrotflinte und noch einiges andere mitgenommen.«

Cherry und Joey Ray mußten eine Entscheidung treffen. Sie waren überzeugt davon, daß man Shelley gegen ihren Willen fortgeschafft hatte, aber sie wußten auch, daß es Lindas Tat – und somit völlig legal – gewesen war. Ihr Sohn konnte sich bei dem Versuch, Shelley dort herauszuholen, nur Schwierigkeiten einhandeln.

»Wir riefen den Sheriff an und sagten ihm, er solle Ricky schnappen; er sei dabei, eine Riesendummheit zu machen«, erzählte Cherry. »Man hatte uns erzählt, daß sie im Roloffs mit Flinten patroullierten. Die Leute sagten: ›Man wird euren Jungen erschießen, wenn er dort unten auftaucht.‹«

»Ich fahre weiter und weiter, bis ich vor dem Roloff-Heim stehe«, erzählte Ricky. »Und da ist ein brauner Wagen – wie einer von diesen alten Polizeiwagen – die alten viertürigen Chrysler, genau wie die alten schwarzweißen – steht da doch so ein brauner Wagen genau davor. Ich fahre also erst einmal – es war noch nicht ganz hell, – ich fahre herum und dann weiter – ich glaube, vor dem Gebäude ist eine zweispurige Straße. Ich fahre so 30 Kilometer weiter, und ungelogen: Da kommen doch sieben Polizeiwagen mit eingeschalteten Sirenen an mir vorbei. Ich denke: ›Gott, was machen die ganzen Cops hier?‹ Ich hatte keine Ahnung, daß sie hinter mir her waren. Als ich wieder zurückfahre, ist der braune Wagen weg, und ich sehe ... Oh, Scheiße!

Als ich gerade durchs Tor fahren will, kommt dieser Wagen angerast. Mann, er kommt aus dem Nichts angeschossen und stellt sich neben mich. Er fährt mitten auf dem Highway. Junge, er rast, daß die Räder rauchen. Ich gucke in den Spiegel und ... Oh, oh. Ich ziehe mein Hemd aus, weil es so aussieht, als würde es bald Zoff geben.

Ich fahre weiter. Da ist eine rote Ampel. Kreuzung. Ich biege in eine Tankstelle ein. Er bleibt stehen, blinkt, brüllt, fährt drumherum und stellt sich hinter mich. Ich fahre in diesen kleinen Feldweg. Sackgasse. Ich muß wenden. Während er auf dem Highway hockt.

Als ich an ihm vorbeikomme, schreit er: ›Sie haben einen Haftbefehl für dich. Sie werden dich schnappen.‹ Ich frage: ›Wer?‹ Er antwortet: ›Das Gesetz. Und ich werde dir folgen, bis sie dich geschnappt haben.‹

Ich fahre also rein und halte, und er fährt von hinten um mich herum. Ich lege den Rückwärtsgang ein. Er legt den Rückwärtsgang ein. Ich steige aus und gehe zurück. Was ich tun wollte? Ich wollte ihn mir schnappen, aus dem Wagen zerren. Ich war geladen. Ich gehe zurück und... Scheiße, da sehe ich, daß er einen dieser altmodischen Doppelläufer hat, mit zwei Hähnen. Beide gespannt. Und die Läufe zeigen auf mich.

Und dann sagt er: ›Sohn, ich spiele keine Spielchen.‹ Mann. Ich stolpere, falle auf die Haube und sage: ›Ja, Sir, *das* sehe ich.‹

Darauf er: ›Du bist bewaffnet und gefährlich.‹ Wissen Sie, ich hatte bei dem ganzen Durcheinander den Zwölfer in meinem Wagen total vergessen. Bewaffnet und gefährlich. Wovon redete der eigentlich? Und dann fällt mir die Flinte wieder ein, und ich sage zu ihm: ›Klar, ich habe eine automatische 1100 Remington da drinnen. Zelt, Schlafsack, alles, was man so braucht. Wir wollen da unten zelten.‹

Und er antwortet: ›Nein, mein Sohn. Ich kenne dich. Das Gesetz wird bald da sein.‹ Darauf ich: ›Wissen Sie was? Ich werde darauf warten.‹ Es dauert keine dreißig Sekunden, da kommen sieben, wenigstens sieben, von diesen Polizeiwagen, ich meine, die schwarzweißen, mit *tatütata*. Ich stecke in der Falle. Gott. Einer der Cops springt raus, knöpft den Holster an seinem Gürtel auf. Ich sage: ›Warten Sie eine Minute. Sie können ihn wieder zuknöpfen. Ich mache keine Scherereien.‹

Er zog sich zurück. Ich hatte weder Hemd noch Schuhe an. Sie stellten mir 'ne Menge Fragen, wie: ›Hast du Waffen bei dir?‹ Ich sagte: ›Nein, Sir.‹ Er erwiderte: ›Das ist gut, ich habe nämlich keine Lust, dich zu durchsuchen. Ich will dir auch keine Handschellen umlegen. Sind sie da drüben?‹ Und dabei sah er zu meinem Wagen rüber. Und ich antwortete: ›Sie wollen ihn durchsuchen?‹ Ich hatte Chucks und Sterne so versteckt, daß niemand sie finden konnte — und zwar unterm Wagen.

Es kamen immer mehr Cops. Ich wette, es waren zwölf, vierzehn Cops da. Und die Straße runter war Shelley. Ich konnte das Roloff-Heim erkennen. Mädchen liefen draußen rum.

Ich sagte: ›Scheiße, Mann, ich hab' Shelley nicht gesehen‹, und der Cop antwortete: ›Darf ich?‹ und ich sagte: ›Klar‹. Dann zog er mein Gewehr hervor — ich glaube, es war noch was im Magazin, aber nicht im Lauf — und wenn man den Hahn spannt, geht der Verschluß auf. Der Cop sah in den Lauf, und ich sagte: ›Vorsicht, Kumpel, das Gewehr ist geladen.‹ Er meinte nur: ›Dann wirst du es wohl entladen müssen.‹ Ich leerte die Patronenkammern. Er legte es an den Straßenrand, worauf ich sagte: ›Okay, Sie können mich verhaften, aber das hier ist mein Gewehr, und sollte es beschädigt werden, wird jemand dafür bezahlen.‹

Ich sagte auch, ich wäre auf einem Jagdausflug — ich hatte ja das Zelt und das andere Zeug dabei. Sie brachten mich ins Gefängnis, und als wir da waren, entdeckten sie, daß ich noch zu jung fürs Gefängnis war. Deshalb schickten sie mich ans andere Ende der Stadt zu einer dieser Jugendarrestzellen.

Die Frau fragte mich: ›Wo kommst du her?‹ Ich antwortete: ›Kerens.‹ Sie sagt: ›Kerens! Mein ehemaliger Boß stammt aus Kerens.‹

Ich werde aufgenommen, und ein alter schwarzer Knabe gibt mir eine Hose, die viel zu groß ist, und ich sage: ›Die kann ich nicht tragen.‹

›Du bist wohl ganz was Besonderes.‹

›Nein, ich bin nicht ganz was Besonderes. Ich kann sie nur nicht tragen.‹ Dann gibt er mir eine andere Hose. Ungelogen, ich bin schon klein, aber die Hose war noch kleiner. Als ich mich hineingezwängt hab' und wir zur Zelle gehen, sagte er: ›Du mußt dich bis auf die Unterwäsche ausziehen.‹ Mann, warum hat er mir das nicht gleich gesagt? Jetzt rasselt er die Hausregeln runter. Ich sage: ›Wissen Sie was? Ich brauche nicht alle Regeln zu kennen.‹ Darauf er: ›Warum?‹ Und ich: ›Mein Daddy wird vor Sonnenuntergang hier sein.‹ Es war ungefähr neun Uhr morgens. Er meinte nur: ›Nein, mein Sohn, du wirst noch eine Weile hierbleiben.‹ Ich antwortete: ›Das werde ich bestimmt nicht.‹«

Nachdem sie fast die ganze Nacht über auf einen Anruf gewartet hatten, setzten sich Cherry, Joey Ray und ihre Tochter Shawna ins Auto und fuhren die 600 Kilometer nach Corpus Christi, wo sie am Abend ankamen. Sie waren froh, daß man Ricky erwischt hatte, und daß es ihm gut ging.

»Ich glaube, es war schon dunkel, als sie eintrafen«, sagte Ricky. »Junge, ich war noch nie so froh, sie zu sehen.«

»Wir entdeckten ihn im Flur des Jugendarrest-Zentrums«, berichtete Cherry. »Seine ersten Worte waren: ›Ich habe euch bis Sonnenuntergang Zeit gegeben, dann wäre ich abgehauen.‹«

»Mein Daddy sprach nie mit mir darüber. Ich würde es noch einmal machen, aber ein bißchen anders.

Ich fuhr zurück. Ich war erschöpft, ruhte mich ungefähr drei Tage aus und sammelte meine Gedanken. Mann, am Ende weinte ich. Ich als Junge weinte.

Dann fingen Shelleys Mutter und die anderen an, mich fertigzumachen. Sie sagten Sachen wie: ›Shelley will dich nicht mehr‹ und so. Und ich antwortete: ›Ich glaube euch nicht.‹

Nicht lange danach ging ich zu ihrem Haus, weil ich gehört hatte, Bobby wäre wieder zurück. Ich steckte mir die Wurfsterne hinten in die Hosentasche und nahm noch ein Paar Chucks mit. Wenn Bobby dagewesen wäre, hätte ich ihn erledigt. Das war meine Absicht.

Und dann redete Linda mit mir. Junge, sie erzählte einen Mist von wegen, wie gut es Shelley doch ginge und wie sehr es ihr dort unten gefiel. Sie erzählte Sachen, die Shelley gesagt haben soll. Aber ich wußte, daß es nicht stimmte, daß sie log, aber, Junge, mir liefen die Tränen nur so runter. Ich drehte durch.

Und die ganze Zeit war Bobby nur ein Stockwerk über mir. Sie sagte nichts davon. Einmal kam Michael die Treppe runter, um mich zu sehen. Dann hörte ich ein Geräusch. Sie schickte ihn wieder nach oben und sagte etwas von einer Katze. Verdammt, sie hatten gar keine Katze. Es war Bobby! Ich weiß, daß er es gewesen ist. Ich war wie vor den Kopf gestoßen und setzte mich hin.

Dann zog ich die Sterne aus der Tasche und hielt sie in der Hand. Sie wich zurück und kam ins Stolpern. ›Was willst du? Was? Was?‹ Sie dachte, ich wollte sie bewerfen. Ich beruhigte sie: ›Ich werde Sie nicht anrühren. Aber ich weiß, daß Bobby wieder draußen ist. Er ist hier irgendwo. Wenn es zu einer Konfrontation kommen sollte, möchte ich ihm wenigstens entgegentreten können.‹

Sie sagte: ›Er ist nicht draußen.‹ Und ich ging.«

Flucht in die Gesundheit

Er wurde nach sechs Monaten aus dem Timberlawn entlassen, obwohl man eigentlich mit zwei Jahren gerechnet hatte. Er muß jemanden bestochen haben.

Er ließ einen Prediger aus Denver einfliegen, einem anderen überließ er seinen Mercedes. Er legte alle rein. Er zog sie alle auf seine Seite. Er tat alles, um da rauszukommen. Jeder, der verurteilt wird, redet von Jesus. Das ist der älteste Trick der Welt.

Egal, was er sagte, sie glaubten ihm, beteten ihn an. Er kann sehr gut manipulieren. Er weiß, was er tut. Und er weiß genau, wie er bekommt, was er will.

Im August schien Bobbys größtes Problem in Timberlawn aus einem verstauchten Handgelenk zu bestehen, das er sich beim Volleyball-Spiel zugezogen hatte. Er mußte eine Woche lang mit einer Schiene herumlaufen, was bedeutet, daß er weder Tennis noch Softball spielen konnte. Das ärgerte ihn. Ein Mitarbeiter notierte: ›Letzte Woche und übers Wochenende drängte er Dr. Howard, ihn Softball spielen zu lassen.‹

Der warme Sommer in Dallas wirkte beruhigend auf Bobby. Er spielte Tennis, Racket – und Volleyball. Er schwamm im klinikeigenen Swimmingpool, nahm Klavierstunden und Sonnenbäder. Einzig die geschiente Hand störte seine neue ›Entspannungstherapie‹.

Zwei Tage bevor man Shelley in ihr Gefängnis in Corpus Christi einlieferte, meldete Bobby sich zum Tennis an. Er war jetzt nicht mehr nur auf das Witt-Gebäude beschränkt, wie im ersten Monat seiner Behandlung. Schon einen Monat nach seiner Verurteilung durfte er unbeaufsichtigt Besucher empfangen und Anrufe tätigen. Er bekam seine Rolex zurück. Ab August nahm er an Tanzveranstaltungen in der Klinik teil und nahm außerhalb des Geländes Tennisstunden.

Bobby bot den Mitarbeitern Geschenke und den Ärzten seinen Rat bezüglich der Führung der Klinik an. Er fragte sogar Dr. Howard, ob er Hilfstherapeut werden könnte.

Er übertrieb immer noch die Fakten, legte die Regeln großzügig aus und bemühte sich um Vergünstigungen. Ein Wochenendbesuch seines Rechtsanwalts Ende Juli artete in eine Familienfeier aus, als dieser mit sechs von Bobbys Verwandten auftauchte. Bobby hatte den größten Teil seiner Geschäfte für die Zeit seines Klinikaufenthaltes Travis Kendall übertragen.

Anfang August erlaubte man ihm, sich auch außerhalb der Klinik mit seiner Familie zu treffen. ›Dr. Howard hatte es ihm eigentlich untersagt‹, notierte ein Mitarbeiter, ›aber der Patient bedrängte Dr. Howard dermaßen, daß er sich dabei ertappte, wie er nach Wegen suchte, dem Patienten das Verlassen des Hauses zu gestatten. Zum Beispiel, um ein Geburtstagsgeschenk für seinen Sohn zu kaufen, obwohl das nicht nötig war, da er auch auf anderen Wegen zu einem Geschenk gekommen wäre.‹

Manipulieren und verweigern — darin war Bobby unschlagbar. In Timberlawn zog man seine Schlüsse. »Wenn er Dr. Howard dazu bringen konnte, sein Einverständnis zu geben, dann war es okay, egal, was es war«, bemerkte ein Mitarbeiter. »Das erinnert ein wenig an das, was er mit seiner Tochter gemacht hat. Er bedrängte die Menschen so lange, bis sie ja sagten.«

Eine Reihe psychologischer Tests am 23. Juli ergaben bei Bobby ›vollständiges Fehlen von Depressionen, seine Zuversicht gewinnt er durch Leugnen einer möglichen Schuld oder deren Bagatellisierung, beträchtliche charakterliche Pathologie im Verein mit einer narzißtischen Persönlichkeit‹.

Was bedeutete, daß er normal war. »Ich wette, daß ihm schon eine Reihe junger Damen auf dem Campus aufgefallen sind, und ich nehme an, daß er bald aktiv werden wird«, sagte Dr. Howard voraus.

Es gab Anzeichen. Ein Patient beklagte sich darüber, daß Bobby mitten in der Nacht mit jüngeren, männlichen Patienten über Sex diskutierte — besonders über Prostituierte.

In einem Tätigkeitsbericht vom 2. August 1983 — also knapp zwei Monate nach seiner Ankunft — heißt es: »Das Personal hat bemerkt, daß der Patient auf subtile Art sexuelle Gespräche fördert. Er spricht raffiniert über weibliche Patienten und Angestellte und benutzt Ausdrücke aus dem sexuellen Bereich. Er läßt durchklingen, das sei nicht die richtige Umgebung für ihn, weil ›diese Kids so schmutzig reden‹«

Es sind die gleichen Reden, die Shelley zu hören bekam, während er sie mißbrauchte.

»Es wurde berichtet, daß der Patient sich früher manchmal mit Prostituierten getroffen hatte, ein exhibitionistisches Verhalten offenbarte und bewiesenermaßen Inzest mit seiner Tochter begangen hat. Dennoch weist er darauf hin, daß die Klinik eine unchristliche Umgebung sei. Eindeutig scheinheilig.«

Bei Bobby Sessions hatte alles immer zwei Seiten. Der Patient war ein Experte darin, andere zu kontrollieren.

Hatte er sich verändert?

Er erzählte Dr. Solomon von den Gesprächen über Sexualität, die er mit anderen Patienten führte. Aber bei Bobby klang alles ganz anders. Er »unterhielt sich nur mit einigen homosexuellen Patienten, um ihnen zu zeigen, daß es einen Weg zu Frieden und Überwindung gab«, erinnerte Solomon sich. »Und er lebte nicht nur in Frieden mit sich selbst, sondern teilte ihn auch mit anderen Menschen, was er vorher nie getan hatte. Denn jetzt wußte er, daß er eine Antwort hatte... Er hatte noch nie zuvor Zeugnis abgelegt und anderen Menschen von Gott erzählt. Das war nicht seine Art.«

Bobby fuhr fort, Eskimos Kühlschränke zu verkaufen.

Besonders die jüngeren Patienten fühlten sich von diesem Self-Made-Mann, Millionär, Rancher und Unternehmer angezogen. »Er führt sich ihnen gegenüber wie ein Berater auf«, bemerkte eine Mitarbeiterin. »Sie fragten ihn oft um Rat.«

Es war, laut Bericht, sogar die Rede davon, »daß zwischen ihm und einer Patientin im Teenageralter etwas im Gange sei... Das Personal macht sich deswegen Sorgen. Ebenso rieb eine junge Patientin seinen Rücken wiederholt mit Sonnenöl ein. Das mag unwichtig erscheinen, aber bei einem Patienten, der sich so christlich und sittsam gibt, scheint es doch bemerkenswert.«

Auf dem Tennisplatz spielte er hart – und nur um zu gewinnen. Er ging nicht sehr tolerant mit denen um, die nicht so schnell lernten wie er. Genauso war es bei den Klavierstunden.

Bob konnte so gut manipulieren, daß in den Klinikberichten Gerüchte über seine verschiedenen Pläne auftauchten. In einem stand: ›Sally Moore hörte von dem Gerücht, daß der Patient mit dem Richter seiner Heimatstadt zusammenarbeite, um den Gerichtsbeschluß zu ändern – und daß er innerhalb eines Monats wieder zu Hause sein würde‹.

Bobbys Ruf, seinen Weg zu machen, verlieh ihm eine gewisse Glaubwürdigkeit, und selbst Gerüchte trugen zum Glauben an seine Macht bei. Als Linda sich zum ersten Mal mit Sally Moore traf, erzählte sie ihr, einige Leute in Kerens glaubten, sie und Bobby hätten Shelley in ein ›Heim‹ gesteckt und seien auf die Bahamas geflogen.

Bobby Sessions war wie ein gewitzter Bankräuber, den man wegen seiner Tat rügte, aber ob seiner Geschicklichkeit bewunderte. Es gelang ihm immer wieder, sich herauszureden. Als ihm eine Angestellte einmal vorhielt, sie hätte gehört, wie er Sarah Conn während eines Telefongespräches 500 Dollar versprach – was gegen die Richtlinien des Hauses verstieß –, meinte Bobby nur, das Geld sei zur Deckung ihrer Ausgaben bestimmt.

In der Klinik stand man Bobbys christlichen Beratern skeptisch gegenüber. »Da er glaubte, eine *Bona-fide*-Erlösung und die Vergebung seines Verhaltens erlangt zu haben, konnte man wenig tun«, lautete die Zusammenfassung des Klinikberichtes. Man sagte, Sessions benutzte den Glauben als Entschuldigung und als Mittel, um seine Verlegung in ein christliches Beratungszentrum in die Wege zu leiten. Er hielt die Beziehung zu seinen frommen Beratern aufrecht, genauso wie Linda, die sogar nach Denver flog, um eine Woche mit der Solomon's Grace Fellowship International zu verleben.

»Dr. Brownlee meint, daß er (die Religion) dazu benutzt, um seine Schuld und den Ernst des Geschehenen zu leugnen«, stand im Tätigkeitsbericht vom 22. August. »Es gibt heftige Anzeichen, die dafür sprechen.«

Nach einem Ende September erschienenen Bericht ließ Bobby keine Fortschritte erkennen: »Dr. Howard hört ständig von anderen Patienten, daß sie es nicht wagten, ihm die Meinung zu sagen, und daß er sich manchmal auf dem Klinikgelände Patientinnen gegenüber ungehörig benehme. Solche Dinge sind nur schwer nachzuweisen; das gilt besonders für sexuelle Absichten. Aber der Patient hält sich unter anderem deswegen in der Klinik auf.«

Das hörte sich nach Linda an, die das Problem auch nicht zur Sprache bringen wollte und nicht bereit war, sich gegen Sessions zu stellen. Bobby war ein psychologischer Fuchs, ein emotionales Chamäleon, das alle Menschen verblüffte. Auch seine Ärzte in Timberlawn. »Er führt immer acht oder neun Gründe auf, weshalb seine Darstellung besser ist als Ihre − die Leute diskutieren nicht gern mit ihm, denn er gewinnt immer«, schloß Howard.

Dr. Carson gestand: »Sessions war einer der schwierigsten Patienten, mit denen ich je zu tun hatte.«

Genauso rasch, wie er in die Klinik gekommen ist, würde er wieder herauskommen. Es war wie ein Spiel. Geheilt zu sein oder die Ärzte zu überzeugen, daß sie nichts mehr für einen tun können, lief auf das gleiche hinaus. Bobby Sessions brachte es fertig, Krankheit und Heilung mit einem Geschick zu verbinden, wie man es in Timberlawn kaum je gesehen hatte.

Als seine Schwester Pat Davidson ihn wiedersah, war sie erschüttert über die Veränderung, die mit ihm vorgegangen war. »Früher, wenn ich meinen Bruder ansah und wir miteinander redeten ... Haben Sie schon einmal mit jemandem gesprochen, der nicht die Wahrheit sagen konnte? Seine Augen bewegen sich die ganze Zeit. Er ist nervös und fahrig. Er stellt sich immer in einem besseren Licht dar. In seinem Kopf herrscht eine Wildheit und Instabilität, die man nicht sehen kann.

Man weiß es nur. Man fühlt es. Wenn man einen Menschen mag, weiß man, wenn es ihm nicht gut geht und er mit Gott nicht in Einklang ist. Als mein Bruder über die Schwelle meines

Hauses trat, sah ich ihn das erste Mal im Leben im Frieden mit sich. Seine Seele und sein Geist hatten ihren Frieden gefunden, und es war wunderschön anzusehen, wie ein Mann nach 42 Jahren der Pein endlich seinen Frieden und die Liebe zur Familie gefunden hat. Noch nie habe ich meinen Bruder so geliebt. Ich habe mich seit Jahren nach der Liebe meines Bruders gesehnt, und jetzt ist mein Wunsch in Erfüllung gegangen, und es ist wunderschön, und ich danke Gott dafür.«

Es gelang ihm auch, Linda in seinen Kampf um die Freiheit mit einzubeziehen. Sie besuchte ihn gelegentlich, und es gelang ihnen, einen Kurzurlaub für Bobby durchzusetzen, den sie in einem Hotel außerhalb der Klinik verbrachten. Im September und Oktober erlebte das Paar, wie ein Arzt es nannte: »Eine recht dramatische Flucht in die eheliche Übereinstimmung.« Bald danach setzte sich Linda heftig für Bobbys Entlassung ein und drohte der Klinik mit gerichtlichen Schritten.

Howard antwortete, Bobby könne gehen, wann immer er wolle – aber er riskiere, die Bewährungsauflagen zu verletzen, da er keine Erlaubnis des Richters in Corsicana vorweisen könne, der ihn damals verurteilt habe. Die Antwort schien Linda abzukühlen. Aber der Vorfall erinnerte Howard daran, daß Linda versuchte, der Klinik die Schuld an Bobbys mißlicher Lage und den Schaden, der ihm, seiner Frau und seinem Sohn zugefügt worden war, in die Schuhe zu schieben. »In dieser Familie dreht sich alles um Schuld. Schuld ist ein gutes Manipulationswerkzeug. Linda setzte es gegen die Klinik ein.«

Doch Linda stand nicht vollständig auf Bobbys Seite. Und Bobby wiederum hat seiner Frau nie erzählt, was zwischen ihm und Shelley gewesen war. »Ich mußte für einen der Berater einen sehr detaillierten Bericht schreiben«, erinnerte Sessions sich, »den sie dann Schritt für Schritt mit Linda durchgingen.« Aber es gab keine Diskussionen über das Wesentliche.

»Zwischen dem Patienten und seiner Gattin bestand eine eher symbiotische Beziehung«, schloß Dr. Howard. »Während sich der Patient nach außen hin von diesen Interaktionen distanzierte, machte seine Frau erwartungsgemäß weiter.«

Übersetzt heißt das, Bobby brauchte nicht offiziell anzuordnen, daß seine Tochter in ein ›Heim‹ gegeben wurde. Bei den Gesprächen mit seiner Frau erkundigte er sich nach Shelley, und erinnerte Linda daran, daß ihr Glück ihm am Herzen liege. Wenn Lindas Wünsche nicht mit seinen übereinstimmten, flößte er ihr Schuldgefühle ein.

»In der vergangenen Woche versuchte er mit aller Macht, die Erlaubnis für einen Wochenendbesuch bei seiner Frau durchzusetzen, wobei er seinen kleinen Sohn als Vorwand benutzte«, äußerte ein Arzt bei einem Treffen Ende September.

»Sowohl Bob als auch seine Frau bedrängten den beratenden Psychiater unermüdlich, Bob zu entlassen«, bemerkte Doyle Carson.

»Bob schien dabei weitgehend unbeteiligt ... aber es ist anzunehmen, daß er ihr Dinge sagt, die sie dazu bringen, das Personal zu bedrängen, ihn zu entlassen.«

Aber während Linda um mehr Besuchsprivilegien kämpfte, klagte sie zugleich über die lange Fahrt von Corsicana nach Dallas.

Bobby schlug in die gleiche Kerbe: ›Der Patient versucht mit Erfolg, einem Schuldgefühle einzureden, weil er sich mit seiner Gattin nur in der Klinik treffen kann‹, stand in einem Mitte Oktober erschienenen Bericht, ›und weil die lange Fahrt sehr schädlich für seinen Sohn sei. Erst vor kurzem erklärte er Dr. Howard, es gefalle ihm nicht, mit seiner Frau in ein Motel zu gehen. Er habe ein ungutes Gefühl dabei.‹

Bobby arbeitete seit seiner Ankunft im Juni an seiner Entlassung. Und er erinnerte sowohl das Personal als auch die Patienten daran, daß er immer bekommen habe, was er wollte.

In einem Bericht vom 12. September heißt es: ›Der Patient ist sehr schwer zur Rechenschaft zu ziehen ... Er reagiert gereizt. Das Personal traut ihm nicht. Er ist besonders im Bezug auf das andere Geschlecht sehr manipulativ.‹

Und zwei Wochen später: ›Er war fordernd ... er wollte nach Corsicana zurück, um dort in die Kirche zu gehen und mit seiner Frau zusammenzusein und dergleichen mehr. Er schien sich der Tatsache nicht bewußt zu sein, daß er aufgrund eines ihm zur Last gelegten Verbrechens in der Klinik war.‹

Aber seine Taktik hatte Erfolg. An einem Donnerstag im September erlaubte man ihm, nach Hause zurückzukehren, um sich einige restliche Fäden im Magen ziehen zu lassen; Freitag, Samstag und Sonntag durfte er sich auf der Ranch erholen. Und er bekam Kurzurlaub, um seine Schwester in Dallas zu besuchen. Es gab eine Anordnung, daß Bobby das Gelände verlassen durfte, wenn er zur Familientherapie in eine andere Klinik in Dallas ging. Man erlaubte ihm, zwei Tage hintereinander die State Fair zu besuchen. Und im November durfte er seinen eigenen Wagen nach Timberlawn mitbringen.

Sobald er wieder in Timberlawn war, ertönte erneut der Chor derer, die seine Entlassung forderten. ›Seine Frau bestand darauf, daß man den Patienten bald entließ‹, berichtete Sally Moore Anfang Oktober. Zur gleichen Zeit konnte man in einem Tätigkeitsbericht lesen: ›Dr. Howard machte eine dreißig- bis vierzigminütige Runde mit dem Patienten, der Einsicht und Verständnis zeigte und Dr. Howard dann bedrängte, ihn nach Corsicana zu seiner Frau zu schicken.‹

Man erlaubte ihm, sich außerhalb der Klinik mit Freunden und der Familie zu treffen. Er durfte an allen Wochenenden im Oktober und November und zu Thanksgiving nach Hause fahren. Man war sich in Timberlawn im klaren, daß man Bobby nicht ewig halten konnte — oder auch nur das festgesetzte Jahr —, und wollte ihn auf seine Entlassung vorbereiten.

Dr. Howard war erleichtert, als er hörte, daß Shelley nicht zu Hause sein würde, als Bobby sich verabschiedete. Das hieß nicht, daß er sie ins Rebekah-Heim wünschte. ›Bei meinen Besuchen in Corsicana warnte ich Bobby sehr nachdrücklich davor, das Haus zu verlassen, um Shelley zu besuchen, da ich befürchtete, daß beider Besessenheit ihnen gefährlich werden konnte.‹

Falls Shelley aus irgendeinem Grund zu Hause auftauchen sollte, solle Bobby sich von ihr fernhalten.

Doch seine Warnungen waren in den Wind gesprochen. Laut Howard leugnete Bobby die Gefahr, ›weil er es sofort wieder mit ihr machen wollte‹. Pastor Goode war trotz Howards Einwände dafür, die Familie zusammenzuführen.

Bobby und Linda ärgerten sich zunehmend über Timberlawn und Dr. Howards Interesse an Bobbys Leben.

Bobby zeigte weiterhin keine Veränderung seines Standpunktes, was die Tat selbst betraf. »Er glaubte — und davon wird er nicht abgehen —«, bemerkte Carson Ende September, »daß seine sexuelle Beziehung mit ihr auf die andauernden Zurückweisungen seiner Person während der Kindheit zurückzuführen ist.«

Das gleiche erzählte er im Oktober einem neuen Berater: »Die sexuelle Beziehung (mit Shelley) entsprang seiner tiefen Sehnsucht, geliebt zu werden«, berichtete Leslie Carter, ein Psychiater aus Dallas. Carter hielt seine Beobachtung für begründbar.

Linda besuchte Carter, der als Berater in einer Privatklinik fungierte, seit Ende Juni. Sie arrangierte, daß Bobby sich mit Carter traf, damit er ihn bei seinen Entlassungsbemühungen unterstützte. In den folgenden beiden Wochen besuchte Bobby Carter fünf Mal; öfter, als er seine Berater in Timberlawn sah. Danach kam Carter zu dem Schluß, daß ›Bobby seine Stellung zum Leben in seinem eigenen Haus wiederherstellen sollte.‹

Dr. Carson enthüllte, wie erfolgreich sich Bobby selbst heilte: »Er ist derart überzeugt davon, keine Probleme zu haben, die in einer Klinik behandelt werden müßten, daß die Erfolge der Psychotherapie-Sitzungen zurückgingen ... Er verhält sich extrem defensiv und weiß grundsätzlich auf alles eine Antwort. Diese Antworten gibt ihm sein Glaube ein. Bobby sagt zum Beispiel, er warte, bis Gott ihm alle Antworten und Anweisungen liefere. Er brauche nicht nach einer Lösung zu suchen; er brauche sich nicht aktiv darum zu bemühen. Er warte einfach und erhalte die richtigen Antworten beim Gebet. Meiner Meinung nach bekommt ihm diese Einstellung gut. Man sollte sie unterstützen und nicht verurteilen.«

Zur letzten Personalversammlung kamen weniger Leute als zu der Marathonsitzung im Juli. Man stimmte im folgenden überein: ›Man merkt, daß dieser Patient eine manipulative Persönlichkeitsstörung hat, die sich laut Personal nicht grundsätzlich geändert hat ... Der Patient spricht jetzt über die Probleme seiner unangepaßten Tochter.‹

Auf derselben Versammlung kam auch Lindas Entwicklung zur Sprache: ›Urteilsvermögen und Realitätssinn dieser Frau werden sehr stark durch die emotionalen Reaktionen des Patienten geschwächt. Das ist keine ermutigende Aussicht für die Zukunft, denn es bedeutet, daß sie eine so zerbrechliche und formbare Person ist, daß sich die häusliche Situation nicht sehr verändern wird.‹

Schließlich gelangte man zu einer Entscheidung: Bobby bekam von seinem Richter die Erlaubnis, Timberlawn zu verlassen.

Im Tätigkeitsbericht/Behandlungsplan vom 12. November steht ganz nüchtern: ›Patient wird am 5. Dezember auf eigenen Wunsch entlassen. Dr. Howard empfahl einen längeren Aufenthalt. Doch da der Patient im Moment nicht daran interessiert ist, sich grundlegend zu ändern, scheint es ihm ein annehmbarer Entlassungstermin zu sein.‹

Howard hatte eine Verlängerung des Klinikaufenthaltes von wenigstens zwei bis drei Monaten empfohlen.

Bobby Sessions war offiziell erst Weihnachten zu Hause, inoffiziell aber schon seit Thanksgiving. Kein geringer Erfolg für einen überführten Verbrecher. Und sicherlich eine mildere Strafe als die, die Shelley absitzen mußte. Bobby war am Wochenende vor Thanksgiving nach Hause gefahren, hatte sich einem kleinen chirurgischen Eingriff unterzogen, war drei Tage in der Klinik geblieben und erholte sich die folgenden sechs Tage am Swimmingpool der Ranch.

Er kehrte überschäumend vor Freude über die Entlassung nach Timberlawn zurück. Er gab an, alle Familienmitglieder seien von seiner Entwicklung entzückt gewesen, jedermann in der Stadt habe ihn willkommen geheißen, und seine Frau hätte sich erneut in ihn verliebt.

»Tatsächlich«, gestand er Dr. Howard, »wollen wir noch einmal heiraten, um das eheliche Gelübde zu erneuern.«

Bobby dachte wirklich, er sei geheilt. Er glaubte an Wunder. Er war überzeugt, seine Persönlichkeit hätte sich durch intensives Sonnenbaden in weniger als sechs Monaten grundlegend gewandelt: »Als ich ging, war ich ein anderer.«

Doyle Carson berichtete, Bobby habe während ihrer letzten Therapiesitzung versucht, ihn zu bekehren. »Ich denke, er tat es, weil er ein echtes Interesse an mir hatte, und weil er mir einen Gefallen tun wollte.«

Pastor Solomon schließlich bemerkte: »Der Heilige Geist bewirkt die Veränderung im Leben. Er ist der Ratgeber. Wir sind nur Instrumente, die das Individuum lehren sollen, was sie (sic) über sich selbst und die Bibel wissen müssen.«

Die Ärzte in Timberlawn bezweifelten, daß diese religiösen Anfälle eine tiefe und anhaltende Veränderung in Bobby bewirkt hatten. Zum Schluß kam es zu Auseinandersetzungen, ob er sich nun verändert habe oder nicht — und was genau als grundlegende Veränderung angesehen werden müsse.

Dr. Howard bemerkte in der Woche vor Bobbys Entlassung, der Patient zeige ›viel mehr Einsicht ... aber er ist noch immer narzißtisch und selbstzentriert und sieht alles nur als Erweiterung seiner selbst an. Er hat noch immer den Drang, alles zu kontrollieren. Symptomatisch geht es ihm viel besser, aber das alles hat keine grundlegende Änderung des Patienten bewirkt.‹

Der Entlassungsbericht schloß: ›(Patient) bagatellisierte und sagte bewußt die Unwahrheit über seine inzestuöse Beziehung zu seiner Tochter. Er behauptete erst, es sei nur einmal vorgekommen, und später, es sei bei verschiedenen Gelegenheiten innerhalb eines Jahres geschehen. Wie sich herausstellte, zogen sich die Vorfälle über einen Zeitraum von ungefähr vier Jahren hin und waren ein Grund für die ständigen Auseinandersetzungen zwischen dem Patienten und seiner Stieftochter‹.

Als Bobby ihnen versprach, auch außerhalb der Klinikmauern zur Beratung zu gehen, hatten die Ärzte einen Ausweg gefunden.

Am Samstag, dem 3. Dezember, fuhr er auf ein Wochenende nach Hause, und kehrte am Montag, dem Tag seiner offiziellen Entlassung, nach Timberlawn zurück. Er blieb eben lange genug, um seine persönlichen Sachen abzuholen und sich zu verabschieden. Knapp sechs Monate nach seiner Ankunft wurde er offiziell entlassen. Mit ›größtmöglichster Unterstützung der Klinik‹ und ›im gegenseitigen Einvernehmen‹. Nicht schlecht. Jeder verurteilte Verbrecher würde die Gelegenheit willkommen heißen, im ›gegenseitigen Einvernehmen‹ das Gefängnis zu verlassen.

Shelley kommt heraus

Shelley sollte nie von Rickys fehlgeschlagenem Versuch erfahren, sie zu befreien.

Und statt Gott fand sie in dem Heim nur eine Mischung aus dem Teufel und einer strengen Disziplin.

In jedem Zimmer gab es eine Gegensprechanlage, aus der Verlautbarungen, Bibellesungen, Predigten und Befehle tönten. Die Mädchen versammelten sich regelmäßig in einem der beiden großen Aufenthaltsräume — entweder im ersten Stock oder im Parterre —, um Bibelverse zu lesen.

Sie verpaßten einem eine Gehirnwäsche. Man schlief ein, während über die Gegensprechanlage Bibelstellen vorgelesen wurden. Sie ließen das Band immer wieder laufen. Dann folgte eine Predigt. Und wenn man wach wurde, fing alles wieder von vorn an.

Und wenn man gerade ins Bett gehen wollte, forderten sie alle auf, sich auf dem Flur zu versammeln. Sie sagten: »Ihr schmutzigen, bösen Mädchen.« So reden sie. Jemand hätte irgendwo irgendwas gestohlen, und sie gäben uns zehn Minuten, es wieder zurückzubringen. Aber niemand hatte etwas gestohlen, wahrscheinlich hatten sie es nur verlegt.

Wir mußten auf den Flur und uns hinknien. Stundenlang. Der Blutkreislauf in den Beinen stockte, man konnte sich nicht mehr bewegen und fing zu schwanken an. Und sobald man zu schwanken begann, kamen sie und zwangen einen, aufzustehen. Man konnte sich nicht entspannen, indem man das Gewicht auf ein Bein verlagerte. Man mußte völlig gerade dastehen. Manche Mädchen haben einen Schwächeanfall erlitten und sind umgefallen. Sie schnappten sie sich und stellten sie wieder hin.

Der tägliche Trott war fast ebenso ermüdend. Alles war vorausschaubar und wurde nur von Verstößen, Minuspunkten, Schlägen und Einschränkungen unterbrochen. Jeden Morgen um sechs Uhr, wenn die Bibelverse aus dem Lautsprecher schallten, stand Shelley auf und holte sich ihre Seife und ihren Schwamm. Jeden Tag mußte sie die Zimmerwände, den Bettrahmen, die Rohre unter dem Wandschrank und die Tische mit Ammoniak abwischen.

Eine Freundin von mir sammelte Seifenstückchen — und schluckte dann alle auf einmal. Sie pumpten ihr den Magen aus und schickten sie wieder zurück. Sie machte es noch einmal, und sie brachten sie wieder zurück.

Man versuchte alles Mögliche, um rauszukommen. Ich sah, wie ein Mädchen eine Fensterscheibe zerschlug, eine Scherbe nahm, und anfing, an sich herumzuschneiden. Man brachte sie in die Klinik. Sie dachte, sie könne von dort fliehen. Aber sie schaffte es nicht.

Eine geistlose Trägheit, die nur von mißglückten Flucht- und Selbstmordversuchen unterbrochen wurde.

Man bekam die Reinigungsutensilien, machte sauber, wurde zum Frühstück gerufen, stellte sich im Flur auf — niemand durfte ohne Aufforderung sein Zimmer verlassen — und marschierte zum Frühstück. Man stellte sich in die Schlange. Und egal, ob es einem zusagte oder nicht, ob es einem hochkam oder nicht, man aß es. Man mußte alles essen, was sie einem gaben, und man wurde dick — denn man aß die ganze Zeit. Es ist, als wollten sie, daß man häßlich wird, denn sie ließen nicht zu, daß man sich zurechtmachte.

Für sie ist Make-up und Frisieren eitler Tand und schlecht. Deshalb gab es scheinbar keine hübschen Mädchen dort. Einige Mädchen hatten eine richtige Modellfigur, als sie ankamen, und wenn sie gingen, sahen sie wie kleine Zeppeline aus.

Nach dem Frühstück ging man wieder in sein Zimmer und machte sich für die Schule fertig. Dann wurde man zum Unterricht gerufen. Man stellte sich wieder auf und marschierte über den Hof zur Schule. Alle trafen sich in einem Raum. Dann gab es eine Bibellesung. Danach ging man in seine Klasse ...

Man ging zum Frühstück und betete. Man ging zur Schule und betete. Im Unterricht machte man Bibelstudien. Und nach der Schule las man noch ein, zwei Stunden in der Bibel.

Man traf sich im Aufenthaltsraum und las bestimmte Kapitel aus der Bibel immer wieder. Es war fast wie bei einer Seance. Einmal hörte ich auf zu lesen und lauschte. Ich hörte etwas ähnliches wie ein Lied. Gehirnwäsche.

Man liest bestimmte Bibelstellen. Und wenn man durch war, fing man wieder von vorne an. Und noch einmal, und noch einmal, bis die Zeit um war. Man las sie wieder und wieder und wieder und wieder.

Licht aus bedeutete auch Licht aus. Es gab Alarmanlagen an allen Haustüren und Fenstern und einen Sicherheitsdienst, der nachts durch die Flure patrouillierte.

Wenn man versehentlich gegen eine Scheibe stieß und damit Alarm auslöste, mußten sich alle ans Ende des Bettes setzen. Dann kamen sie und überprüften alles. Sie zählten nach, um herauszufinden, ob jemand nicht in seinem Zimmer war. So etwas passierte andauernd. Immer wieder versuchten welche, zu fliehen.

Aber es gab nur wenige erfolgreiche Ausbrüche.

Es ist nicht einfach, mit dieser Uniform die Straße runterzulaufen, denn jeder weiß, woher man stammt. Ausbruchversuche fanden bevorzugt an Freitagabenden statt, dem Tag, an dem die ›guten‹ Mädchen in der Cafeteria Filme sehen durften. Die Küche wurde geöffnet, damit sich die Mädchen – natürlich unter Aufsicht – Kleinigkeiten wie Donuts, zubereiten konnten. Und es war die einzige Gelegenheit, bei der die Mädchen – nur die guten, versteht sich – ihre Haare lang tragen durften.

Es war schon eine große Sache, denn man bekam die ganze Zeit weder Zucker und Süßigkeiten noch Junk Food. Deshalb aß man so viel, wie man konnte, während man sich diese stumpfsinnigen Zeichentrickfilme oder so dämliche Filme wie Lassie reinzog. Zuerst kommt es einem echt blöd vor. Aber nach einer Weile fiebert man dem Freitag und den dämlichen Filmen entgegen. Es war schon super, einfach rumrennen, verrückte Sachen machen und wieder mal man selbst sein zu können, ohne Angst haben oder auf Zehenspitzen gehen zu müssen.

Freitags entspannten sich sogar die Wächter – wenigstens glaubten die Mädchen das.

Niemand paßte auf, und man hatte Spaß. Man konnte sich in einem Schrank verstecken und warten, bis alle fort waren, und dann abhauen.

Ich glaube, so hat sich dieses eine Mädchen immer aus dem Staub gemacht — sie ist immer wieder ausgebrochen, wurde aber jedesmal geschnappt. Einmal erwischte man sie am Flughafen. Man brachte sie zurück. Sie bekam Prügel und wurde eingesperrt — ich glaube, sie war die ganze Zeit in Gewahrsam. Ich werde sie nie vergessen. Sie hatte blaue Flecken und blutete. Aber eines Tages hat sie es geschafft. Sie kam nie mehr zurück.

Shelley erfuhr die Risiken eines mißlungenen Ausbruchsversuches am eigenen Leibe.

Wir haben einem Wächter den Schlüssel für die Hintertür gestohlen — wir waren ungefähr sechs oder sieben Mädchen. Wir hatten vor, zum Onkel eines Mädchen zu laufen, der die Straße runter wohnte. Aber eines der Mädchen drehte durch. Sie hatte soviel Angst vor dem, was passieren würde, wenn sie uns erwischten, daß sie die Nerven verlor und alles verriet.

Wir erfuhren es erst, nachdem die Lichter ausgeschaltet waren. Jedes an dem Plan beteiligte Mädchen wurde ins Büro gerufen. Und ich saß in meinem Bett und wußte genau — o Gott, sie würden auch meinen Namen ausrufen. Man war echt in Schwierigkeiten, wenn sie einen ausriefen.

Da schallte ihr Name aus dem Lautsprecher. Shelley stand auf, zog ihren Bademantel an und ging die Treppe hinunter ins Büro der Heimmutter. Mrs. Barett erwartete sie mit ernstem Gesicht, das Brett in der Hand. Shelley sah die anderen Mädchen, ihre Mitverschwörerinnen, wie Schafe aufgereiht an der Wand stehen. An der gegenüberliegenden Seite des Büros entdeckte sie etwas, was ihr recht merkwürdig vorkam. *Da waren diese Wachen... diese Männer im Büro. Sie arbeiteten fürs Heim. Sie saßen nur rum und beobachteten uns.*

Sie sahen zu, wie jedes der Mädchen sich über Mrs. Baretts Schreibtisch beugte und Prügel bekam.

Man schlug uns. Ich bekam achtzehn Schläge. Und diese Männer lachten. Sie lachten über uns, während wir weinten.

Danach lernte Shelley den Gewahrsam kennen. Man führte

sie in einen fensterlosen Raum, in dem es eine Toilettenschüssel und ein Waschbecken und sonst nichts gab.

Es war einfach ein Raum mit hellweißen, glänzenden Wänden. Ein Ort, der einen verrückt machen konnte. Auf dem Boden lag eine Matratze. Es gab kein Wasser. Man konnte nicht baden. Manche blieben sieben, vierzehn Tage da drin, ohne sich zu baden oder die Zähne zu putzen. Nichts. Es gibt kein Toilettenpapier.

Wenn man über den Flur ging, fingen sie an zu schreien und zu stöhnen. Nachts hörte man sie brüllen: »Laßt mich hier raus! Ich werde wahnsinnig!« und gegen die Wand hämmern. Es machte einen verrückt, besonders wenn man genau daneben wohnte. Und es stank schrecklich dort drinnen, weil man nicht baden konnte.

Ab und zu kam jemand, öffnete die Tür, stellte das Essenstablett hinein, und schloß wieder zu. Wenn man rauskam, konnte man kaum noch etwas erkennen, weil es die ganze Zeit dunkel gewesen war. Gott, es war schrecklich!

Shelley mußte nur einen Tag und eine Nacht in dem weißen aber dunklen Raum verbringen. Das reichte. Sie war gewitzter als die anderen Mädchen. Danach dachte sie zwar an Flucht, aber es ergab sich nie eine günstige Gelegenheit, die verlockend genug war, um noch einmal den Gewahrsam zu riskieren.

Nachdem Shelley aus dem Gewahrsam entlassen worden war, lehrte man sie die Einschränkung, die zweite Stufe der Einsamkeit.

Man mußte auf seinem Zimmer bleiben. Man durfte erst sprechen, wenn man angesprochen wurde und mußte den Kopf gesenkt halten. Man durfte nicht aufschauen, keinen anderen ansehen. Man mußte Kapitel aus der Bibel aufsagen, wenn man rauswollte, und zwar jemandem aus dem Büro. Und wenn sie einen nicht rauslassen wollten, gaben sie einem noch mehr zum Auswendiglernen. Man mußte an der Wand stehenbleiben, während die anderen zum Essen gingen, und dort warten, bis alle mit dem Essen fertig waren. Die Einschränkung konnte sich über Wochen hinziehen.

Shelley blieb zwanzig lange, zähneknirschende Tage geächtet. Zu der täglichen Routine kam noch das Schweigen. Shelley zog sich schweigend für den Unterricht um. Sie schlüpfte in die Schuluniform: ein rotweißkariertes Hemd und einen roten Rock. Sie frühstückte mit den anderen Mädchen in der Cafeteria, aber es war ihr verboten, zu sprechen. Dann ging sie schweigend zum Schulgebäude. Das Mittagessen wurde ebenfalls ohne ein Wort eingenommen. Sie begann unter der Isolation zu leiden.

Shelley war vom Rest der Welt abgeschnitten, von den Freunden getrennt. Ein Teil von ihr empörte sich über die Ungerechtigkeit. Ein anderer Teil wurde hart und kalt. Sie lebte in einem Gefängnis, da gab es nichts zu beschönigen.

Nach fast sechsmonatiger Gefangenschaft, als sie sich ihrem Schicksal schon fast ergeben hatte, erhielt sie einen Brief von Michael. Sie hatte nicht oft von ihrem kleinen Bruder gehört — war sich aber nicht sicher, ob das nicht vielleicht am Zensor lag. Er schrieb, daß alles gut sei und er im August seinen siebten Geburtstag gefeiert habe und ihr für die Glückwunschkarte dankte. Shelley lächelte. Dann erstarrte sie. Sie konnte es nicht glauben. Da stand: ›Daddy vermißt dich‹.

Sie starrte das Blatt Papier an, dann zerknüllte sie es und warf es an die Wand.

Ich drehte durch. Ich erzählte es den Heimeltern. Ich wollte wissen, was los war. Ich schrie sie an. Ich schrieb meiner Mutter Briefe, in denen ich ihr mitteilte, ich wolle wissen, was da vor sich ging. Ich hätte ein Recht, es zu erfahren, da ich irgendwann einmal zurückkommen würde, und daß sie mir Sachen vorenthielten, die ich wissen sollte.

Shelley hatte keine Ahnung, daß alle Erwachsenen, die mit ihren Eltern zu tun hatten, auf den Tag hinarbeiteten, an dem Bobby und Shelley wieder zusammen sein würden. Shelley war die einzige, die nicht vorhatte, wieder mit ihrem Vater zusammenzuleben.

Niemand hatte es ihr gesagt. Sie war kaum fähig, ihre Wut darüber zu beherrschen, entführt und in ein Gefängnis geworfen worden zu sein, geschweige denn Andeutungen wie ›Daddy vermißt dich‹ zu verstehen. Shelley hatte angenommen, daß ihr

Vater bis zu ihrem achtzehnten Lebensjahr aus ihrem Leben verschwunden wäre — und daß sie *nie wieder* mit ihm leben müßte.

Die Neuigkeit war niederschmetternd. In den ersten Wochen im Heim hatte sie darum gebettelt, das Telefon benutzen zu dürfen. Aber natürlich hatte man ihr nicht mehr als einen Anruf im Monat gestattet. Und sobald sie ihre Mutter anflehte, sie aus dem Heim zu holen, wurde die Verbindung unterbrochen.

Shelley schrieb Linda verzweifelte Briefe über die Strafen, die sie erdulden mußte, aber sie erreichten den Empfänger nicht. Von Linda bekam Shelley nur immer die gleichen ermüdenden Schreiben über ihre religiösen Erfahrungen, ihre wunderbare Bekehrung und den Sonnenuntergang auf der Ranch.

»Ich wußte, daß Shelley sich sehr einsam fühlte, und ich konnte mir vorstellen, wie deprimiert sie sein mußte, und so schrieb ich ihr: ›Vergiß den Sonnenuntergang nicht, Shelley. Und wenn du ihn siehst, denke daran, daß auch ich am Fenster stehe und dir nahe bin.‹«

Ich konnte ihr fünf Briefe mit den gleichen Fragen schicken. Sie beantwortete nicht eine, die wichtig war. Sie schrieb nur über Sachen, aus denen ich mir nichts machte. An einem Ort wie diesem interessierten mich Sonnenuntergänge nicht. Vor allem, wenn ich sie nicht sehen konnte. Sie wollte nur das Thema wechseln. Sie wollte keine wichtige Frage beantworten.

Im Heim lebten 300 Mädchen. Am anderen Ende des Geländes waren die Jungen untergebracht. Aber sie hatten keinen Kontakt miteinander. Drei Mädchen in jedem Zimmer — und eine Gegensprechanlage, durch die man Botschaften oder Befehle bellen oder Gespräche belauschen konnte.

Die ›Schule‹ war kaum mehr als ein Gefängnis für jugendliche Delinquenten, Drogensüchtige, Alkoholiker, Prostituierte und Selbstmordgefährdete. Shelley paßte in keine dieser Kategorien. Aber es gab ein paar Mädchen, denen es so wie ihr erging: Unglückliche, deren Eltern sie nicht um sich haben wollten.

Das reglementierte Leben im Heim bestand aus Wiederholung und Unterwerfung. Ein Tag war wie der andere. Im Morgengrauen läutete die Glocke. Während die Mädchen sich anzogen, tönten aus den Lautsprechern Passagen aus der Bibel. In der Schule saß man an einem Schreibtisch, der von zwei Meter hohen Holzpaneelen umgeben war.

Wenn ein Mädchen den Lehrer etwas fragen wollte, winkte es mit einem farbigen Stock, den sie danach wieder in ein Loch in ihrem Schreibtisch steckte. Wenn das blaue Ende oben war, hatte man eine Frage an den Lehrer. War das rote Ende oben, bedeutete das, man hatte eine Arbeit, die benotet werden sollte.

Der Unterricht in allen Fächern hatte eine religiöse Ausrichtung. Zum Beispiel hörte man in Geschichte nichts über die Gründerväter, sondern von biblischen Vätern wie Abraham und Isaak. Selbst in Mathematik gab es Themen und Beispiele aus dem religiösen Bereich. Shelley nahm jeden Tag an einem einstündigen Bibelkurs teil. Und nach der Schule mußte sie noch eine weitere Stunde in der Bibel lesen. Dann folgten das Abendessen, weitere Bibelstudien, danach der Gottesdienst. Und um zehn Uhr gingen die Lichter aus.

Man hätte es das Bett-&-Bibel-Heim nennen können.

Ältere ›gute‹ Mädchen wurden zu Aufpasserinnen der neuen, jüngeren oder ›böseren‹ Mädchen. Aufpasserinnen durften — und sie wurden darin bestärkt — Minuspunkte bei Verletzung einer der zahllosen Vorschriften erteilen. Wenn man sein Essen nicht aß, gab es Minuspunkte. Wenn man beim Schlangestehen schwätzte, setzte es Minuspunkte. Zehn Minuspunkte bedeuteten zehn Schläge, verabreicht durch die Hausmutter Mrs. Barrett. Hände auf den Tisch. Nach vorne beugen. Und dann ließ Mrs. Barrett das Brett auf den Hintern des Opfers niedersausen. Wenn das Brett brach, wurde es durch einen Gummistock ersetzt. Der war unzerstörbar. Auch Shelley gehörte gelegentlich zu Mrs. Barretts Opfern. Auf die Schläge folgte ein fünfstündiges einsames Bibellesen.

Alles, was ich befürchtet hatte, traf ein. Meine Mutter stand nicht hinter mir. Ich hatte das Gefühl, für das bezahlen zu müssen, was er getan hatte.

Shelley hoffte immer noch darauf, gerettet zu werden. Wenn schon nicht von Ricky, dann von ihrer Mutter, die sie ja auch hierhergebracht hatte. Monatelang sagte Shelley sich, daß Linda nur nicht begriff, in was für einer Hölle sie lebte und daß sie, wenn sie es herausfände, sofort kommen und sie mitnehmen würde.

Sie versuchte alles, um sich der Außenwelt – das heißt, ihrer Mutter – mitzuteilen.

»Mom!« schrie sie bei den ersten kostbaren Anrufen ins Telefon. »Sie schlagen uns...« Klick. »Hol mich hier raus...« Klick.

Ich glaube, die Eltern denken: Das ist ein christliches Heim. Bla, bla, bla. Sie haben keine Ahnung.

Als eine Freundin entlassen wurde, setzte sich Shelley mit ihr hin und ließ sie die Telefonnummer ihrer Mutter auswendig lernen. »Ruf sie an«, flehte sie. »Sag ihr alles. Erzähl ihr, was sie uns hier antun.« Shelley wußte, daß ihre Mutter meinte, sie sei in einer ›christlichen Schule für Mädchen‹.

Ich hoffte, sie würde erkennen, daß das nur der äußere Schein war; daß es nicht so war, wie man immer hörte, und daß sie kommen und mich abholen würde.

Es funktionierte nicht. Und Shelley wurde lustloser, ungehorsamer, bekam Minuspunkte, Schläge und träumte von ihrer Rettung – bis eines Tages Mrs. Barretts Ehemann, Bruder Barrett, in ernstem Ton zu ihr sprach: »Erst wenn du die Tatsache akzeptierst, daß dein Vater zu Hause ist, kommst du hier heraus.«

Etwas machte *klick*. Es war nicht so sehr die Tatsache, daß sie akzeptieren mußte, mit ihrem Vater in einem Haus zu leben, sondern daß er – selbst hier – eine gewisse Kontrolle über ihr Schicksal hatte.

Ich fing an, Mädchen zu beobachten, die noch nie in Schwierigkeiten geraten waren. Und ich begann mich regelmäßig mit Bruder Barrett zu unterhalten, um herauszufinden, was ich tun mußte, um nach Hause zu kommen.

Shelley kam zu dem Schluß, daß der einzige Weg, die Freiheit wiederzuerlangen, in einer Täuschung bestand. Sie verwandelte sich über Nacht in ein ›gutes‹ Mädchen und schlug in ihren Briefen nach Hause einen anderen Ton an. Sie sammelte sogar eine Gruppe von Mädchen um sich, die ihr bei der Abfassung der Briefe helfen sollten.

Jeden Tag saßen ich und ein paar Freundinnen in der Schule herum und dachten — besonders im Physikunterricht — über den perfekten Brief nach. Wir durften einen Brief die Woche schreiben. Wir setzten ein wunderbares Schreiben auf — mit Zitaten aus der Bibel und allem Drum und Dran.

Kurz darauf wurde Shelley eine ›Aufpasserin‹.

Ich benahm mich sehr christlich. Das war es, was sie hören wollten, und so sagte ich es ihnen. Ich hatte einen Entschluß gefaßt, und ich wußte, daß ich herauskommen würde.

Und Linda kaufte Shelley die plötzliche Bekehrung ab; daß sie ihr Zuhause vermißte und eine Menge im Rebekah lernte, daß sie die Bibelstudien und sogar die Disziplin schätzte.

»O Shelley«, schrieb sie, »du hast dich ja so gut entwickelt.«

Beim Thanksgiving-Essen in der Cafeteria riefen mich die Heimeltern auf und sagten zu den Mädchen, sie sollten mir danken, weil mein Vater ihnen das Thanksgiving-Essen geschenkt hätte. Ich bin fast wahnsinnig geworden.

Für Shelley gab es nichts Furchtbareres, als wenn man den Mann, der sie mißbraucht hatte, vor ihr lobte. Aber man erwartete von ihr, daß sie ihm vergab, weil er ihr Vater war, vergaß, was er ihr angetan hatte — und dann zu ihm zurückkehrte.

Sie schrie Bruder Barrett an: »Was meinen Sie damit, er hat das Essen geschenkt? Das kann er nicht! Er sollte hinter Schloß und Riegel sein. Ohne Telefon. Er kann nichts tun. Er kann von dort, wo er ist, nicht intrigieren.« Shelley wußte sofort, was los war.

Gefühlsmäßig hielt sie nichts von diesen pseudoreligiösen Lehrsätzen über die Heiligkeit der Familie. Michaels ›Daddy-vermißt-dich‹-Brief hatte ihr den Rest gegeben.

Aber vom Verstand her sah sie, was getan werden mußte, um freizukommen. Und so begann sie wieder zu vergeben und zu vergessen. Sie bat in einem Brief an ihre Mutter höflich um einen Brief von Bobby. Sie wollte feststellen, ob ihr Verdacht stimmte, daß er nicht mehr in Timberlawn war.

Sie haben mir gesagt, er würde zwei Jahre dort bleiben und erst entlassen, wenn ich achtzehn bin — und falls er vorher herauskäme, würde man ihn woanders hinschicken, so daß ich weit fort von ihm wäre.

Shelley war von ihm fort. Das stimmte. Aber nicht so, wie sie es sich vorgestellt hatte. Sie erkannte, wie sehr sich das Blatt gewendet hatte. Doch sie sah auch, daß es nur zwei Wege gab, um dem Rebekah zu entkommen: Achtzehn oder ein braves Mädchen zu werden.

Schließlich schrieb ich meiner Mutter, ich hätte ihm vergeben, und ich wünschte, daß wir wieder eine richtige Familie würden — und daß er mir schreiben solle.

Dann biß sie die Zähne zusammen und schrieb: ›Lieber Dad...‹ In diesem Ton ging es weiter. Sie hieß ihn zu Hause willkommen.

Es funktionierte. Bobby antwortete. Um ganz sicher zu gehen, daß er wirklich zu Hause war, bat sie darum, daß Bobby bei ihrem nächsten Anruf in einem Monat ans Telefon gehen möge. Eine Woche später tönte es durch den Lautsprecher: Shelley, Anruf!

Sie rannte ins Büro und nahm den Hörer ab. Linda war am Apparat. Ihre Stimme klang noch süßlicher als sonst: »Jemand möchte dich sprechen.« Shelleys Griff um den Hörer verstärkte sich, als sie die vertraute Stimmte hörte, aber sie blieb ruhig.

Ich war so süß und lieb wie möglich. Ich liebe euch, und alles tut mir leid, und ich vergebe dir. Wenn ich nach Hause komme, wird alles gut.

Innerhalb weniger Wochen hatte Shelley einen neuen Brieffreund. Sie verzog jedesmal das Gesicht, wenn sie einen seiner Briefe las, in denen von Vertrauensbildung und einer neuen Familie die Rede war.

Ich begann, ihm zu schreiben und versuchte das gleiche Spiel mit ihm zu spielen, das er mit mir gespielt hat. Ich dachte, wenn das der einzige Weg ist, rauszukommen, dann werde ich ihm alles erzählen, was er hören will. Und ich tat gut daran.

Da Bobby von seiner eigenen wundersamen Wandlung überzeugt war, glaubte er auch an Shelleys.

»Sie schrieb, die Dinge hätten sich geändert«, erinnerte er sich. »Sie habe ihr Leben mit Gottes Hilfe in Ordnung gebracht. Sie liebe mich.«

Was für wunderbare Neuigkeiten.

Knapp einen Monat nach Bobbys Entlassung aus Timberlawn redete James Duvall ein ernsthaftes Wort mit ihm. Nachdem er sich den ganzen Schwindel während der letzten Monate mit angesehen hatte, konnte er nicht länger schweigen.

»Es geht das Gerücht, daß du versucht hast, dich an Michelle heranzumachen«, sagte James. »Wir sollten darüber sprechen, Bob.« Shelleys neunzehnjährige Cousine Michelle hatte sich beklagt.

Bobby wies die Anschuldigungen zurück. So sei es nicht gewesen. »Sie arbeitete im Büro für mich und sagte, sie sei angespannt und ihre Schultern schmerzten. Sie war wirklich verspannt.«

Sie hätte alles falsch interpretiert. Als er zur Ranch zurückkehrte, begegnete er Michelle, die gerade zu ihrem Wagen wollte.

»Gibt es ein Problem zwischen uns?« fragte er.

»Nein.«

»Ich habe gehört, daß du denkst, ich würde versuchen, mich an dich heranzumachen.«

»Ich weiß nicht, wer das gesagt hat«, wich Michelle aus.

»Deine Mutter«, sagte Bobby mit fester Stimme.

Er marschierte mit Michelle ins Büro, wo ihre Mutter Sandra auf sie wartete.

Bobby erzählte Sandra von James' Vorwurf, seiner Verwunderung und von Michelles Abstreiten. Sandra wußte nicht, was sie sagen sollte. Bobby schien Michelles Geschichte entkräftet zu haben. »Aber du hast es doch so erzählt, Michelle«, sagte sie fast flehentlich zu ihrer Tochter, die wegschaute.

»Hör zu. Wenn es ein Mißverständnis gegeben haben sollte«, fuhr Bobby fort, »tut es mir leid.«

»Vergiß es«, antwortete Michelle.

Bobby vergaß es. Und versuchte die Vergangenheit vergessen zu machen, nahm am Gemeindeleben teil und die Arbeit auf der Ranch wieder auf.

Er versuchte Richard Ruiz, den er Monate vor seiner Enttarnung in einem Anfall von Gereiztheit gefeuert hatte, wieder als Ranchverwalter anzuwerben.

»Jedesmal, wenn er anrief, bot er ein wenig mehr«, erinnerte Ruiz sich. »Er hatte mir mal 12 000 Dollar geliehen, die ich nach und nach abstotterte. Und jedesmal, wenn ich ihm etwas zurückzahlte, machte er mir Angebote, weil er mich wieder zurückhaben wollte.« Sessions sprach mit ihm auch über das, was geschehen war. »Er gab alles zu«, sagte Ruiz. »Aber er ließ stets durchblicken, als sei nicht alles seine Schuld. Ich sagte ihm, für mich spielten die Umstände keine Rolle. Was er getan habe, sei schlecht gewesen.«

Kurz nach Weihnachten, mehr als sechs Monate nach ihrer Entführung, zahlte sich Shelleys Strategie aus. Man erlaubte ihr Besuch von Zuhause. Bobby, Linda und Michael kamen nach Corpus Christi, aber nicht nur sie. Es war noch jemand bei ihnen. Ihre Eltern waren so aufgeregt über Shelleys Gesinnungswechsel, daß sie auch Sarah Conn mitgebracht hatten. Bobby mietete drei Hotelzimmer für zwei Tage und zwei Nächte.

Sie kamen am Donnerstagabend an und suchten sofort die Kirche des Rebekah-Heims auf. Nach dem Gottesdienst hielt sich Bobby zwischen Gläubigen auf, während Linda zu Shelley eilte und sie umarmte. Seit sie sich das letzte Mal gesehen hatten, war viel Zeit vergangen. Damals hatte ihre Mutter ihr den Rücken zugewandt. Shelley riß sich zusammen und umschmeichelte Linda. Als sie sah, wie unschlüssig Bobby war, lief sie – wie es aussah – spontan auf ihn zu, um ihn gleichfalls zu umarmen. Bobby weinte.

»Vergib mir, Shelley, vergib mir«, rief er.

Am nächsten Morgen holte die Familie Shelley vom Heim ab

und nahm sie mit ins Hotel. Sie hatte drei Tage Urlaub bekommen. Aber sie waren kaum zehn Minuten im Zimmer, als sie sich auch schon stritten, weil Linda ihrer Tochter erzählt hatte, man würde sie nicht mit nach Hause nehmen.

Shelley hatte die Wirkung ihrer Nettigkeitskampagne falsch eingeschätzt. Als Bobby für Linda Partei ergriff, fauchte sie ihn an. »Wie kannst du es wagen herzukommen, nach allem, was du mir angetan hast!«

»Du hast recht, Shelley«, antwortete Bobby. »Du hast recht. Alles, was du über mich denkst, alles, was du über mich sagst, ist wahr. Ich war all das — und noch schlimmer. Aber Gott hat mir vergeben. Gott kann unser Leben verändern.«

Shelley wies diese Erklärung zurück. Wie konnte er es wagen, sie zu besuchen, obwohl er eigentlich hinter Schloß und Riegel sitzen sollte? Wie konnte er es wagen, ihr zu erzählen, *sie* müsse eingesperrt werden?

Er konnte — und tat es. Bobby und Linda brachten Shelley umgehend ins Heim zurück. Die drei Tage in Freiheit hatten sich auf einen reduziert.

»Ich habe ihn davor gewarnt, daß sein neurotisches, besessenes Interesse daran, mit Shelley ins reine zu kommen, von ihr Vergebung zu erlangen und einer sehr verwirrten jungen Frau dabei zu helfen, ihr Leben wieder ins Lot zu bringen, für ihn nachteilig werden könnte«, erinnerte Byron Howard sich. »Ich hielt das weder für sie noch für ihn für richtig.«

Für Cherry Layfield in Kerens schleppten sich die Monate dahin. Sie kämpfte einen einsamen Kampf um Shelleys Freilassung. Ihr waren die Hände gebunden, obwohl sie wußte, wie es im Rebekah zuging. »Ich weinte nur — ich weinte wie nie zuvor in meinem Leben«, erinnerte sie sich.

Sie bat Melanie Hyder, herauszufinden, was man für Shelley tun könnte. »Sie sagte mir, ich mache mir über etwas Sorgen, um das ich mich nicht zu sorgen brauche, und: ›Shelley ist ein Überlebenstyp. Sie hat überlebt und sie wird alles weitere überleben.‹«

Hyder hatte recht. Shelley hatte etwas herausgefunden – im Heim reagierte man nur auf ihr Verhalten, nicht auf ihre Person. Sie fing wieder mit dem Briefeschreiben an. Shelley und Bobby schrieben sich regelmäßig einmal die Woche. Und dann schrieb Linda ihr.

Nach dem letzten Streit hatte sich Shelley geschworen, ruhiger zu werden.

Wieder strotzten die Briefe vor Schmeicheleien, die Bobby und Linda wie trockene Schwämme aufsogen. »Linda und ich beteten darum, daß der Wille des Herrn in Shelleys und unserem Leben geschehen möge.«

Ich war im Gefängnis. Ich verstand nicht, weshalb ich dort war. Ich hatte doch nichts Unrechtes getan. Und ich wollte raus.

Als die Familie sie im April noch einmal besuchte, fanden sie eine perfekte Shelley vor. »Es war wirklich seltsam«, erinnerte Bobby sich, »weil Linda und ich darum gebetet hatten. Ich hatte mir gewünscht, Shelley mit nach Hause nehmen und zu einer Einzelberatung schicken zu können. Natürlich wußten wir, daß Shelley wieder nach Hause kommen wollte. Das stand in all ihren Briefen.«

Warum er sie als ihr Vater und legaler Vormund nicht einfach aus dem Heim geholt hat, erklärt er so: »Ich war nicht berechtigt, zu sagen: ›Bringt Shelley nach Hause‹, weil ich dachte, daß es Lindas Entscheidung war. Sie hatte sie ja auch dorthin gebracht.« Der in anderen Dingen so starke und durchsetzungsfreudige Bobby Sessions schob Unvermögen vor, um seine wahren Motive zu verschleiern.

Aber auch Shelley hatte eine Lektion über die Dynamik von Geisteskrankheiten gelernt. Beim zweiten Besuch verblüffte sie alle, weil sie nicht ein einziges Mal danach fragte, ob sie mit nach Hause kommen durfte.

Ich war so glücklich und zufrieden wie nie zuvor. Ich benahm mich, als wäre ich im Schlaraffenland. Alles war schön. Sie waren ganz aus dem Häuschen. Ich bettelte nicht. Sie hielten mich für perfekt und wunderbar.

Sie fuhr nicht mit nach Hause. Sie wollte nicht nach Hause. Es funktionierte.

»Linda und ich hatten gebetet«, erinnerte Bobby sich, »und danach gingen wir zu unserem Pastor und sagten: ›Wir spüren, daß die richtige Zeit gekommen ist. Wir möchten Shelley nach Hause holen...‹ Wir riefen im Roloffs an, und sie sagten: ›Die Zeit ist noch nicht reif. Lassen Sie sie noch anderthalb Monate oder so hier.‹ Wir sagten nein. ›Wir spüren, daß jetzt der richtige Zeitpunkt ist, um Shelley nach Hause zu holen.‹ Am 14. Juni fuhren wir hinunter und holten sie heim.«

Shelleys Strategie hatte funktioniert. Nach elf Monaten tönten endlich die ersehnten Worte durch den Lautsprecher: ›Shelley, du wirst nach Hause geschickt. Deine Eltern holen dich am Samstag ab.‹

Wieder zu Hause

Shelley empfand die Villa anders als früher. Nicht, daß sie viele angenehme Erinnerungen daran besaß. Nein – *sie* hatte sich verändert. Ein Jahr ist eine lange Zeit, besonders wenn man es gezwungenermaßen unter Fremden verbringt.

Sie war zu Hause, weil sie sich nichts sehnlicher gewünscht hatte, als dem Rebekah-Heim zu entfliehen. Doch jetzt, wo sie frei war, wollte sie nichts mit Bobby Sessions' Heim zu tun haben. Das hatte sie schon gewußt, als sie am 14. Juni 1984 das Rebekah verließ, ohne ihm eine Träne nachzuweinen, und in den Winnebago stieg, in dem ihre Mutter, ihr Bruder und ihr Vater saßen. Sie fuhren los. Freiheit. Shelley war selig. Bis sie sich an den Schmerz erinnerte.

Am Samstag klang es durch den Lautsprecher: ›Shelley Sessions, ein Anruf für dich‹. Ich fing an zu laufen. Ich wußte, worum es ging. Ich nahm den Hörer auf, und meine Mutter sagte: ›Wir fahren jetzt von Corsicana ab‹. Ich fing an zu schreien. Ich konnte ihre Ankunft kaum erwarten. Der Tag, an dem ich das Heim verließ, war der schönste Tag in meinem Leben.

Ihr fiel ihr Pickup ein, sie fragte Linda danach. »Ich kann es kaum erwarten, wieder am Steuer zu sitzen. Ich wette, er hat mich vermißt.«

Linda warf Bobby einen verstohlenen Blick zu. »Du hast keinen Pickup mehr, Shelley. Luther fährt ihn jetzt.«

Shelley schluckte, dann wechselte sie das Thema und fragte nach ihren Freunden. »Ich habe sie vermißt.«

»Nun, Shelley, diese Freunde sind nichts für dich«, sagte Linda. »Wir haben jetzt neue Freunde für dich. Du wirst sie mögen. Es sind Christen.«

Aber Shelley wollte keine neuen Freunde haben, besonders keine sogenannten Christen. Dem Einfluß von Christen hatte sie ihren unfreiwilligen Heimaufenthalt zu verdanken. Dann verkündete Linda, daß Shelley nicht mehr auf die Kerens High-School, sondern auf eine private Elementarschule gehen würde. Wenn Shelley im Heim etwas gelernt hatte, dann, ihre Gefühle zurückzuhalten. Sie kletterte ins Heck des Winnebago und legte sich hin.

Das nächste, woran sie sich erinnerte, war, daß ihr Vater an den Straßenrand fuhr und ›Lasset uns beten‹ sagte. Shelley wußte, daß ihre Mutter einer christlichen Sekte anhing, aber ihr Vater? Das war ihr neu.

Bobby und Linda hatten ihre kirchlichen Bindungen kultiviert, besonders mit dem Beacon Light Christian Center in Corsicana, das die beiden wenigstens einmal die Woche besuchten. Es war eine Kirche, in der bestimmte Gemeindemitglieder angeblich Krebs und andere Krankheiten durch Handauflegen heilten.

Bobby war dort geheilt worden. Jetzt bedurfte Shelley der Heilung. Im Heck des Winnebago, am Rand der Interstate, hielten Bobby, Linda und Michael ihre Hände über Shelley. Anfangs sträubte sie sich, aber dann besann sie sich eines besseren: Corpus Christi und das Rebekah-Heim für Mädchen waren noch zu nah.

Ich lag da. Sie knieten nieder, legten die Hände auf meinen Kopf und beteten darum, daß der Teufel aus mir verschwinden solle und all dieses dämliche Zeug.

Ich lag nur da und sagte nichts. Ich war wütend. Ich dachte: Das kann doch nicht wahr sein. Bald danach fing meine Mutter an, mir zu erzählen, was sich ab jetzt alles ändern würde. Ich dürfe keine Shorts mehr tragen — als hätte er mir das angetan, weil ich Shorts trug! Wenn ich schwimmen gehen wollte, müsse ich einen Einteiler tragen, mit einem T-Shirt darüber.

Ich glaube, sie hätte es am liebsten gesehen, wenn ich mit einem Papiersack bekleidet herumgelaufen wäre. Sie begriff einfach nicht, daß nicht das, was ich trug, ihn krank machte. Das war egal. Aber sie hörte sich so an, als hätte ich die Schuld, weil ich Shorts getragen hatte. Ich dachte nur: O mein Gott, ich glaube es einfach nicht.

Es gibt keine Freiheit, dachte Shelley. Da war sie gerade zwei

Stunden außerhalb des Heimes, und schon gab es neue Regeln.

Am Abend lud Bobby seine Verwandten zur Ranch ein, damit sie Shelley willkommen hießen. Anfangs sträubte sie sich, aber eigentlich hatte sie nichts dagegen, die Familie zu sehen. Am nächsten Tag kaufte sie mit ihrer Mutter in Corsicana neue Kleider — wo ein Mädchen aus Kerens sie sah und freudig begrüßte. Das Telefon klingelte pausenlos. Linda und Bobby erinnerten Shelley daran, daß sie neue Freunde haben und auf eine neue Schule gehen — und daß sie ihre alten Freunde nicht mehr sehen würde. Sie griffen durch — im Namen Jesu.

Shelley entdeckte, daß ihr Vater die Trucks der Constructions Company hatte übermalen lassen. Sie forderten jetzt beidseitig: LOBET DEN HERRN!

Er wollte jeden wissen lassen, daß er sich geändert hatte. Es wäre schön gewesen, wenn es gestimmt hätte. Ich will es nicht schlechtmachen — aber wenn man weiß, daß die Person nicht glaubt, was sie sagt... Es war unecht. Das konnte jeder sehen. Ein Kind Gottes sollte Christus ähnlich sein. Nun, er war nicht wie Christus.

Es war der zweite Abend zu Hause. Bobby und Linda ließen sie weder Ricky noch ihre anderen Freunde sehen. Statt dessen war das Haus voller Fremder, die sie willkommen hießen.

»Die Jugendlichen aus unserer Kirchengemeinde haben gefragt, ob sie eine Willkommens-Party für Shelley geben dürften«, erinnerte sich Bobby. »Wir hielten das für großartig. Ich konnte mich nicht erinnern, wie es war, als ich nach Hause kam. Ich hatte gedacht: Nun, keiner wird mit mir sprechen wollen. Alle werden mich meiden. Es wird eine Weile recht einsam sein.«

Aber Shelley fühlte nicht die gleiche Schuld und Schande wie Bobby, denn Bobby kontrollierte ihr Selbstgefühl nicht mehr. Sie fürchtete sich nicht davor, daß ihre Freunde über sie richteten — sie wollte sie nur so schnell wie möglich sehen.

»Natürlich kannte sie niemanden«, gab Bobby später zu, »aber wir dachten, es sei furchtbar nett.«

Es war wieder Kontroll-Zeit.

Ich kam herein, und alle ihre Kirchenfreunde waren in unserem Swimmingpool, als sei er eine Zuflucht. Ich sagte nur: ›Was machen diese Leute hier?‹ Ich kannte keinen von ihnen. Ich war gerade ein Jahr lang eingeschlossen gewesen, kam zurück, und da waren all diese Menschen, und ich kannte keinen von ihnen. Ich wollte nur mit meinen Freunden und meiner Familie, aber nicht mit der ganzen Welt zusammensein.

Ich sah diese Mädchen, die zu meinem Zimmer hochgingen. Sie sagten: ›Hallo, ich bin die und die, und ich wollte mir gerade dein Zimmer ansehen.‹ Ich war gerade aus der Gefangenschaft zurückgekommen, und sie fragten: ›Wie war denn die Schule? Ich habe gehört, es sei nett gewesen.‹ Und dann wollten sie alles von mir wissen.

Und ich sagte: ›Ich habe nicht darum gebeten, auf diese Privatschule geschickt zu werden. Es war keine Privatschule – es war ein Gefängnis.‹ Und dann stritten wir uns, und ich warf sie aus meinem Zimmer.

Ein paar Stunden später, als die Familie im Bett lag und die Lichter aus waren, schlich sich Ricky Layfield über die dunkle Auffahrt. »Sie wollten mir nicht sagen, daß sie zurück war«, sagte Ricky später. »Ich und mein schwarzer Kumpel, er ist echt schnell, und ich bin auch nicht von schlechten Eltern. Ein anderer Kumpel hat uns bei den Eisenbahnschienen abgesetzt, und wir sind zu Fuß weitergelaufen, weil wir versuchen wollten, mit ihr zu sprechen. Ich glaube, ihr Licht war das einzige, das im Haus noch brannte.«

Rickys Plan war folgender: Er wollte zur Hausecke laufen und dann das Abflußrohr bis zu Shelleys Fenster hochklettern. Doch der Plan mißlang.

»Wir rennen durchs Tor und die Auffahrt hinunter – die ist echt lang. Plötzlich geht die Haustür auf. Scheiße. Wir werfen uns auf den Boden. Ich bin ganz nah am Haus. Es ist Bobby. Er kommt in seinen alten Shorts nach draußen und hat ein Gewehr in der Hand. Er schaltet die Außenbeleuchtung an. Und mein Kumpel – nun, ich höre nur noch seine Schritte. Ich laufe auch. Wir erreichen außer Atem das Baumwollfeld. Wir blieben nicht lange. Wir wußten, daß Bobby verrückt war.«

Die Nachricht von Shelleys Rückkehr verbreitete sich wie ein Lauffeuer. Das Telefon klingelte ununterbrochen. Man erlaubte Shelley, telefonisch mit ihren alten Freunden zu sprechen, aber nicht, sie zu sehen. Sie erzählte ihnen, wie unheimlich es für sie war, wieder im selben Schlafzimmer zu sein, nicht einschlafen zu können, zu wissen, daß er ganz nah war. Ricky bot ihr eine Unterkunft an, falls sie eine brauchen sollte.

Einen Tag nach der Willkommens-Party, als Shelley mit ihrer Mutter im Pool war, fragte sie, ob sie Freunde besuchen dürfte. Sie hatte die Nase voll. Sie war jetzt seit drei Tagen wieder zu Hause und wollte ihre Freunde sehen. Als Bobby kam, fragte Linda ihn: »Bob, Shelley möchte ein paar Freunde besuchen. Ist das okay?«

Als sie das hörte, zuckte sie zusammen. Es kam ihr absurd vor, daß *er* um Erlaubnis gefragt wurde, wo er doch ihrer Meinung nach alle Rechte über sie verwirkt hatte.

»Ich denke nicht, Shelley«, antwortete Bobby. »Du mußt das Vertrauen erst wieder aufbauen. Und ich muß lernen, dir zu vertrauen.« Dasselbe hatte er ihr auch ins Heim geschrieben – Shelley würde nach Hause kommen und ihren Platz als gehorsames Kind einnehmen. Daß diese Möglichkeit durch seine ruchlosen Taten für immer zerstört worden war, kümmerte ihn nicht. »Ich hatte ihr geschrieben, ich verstünde, daß es einige Zeit dauern würde, ehe wir uns ausgesöhnt und wieder Vertrauen zueinander gefaßt hätten«, erinnerte sich Bobby später. »Mir war klar, daß nicht nur ich ihr Vertrauen verdienen müsse, sondern sie auch unseres. Es würde in Zukunft nicht viele Vergünstigungen geben, und daß wir versuchen mußten, an einem Strang zu ziehen. Mit Gottes Hilfe könnte es uns gelingen.«

Damals hatte Shelley beim Lesen der Briefe nur gelacht. Warum sollte sie mit ihm ›am gleichen Strang‹ ziehen? Jetzt wußte sie, was er damit meinte. Sie explodierte fast vor Wut, als Bobby versuchte, seine Autorität wieder geltend zu machen. Sie sah Linda an, die nur schaute und nichts begriff.

Bobby sondierte weiter. »Was würdest du tun, wenn ich in dein Schlafzimmer käme? Du mußt lernen, mir zu vertrauen.«

Shelley warf Bobby einen vernichtenden Blick zu. »Ich gehe! Bevor das alles noch einmal anfängt!« Acht Jahre Vergewaltigung ließen sich nicht durch einen seichten Sermon ausradieren, besonders wenn die latente Drohung einer Wiederholung durchschimmerte. So weit es Shelley betraf, hatte Bobby Sessions keine elterlichen Rechte mehr.

Bobby sah das anders: »Ich versuchte ihr zu erklären, daß sie nicht ohne meinen Segen gehen konnte. Als ihr Vater erklärte ich ihr, sie könne nicht gehen. Wenn sie ging, würde sie sich nicht nur meiner, sondern auch Gottes Autorität entziehen. So steht es in der Bibel. Sie mußte zu Hause bleiben ... Mir war klar, daß ich sie nicht mit Gewalt zwingen konnte, zu Hause zu bleiben, denn ich stand noch unter Bewährung. Ich wußte, daß ich bei Gewaltanwendung im Gefängnis landen konnte.«

Shelley stürzte ins Haus und rief Ricky an. »Komm und hol mich ab. Ich bin in ein paar Stunden fertig.«

Aber Ricky war genauso argwöhnisch wie Shelley. »Nein, ich komme sofort. Bevor ihnen einfällt, dich woanders hinzuschicken.«

Shelley warf ein paar Kleidungsstücke in die Tasche, rief eine Freundin an und ging zur Haustür. Knapp zwanzig Minuten später fuhr ein Wagen vor. Drinnen saßen zwei von Rickys High-School-Freunden. Ricky fehlte. Shelley lief auf den Wagen zu, aber bevor sie ihn erreichte, hörte sie, wie ein Junge dem anderen zuschrie: »Fahr los, Mann!« Der Wagen fuhr so rasch an, daß er ins Schleudern geriet.

»Hey, kommt zurück!« schrie Shelley. Der Wagen stoppte erneut. Dann sah sie, was die beiden erschreckt hatte.

Bobby saß in seinem Pickup und reinigte eine Schrotflinte. »Ist euch klar, daß ihr eine Minderjährige ohne Einwilligung der Eltern mitnehmt?« rief er den Jungen zu.

Bobby hatte, während Shelley packte, seinen Pastor angerufen, und dieser hatte ihm geraten ›sie zu bluffen‹. »Mach Shelley unmißverständlich klar, daß das, was sie tut, nicht richtig ist, daß sie nicht gehen kann – und daß sie die Konsequenzen tragen muß, sollte sie dennoch gehen.« Bobby fügte dem Bluff eine eigene Variante hinzu: Die Schrotflinte.

Shelley durchschaute ihn. »Keine Angst«, meinte sie lachend, »er wird euch nichts tun.« Einer der Jungs öffnete die Tür und forderte Shelley auf, sich zu beeilen.

»Dafür werdet ihr bezahlen!« rief Bobby ihnen nach. »Ihr habt einer Minderjährigen geholfen, von zu Hause wegzulaufen!«

Shelley warf die Tasche in den Wagen und sprang hinterher. Der Kies spritzte auf, als der Wagen davonraste. Die beiden Jungs befürchteten, daß ihrem Abenteuer jeden Moment durch einen Schuß ein Ende bereitet würde.

Als der Wagen um die erste Kurve jagte, sah Shelley eine winkende Gestalt hinter einem Busch vorkriechen. Der Fahrer trat auf die Bremsen und wäre fast an dem Jugendlichen vorbeigeschlittert, der bereits auf dem Rücksitz lag, als der Wagen zum Stillstand kam. »Yeee-haaaah!« schrien sie und rasten in einer Staubwolke davon.

Ricky dirigierte seine Freunde in Richtung Trinidad, das sechzehn Kilometer östlich an der Route 31 lag. Er erklärte Shelley, seine Eltern hätten dort am See einen kleinen Wohnwagen stehen, in dem sie sich eine Weile verstecken könne. Doch als die Gruppe ihr Ziel erreichte, wurde sie bereits von Cherry und Joey Ray Layfield erwartet.

Cherry sah bedrückt aus. Sie hatte sich freigenommen und war nach Trinidad gefahren, um Shelley und die Jungen am Wohnwagen zu treffen. Sie schüttelte den Kopf, als Shelley aus dem Wagen stieg: »Es wird nicht funktionieren. Bobby und Linda kennen den Platz. Sie werden da sein und den Wagen umstellen, bevor du noch mit den Augen zwinkern kannst.« Die Mutter eines der Jungen im Wagen hatte mit Cherry gesprochen und sie daran erinnert, daß nicht alle Menschen in der Stadt mit Shelley Sessions sympathisierten.

»Ricky, Shelley muß fort von hier«, sagte Cherry zu ihrem Sohn. »Bring sie zu Mary. Fahr über Nebenstraßen. Man weiß nie, was Bobby vorhat.«

Mary war Cherrys älteste Tochter. Midlothian lag fast 130 Kilometer in nordwestlicher Richtung.

Shelley versteckte sich bei Mary und verließ kaum das Haus,

bis sie erfuhr, daß sie Verwandte in der Stadt hatte — die über sie Bescheid wußten. Sie floh zu einem anderen Layfieldschen Stützpunkt — zum Haus des Predigers Bubba im Missionary Baptist Seminary in Jacksonville, einige hundert Kilomter weiter östlich.

Eine Woche später tauchte Ricky zu nachtschlafender Zeit auf. »Du mußt gehen.«

»Wohin?« fragte Shelley.

»Zu uns nach Hause.«

»Sind deine Eltern einverstanden?«

»Mach dir darüber keine Gedanken.«

Shelley war wieder auf der Flucht. Mitten in der Nacht erreichten sie das Haus der Layfields. In diesem kleinen Haus mit den beiden Schlafzimmern sollte Shelley die nächsten sechs Monate verbringen.

»Sie ging selten aus«, erinnerte sich Cherry. »Und wenn, ließen wir sie einen Hut und einen Schal tragen. Sie mußte sich auf den Wagenboden legen und wurde mit einem Laken zugedeckt.«

Sie hatte immer eine Pistole dabei. Ricky hatte sie sich von einem Freund geliehen und ihr beigebracht, wie man damit umgeht. Shelley nahm sie überall hin mit und trug sie auch im Haus.

Wenn ich ein Bad nahm, nahm ich sie mit und legte sie auf den Wannenrand. Beim Fernsehen trug ich sie bei mir. Wenn ich mir ein Sandwich machte, hatte ich sie dabei. Ich wußte, wie man schoß. Ich war bereit.

Ich fragte einen Nachbarn, was passieren würde, wenn Bobby käme und ich ihn erschösse. Er antwortete, daß es besser im Haus geschehe. Ich fragte: ›Und wenn nicht?‹ Er antwortete: ›Ich würde ihn an deiner Stelle reinzerren.‹

Shelley hielt sich die meiste Zeit im Wohnzimmer auf. Tagsüber war sie allein im Haus. Da die Circle S ganz in der Nähe einen Bau hochzogen, befürchteten die Layfields, Bobby würde es als Vorwand benutzen, ihnen einen ›Besuch‹ abzustatten. Joey Ray Layfield nahm — für den Fall des Falles — immer eine geladene Schrotflinte mit zur Arbeit.

»Man weiß nie, was Verrückte alles anstellen«, bemerkte Cherry Layfield. »Er hat auf sich geschossen. Das macht nur jemand, der nicht ganz richtig im Kopf ist. Joey Ray hat uns erzählt, daß einer, der auf sich schießt, auch auf andere schießt.«

Die Layfields gehörten zu den wenigen Familien in der Stadt, die sich von Bobby nicht einschüchtern ließen. Sie waren so arm, wie er reich war, aber das kümmerte sie nicht. »Wir wußten, daß wir nie etwas besitzen würden«, erklärte Cherry später. »Bobby konnte uns nicht kaufen. Vielleicht hätte er es versucht, wenn er sich etwas davon versprochen hätte. Aber er kannte Joey Ray und wußte, daß er nichts Unrechtes tun würde. Und daß man ihm nicht zusetzen durfte.«

Joey Ray war ein großer, rotgesichtiger Mann mit riesigen Händen und der Kraft eines Bären. Doch seine Stimme klang sanft wie der Frühling – er wirkte wie ein weiser, freundlicher Mann, der mit seinem Blick die Mündung eines Gewehres zum Schmelzen bringen konnte.

Er war wie ein Vater zu mir. Wenn ich etwas tat, was ihm nicht gefiel, bat er mich, Platz zu nehmen und begann: ›Nun, Shelley –‹ und sagte, was immer er zu sagen hatte. Zum ersten Mal in meinem Leben sagte mir jemand, was ich tun sollte, ohne mich anzuschreien oder zu schlagen oder fertigzumachen.

Joey Ray nahm Shelley mit zum Fischen und zum Jagen und brachte ihr bei, wie man Tauben und Wachteln zubereitet. Während sie von Cherry lernte, wie man ohne Kreditkarte einkauft.

Im Haus war Shelley stets wachsam.

Ich trug die Pistole immer bei mir. Ich wußte, daß ein Killer hinter mir her war.

Ein Geräusch, ein Wagen, der die Auffahrt hochkam und schon hatte sie sich mit der Pistole in den Wandschrank des hinteren Schlafzimmers verzogen. Sie ging nicht an die Tür. Man vereinbarte einen Code, damit Shelley wußte, wann sie ans Telefon gehen konnte. Wenn die Layfields Freunde zu Besuch hatten, blieb Shelley außer Sichtweite und hockte auf der Bank im Schrank, die Ricky für sie gemacht hatte. Niemand wußte, daß sie bei den Layfields war. Ihre ganzen Habseligkeiten waren im Schrank untergebracht. Niemand, der im Haus herumwanderte, würde eine Spur von ihr entdecken. Ricky und die Layfields hatten Gerüchte über Shelleys Aufenthalt ausgestreut. Eine Woche hieß es, sie sei in Kalifornien. Ein andermal, sie wohne bei einem Mädchen, das sie im Rebekah-Heim kennengelernt hätte.

Bobby unternahm nichts, aber Shelley und die Layfields hörten nie auf, in Sorge zu leben. Niemand glaubte auch nur einen Augenblick daran, daß er nach sechs Monaten Timberlawn geheilt war. Und niemand bezweifelte, daß er vorbeikommen würde, um Shelley zu sehen.

Shelleys erzwungene Häuslichkeit hatte unter anderem den Vorteil, daß die Layfields stets ein sauberes Haus hatten und Shelley kochen lernte.

»Sie war sehr fleißig«, sagte Cherry. »Sie brachte das Haus auf Vordermann, wusch das Geschirr, kochte — und verbrannte sich die Hände.«

Das war eine stehende Redensart, denn ich packte immer irgendwelche heißen Töpfe oder Pfannen an.

Shelley war gern bei den Layfields. Sie verliebte sich erneut in Ricky. Doch im September mußte Ricky wieder zur Schule. Shelley wurde fast verrückt. Sie wollte ausgehen. Raus aus dem Haus.

Also fuhr Ricky den Wagen fast bis auf die Veranda. Shelley sprang hinein und ließ sich auf den Sitz fallen. Dann ging es los.

Shelley genoß ihr erstes Football-Spiel in dieser Saison verkleidet. Sie saß mit den Layfields auf der Tribüne und entfernte sich nie weit von ihnen.

In der Zwischenzeit setzte Cherry alle Hebel in Bewegung, damit Shelley vor Bobby Sessions sicher sein konnte. »Wir riefen alle an«, sagte sie später. »O Gott, wir riefen jeden im Staate Texas an, um das Sorgerecht für sie zu bekommen. Man machte uns klar, daß er jederzeit vorbeikommen und sie mitnehmen konnte, da sie gerade siebzehn war — und das nach allem, was er ihr angetan hatte. Das Gesetz war auf seiner Seite.«

Und die Leute in Kerens hatte er ebenfalls in der Tasche.

Bobby Sessions lebte weiter, als sei er nie weggewesen. Und die Leute redeten: »Nun, vielleicht hat sie es verdient.«

»Viele Leute sagten, daß sie es möglicherweise so gewollt hat«, berichtete Ricky. »Aber das glaube ich nicht. Warum sollte sie jemanden wie Bobby haben wollen, wo sie doch jeden hätte haben können? Ich schätze, sie hatte einfach nur Angst. Er hat eine Gehirnwäsche mit ihr gemacht und sie unter Druck gesetzt.«

Bobby Sessions hörte erst kurz nach Thanksgiving — fünf Monate nachdem sie das Haus verlassen hatte — wieder etwas von Shelley. Sie rief Linda an, um sie um Geld für den Zahnarzt zu bitten. Sie wollte sich eine Krone machen lassen, wich jedoch der Frage aus, weshalb sie eine Krone brauche. Linda winkte Bobby zum Nebenanschluß, damit er mithören konnte. Das Gespräch dauerte nicht lange.

»Wir machten uns mehr Sorgen um Shelleys spirituelles Wohlergehen und darum, daß sie ein normales Leben führen konnte«, sagte Bobby, »als darüber, ob sie, nur um hübsch auszusehen, eine Krone tragen sollte oder nicht.«

Bobby konnte es einfach nicht lassen. Er sagte zwar, er wolle Shelley helfen, aber seine Hilfe hatte mehr Bindfäden als ein Hilfspaket nach Israel.

»Ich hätte es besser wissen müssen«, meinte Shelley angewidert und hängte auf.

Ein paar Wochen später erschien Shelley mit einem Deputy Sheriff und einem Gerichtsbeschluß auf der Ranch. Bobby Sessions hatte einen Polizeiwagen und einen Lieferwagen an seinem Büro vorüberfahren sehen. Als er am Haus anlangte, kam Deputy Sheriff George Scott gerade heraus.

»Tut mir leid, Bobby«, sagte Scott. »Ich habe schlechte Nachrichten.«

In diesem Augenblick kam Cherry Layfield mit einem Karton aus dem Haus.

»Was geht hier vor?« fragte Bobby wütend.

»Wir haben einen Gerichtsbeschluß«, sagte Scott, »der uns berechtigt, ein paar Kleider für Shelley zu holen.« In dem Dokument wurde Bobby aufgefordert, Shelley zu erlauben, ihre Kleider mitzunehmen.

»Ist in Ordnung«, murmelte Bobby, »aber wenn ich ehrlich sein soll, würde ich Shelley das Gewünschte lieber selbst geben und dafür niemandem im Haus haben.«

Scott bat Cherry, draußen zu warten, dann folgte er Sessions ins Haus. Sie stiegen die breiten Treppen hoch und fanden Shelley in ihrem Schlafzimmer, wo sie gerade dabei war, ihre Kleider in Kartons zu stopfen.

»Warum auf diese Art?« fragte Bobby.

»Weil ich dachte, du würdest sie sonst nicht herausgeben.« Shelley verschwieg, daß sie befürchtet hatte, er würde ihr etwas antun, wenn sie ohne Polizeischutz käme.

»Laß uns dir helfen«, sagte Bobby.

Sie hielt inne und sah ihren Vater an. »Ich will keine Hilfe, und ich brauche keine Hilfe, vor allen Dingen nicht eure.«

Durch das ständige Leben auf der Flucht veränderte sich auch Shelleys Lebensstil. Die Layfields waren so nett zu ihr, daß ihr das beengte Quartier nicht viel ausmachte. Selbst die im engen Schrank mit gesicherter Pistole verbrachten Stunden waren erträglich, auf jeden Fall besser, als im Rebekah eingesperrt zu sein.

Es machte nichts, weil ich frei war. Es war meine Entscheidung, mich im Schrank zu verstecken.

Aber die wichtigste Veränderung hing mit dem Geldmangel zusammen. Gewöhnt, alles zu bekommen, was sie wollte, mußte sie jetzt beim Einkauf auf die Preise achten. »Sie hatte keine Ahnung, wie man einkauft«, erinnerte Cherry sich. »Sie ging rein und warf das Zeug in den Wagen. Ich brauche das und das. Sie achtete nie auf den Preis.«

Cherry und Joey Ray teilten ihre Ausgaben durch drei: Ricky, Shawna und Shelley.

Shelley entdeckte, daß sie noch nicht einmal genug Geld

hatte, um ein Weihnachtsgeschenk für ihren Bruder zu kaufen. Sie begann, Pekannüsse zu sammeln. Um einen ganzen Sack voll zu sammeln, brauchte man einen ganzen Tag. Sie bekam 25 Dollar dafür, genug, um ein hübsches Geschenk für ihren Bruder zu kaufen.

Als Shelley einen Tag vor Weihnachten auf der Ranch anrief und Michael fragte, ob er ihr Geschenk erhalten habe, sagte er nein. Shelley hatte ihren achtjährigen Bruder seit ihrem Weggang nicht oft getroffen. Als sie mit einem gerichtlichen Beschluß nach Hause zurückgekommen war, um ihre Kleider abzuholen, hatte Sessions ihr untersagt, ihren Bruder je wiederzusehen. Aber sie hatte sich verschiedene Male ins Haus geschlichen, um ihn zu besuchen.

»Vielleicht ist es noch auf der Post«, gab Michael zu bedenken.

»Nein«, antwortete Shelley. »Ich habe es Großmutter gegeben. Warum fragst du Mom nicht, wo es ist?«

Wenige Augenblicke später kam Linda an den Apparat. »Ich werde ihm das Geschenk nicht geben, Shelley, weil er sich an alles klammert, was mit dir zu tun hat. Ich möchte nicht, daß er sich aufregt.«

Für die Layfields gehörte Shelley zur Familie. Alle drei Kinder bekamen zu Weihnachten das gleiche geschenkt.

Doch Shelleys Leben wurde nicht leichter. Die Drohungen ihres Vaters schienen sich zu bewahrheiten, und das bereitete ihr viel Kummer.

Ich habe Alpträume. Ich sehe — ich sehe nur ihn, und ich laufe vor ihm weg, und er verfolgt mich, und er hat Leute dabei, die mich verfolgen. Die Träume habe ich in Corpus Christi gehabt. Ich kann mir ähnliche Fälle weder im Fernsehen ansehen noch in der Zeitung davon lesen. Oder wenn jemand bestimmte Sachen sagt, die er gesagt hat.

Shelleys Freunde drängten sie, etwas dagegen zu unternehmen. Wie lange noch konnte sie vor ihrem Vater fortlaufen?

Einer von Rickys Verwandten bot an, sich so um Bobby zu kümmern, daß sie ihn für immer los war.

Er kam zu mir und sagte: »Wenn du willst, gehe ich rüber und töte ihn für dich.« Er meinte es ernst. Es gab ein paar Leute, die gegen mich waren. Andere wiederum meinten, man sollte ihn an seinem – Sie wissen schon – aufhängen.

Während Cherry Layfield empfahl, Shelley sollte etwas weniger Illegales unternehmen.

»Was soll ich tun?« fragte Shelley.

»Zum Beispiel, dir einen Anwalt nehmen und herausfinden, ob es eine Möglichkeit gibt, Bobby hinter Gitter zu bringen.«

Shelley ging zum Büro des Bezirksstaatsanwaltes und sprach mit seiner Stellvertreterin.

Shelley ließ ihrer Frustration freien Lauf: man habe sie fortgeschickt, während derjenige, der das Verbrechen begangen habe, so lebte wie vorher. Das sei nicht fair. Die Anwältin sagte, Shelley könne Bobby nicht ins Gefängnis schicken, weil er sich bereits des Verbrechens für schuldig bekannt hatte. Die einzige Alternative sei ein Zivilprozeß. Sie war sich nicht sicher, ob überhaupt eine gesetzliche Handhabe für einen derartigen Prozeß vorläge, gab Shelley jedoch den Namen einer Anwaltskanzlei in Waco.

Rod Squires konnte die Geschichte der beiden Frauen kaum glauben. Der junge Anwalt aus Waco hörte zu, während Cherry Layfield und Shelley Sessions die Geschichte eines Inzests vor ihm ausbreiteten. Das schien ihm der bizarreste Fall zu sein, der ihm je untergekommen war. Cherry versicherte Squires, daß es für alles Belege gäbe.

Squires, der erst vor wenigen Jahren mit zwei Partnern diese Anwaltskanzlei gegründet hatte, fragte Shelley, auf wieviel sie klagen wolle.

»Zehn Millionen!« platzte Cherry heraus.

»Im Ernst?« fragte er lächelnd.

Nach einer Stunde versprach der Anwalt ihnen, über die Sache nachzudenken und sich gegebenenfalls mit ihnen in Verbindung zu setzen. Das war Mitte Januar 1985.

Auf der Rückfahrt sagte Shelley zu Cherry, daß es die Sache möglicherweise nicht wert sei. Sie wolle das Geld nicht.

»Du mußt es tun, Shelley«, beharrte Cherry. »Du mußt ihn an der Brieftasche treffen, nur so kriegst du ihn dazu, daß er für das bezahlt, was er dir angetan hat. Er hat noch nicht gezahlt. Er hat noch keine einzige Nacht im Gefängnis verbracht. Seine Frau hat noch nie ein böses Wort über seine Taten fallengelassen.«

Die beengten Monate bei den Layfields und die ständige Angst vor Bobby forderten ihren Tribut von Ricky und Shelley. Das Haus war so klein, daß Ricky, Shawna und Shelley in einem Schlafzimmer schlafen mußten. Getrennte Betten, aber ein Zimmer. Ricky wurde zunehmend gereizter.

Er wurde mit dem Ganzen nicht fertig. Er wußte nicht, wie er damit umgehen sollte. Anfangs war er sehr gekränkt, weil ich nicht zu ihm gekommen war, um ihm alles zu erzählen. Das kam jetzt raus.

Er sagte ständig: »Du hast es Jackie erzählt. Warum nicht mir?« Nun, wie erzählt man es seinem Freund? Er konnte auch nicht verstehen, weshalb ich ein Jahr im Rebekah geblieben bin. »Liebst du mich denn nicht?« Es war viel Gekränktsein und Verwirrung im Spiel. Es war für alle Beteiligten schwer.

Er wurde mir gegenüber gewalttätig. Er hat mir Zähne ausgeschlagen.

Das Layfieldsche Haus war zu klein geworden. Ricky beschuldigte Shelley, nicht genug Vorsichtsmaßnahmen zu treffen. »Dieser Mann ist wahnsinnig. Er hat auf sich geschossen, und er würde garantiert auch auf dich, mich oder jemanden aus der Familie schießen. Du bringst unsere Familie in Gefahr, wenn du in den Laden gehst.«

Über das, was mit Bobby geschehen war, bewahrte Shelley Stillschweigen. Sie hatte niemandem Einzelheiten darüber erzählt. Shelley verstand nicht, weshalb Ricky sich so darüber aufregte.

Es ist hart, in einer kleinen Stadt, wo jeder jeden kennt, im Mittelpunkt zu stehen. Aber keiner wußte genau, was ich durchgemacht hatte. Ich habe es für mich behalten.

Ricky versuchte, sie zu verstehen, aber es gelang ihm nicht. Und Shelley tat leichtsinnige Dinge wie aus dem Wagen steigen, wenn sie in der Stadt war. »Ich wurde verrückt. Ich drehte durch.«

Immer öfters kam es zu verbissenen Kämpfen zwischen Ricky und Shelley. Keiner der beiden wußte weshalb, obwohl Cherry vermutete, daß es für sie zu schwer war, auf so engem Raum miteinander zu leben. Ricky warf Shelley Schimpfwörter an den Kopf.

»Bobby hat eine Nutte aus dir gemacht!« schrie er. Wieder war eine Prophezeiung ihres Vaters wahr geworden. Shelley stürzte aus dem Haus. Ricky fand sie, wie so oft, im Haus ihrer Tante Betty und entschuldigte sich. Betty nannte Ricky ›weißen Abschaum‹ und ›schlecht‹.

»Ich wußte, daß das, was ich getan hatte, nicht richtig war«, erklärte Ricky später, »aber dann sagte sie: ›Du bist auch nicht besser als Bobby Sessions‹. O Mann! Das war's dann. Ich sprang auf.«

»Wenn du mich oder Shelley auch nur anrührst«, drohte Betty, »wird James dich schön langsam töten.«

»Lady«, zischte Ricky, »wenn Sie mich noch einmal mit Bobby Sessions vergleichen, passiert was.«

Shelley beobachtete die beiden aus sicherer Distanz. »Nicht, Ricky«, sagte sie schließlich. »Beruhige dich. *Beruhige dich.*«

»Ich habe niemanden mißbraucht«, protestierte Ricky. »Kommen Sie mir nicht auf diese Tour. Sie wissen genau, daß das nicht stimmt.«

Aber Betty, deren Temperament zu ihren roten Haaren paßte, gab nicht auf: »Ihre Augen waren voller Haß«, erinnerte Ricky sich, »es lief mir kalt den Rücken runter. Das war einer der Gründe, weshalb ich sagte: ›Vergessen Sie's.‹«

Shelley ging mit Ricky zurück. Aber die Kämpfe hielten unverändert an. »Bei einem Kampf«, erinnerte Ricky sich, »hatte ich Shelley die Hände um den Hals gelegt. Meine Mutter nahm meine Hantelstange und warf sie nach mir. Ich blockte den Wurf ab, und die Hantelstange landete in der Wand. Sie hat ein Loch reingehauen.

Shelley stürzte sich auf mich. Ich trat sie vor die Brust. Sie fiel aufs Bett. Ich gab auf. Sie auch.«

Der Vorfall machte Shelley klar, daß sie ausziehen mußte. Im Februar packte sie ihre Sachen. »Eines Tages kam ich nach Hause, und sie war weg. Das war's dann«, erinnerte Ricky sich. »Mein Vater sagte zu mir: ›Es reicht, Junge. Ich will nicht, daß du noch länger mit den Fäusten um dich schlägst. Es ist genug. Wenn ihr was an dir liegt, kommt sie zurück; wenn nicht, nicht.‹ Sie kam nie mehr zurück. Da wußte ich, daß ich Mist gebaut hatte.«

Betty, das einzige Familienmitglied, das immer nett zu ihr gewesen war, bot ihr ein Zimmer an.

Shelley versuchte, sich einzurichten. Da sie keine Möglichkeit hatte, die High-School zu beenden, nahm sie an einem Fernlehrgang der Texas Tech teil. Doch es klappte nicht. Danach belegte sie Kurse am Navarro College, bestand einige Prüfungen und erhielt ihr High-School-Diplom.

Aber sie schien keine Freunde mehr zu haben.

Sie wissen nicht, was sie zu mir sagen oder wie sie mich behandeln sollen. Sie haben Fragen, aber sie wissen nicht, wie sie sie stellen sollen. Sie wollen mir nicht weh tun. Ich habe immer viele gute Freunde gehabt, jetzt habe ich nur noch Bekannte. Ich habe nur noch meine Tante Bea und meinen Onkel James. Alle anderen haben sich wegen seines Einflusses auf Bobbys Seite geschlagen.

Shelley wollte die Layfields nicht verlassen, aber ihr blieb keine andere Wahl. Sie liebte Cherry und Joey Ray noch immer, aber Ricky hätte sie umgebracht, wenn sie geblieben wäre.

In der Zwischenzeit bedrängte Cherry sie, die Sache mit dem Prozeß weiterzuverfolgen. Im März teilten ihr die Anwälte aus Waco mit, sie würden den Prozeß übernehmen. Sie müßte erst bezahlen, wenn sie den Prozeß gewonnen hätte. Sollten sie ihn verlieren, wäre es das Problem der Kanzlei. Das klang nicht übel.

»Ich hatte noch nie einen Fall wie diesen gesehen«, erinnerte Rod Squires sich. »Ich wußte nicht, ob wir etwas für sie tun konnten. Ihre Geschichte war einfach unglaublich – und die stellvertretende Bezirksstaatsanwältin in Corsicana hatte sie bestätigt.«

Da es noch keinen Präzedenzfall für die Klage eines Inzestopfers auf Schadensersatz gab, ließen die Anwälte aus Waco Ermittlungen über Bobbys Geschäfte und seine Ranch anstellen, um deren Wert herauszufinden. Dann reichten sie eine Zivilklage gegen Bobby ein. Die Forderung belief sich auf zehn Millionen Dollar.

Sie erfuhren noch mehr, als sie Bobby um eine vorgerichtliche Stellungnahme baten. Bei dem auf den 11. April 1985 anberaumten Treffen wurde Squires klar, mit wem er es zu tun hatte. »Ich merkte sofort«, erinnerte der Anwalt sich, »daß dieser Mann meisterlich zu manipulieren verstand. Er benutzte das Treffen, um einen Versuch zu starten, sich mit Shelley auszusöhnen und sie zu einem Gesinnungswechsel über den Prozeß zu veranlassen.«

Während dieses Treffens wurde Shelley zum ersten Mal nach Monaten wieder mit ihrem Vater konfrontiert. Linda war bei ihm. Shelley saß ihnen gegenüber. Linda und Shelley hörten zu, während Rod Squires in dem kleinen Konferenzraum, den Bobbys in Corsicana praktizierender Anwalt zur Verfügung gestellt hatte, seine Fragen stellte. Shelley mußte sich Bobbys Lügen anhören. Er beharrte darauf, daß er Shelley nur habe helfen wollen.

»Und was für eine Art von Hilfe haben Sie ihr angeboten?« fragte der Anwalt ihn.

»Dieselbe Hilfe, die ich immer angeboten habe«, erwiderte Bobby. »Ich habe nur einmal mit Shelley gesprochen und zwar im Dezember, als sie mit dem Gerichtsbeschluß kam, um ihre Kleider zu holen. Ich fragte sie, ob sie sich nicht von uns helfen lassen wolle.«

Bobby sah verletzt aus, als er die Reaktion seiner Stieftochter beschrieb. Dann wandte er sich an Shelley, die an der gegenüberliegenden Seite des kleinen Zimmers, nur wenige Meter von ihm entfernt, mit dem Rücken zu Squires saß. »Ich habe es Ihnen gesagt, und ich sage es Shelley noch einmal – was geschehen ist, war falsch. Es tut mir leid. Ich liebe dich. Du brauchst Hilfe. Du brauchst Rat. Ich werde jeden Pfennig, den ich habe, ausgeben, damit du die Hilfe bekommst, die du brauchst.«

Vor dem Treffen war sich Rod Squires nicht sicher gewesen, ob ein Prozeß das beste für Shelley sei. Nach Ende der zweistündigen Befragung war er noch unsicherer.

»Sie würden Bobby Sessions mögen«, erklärte Squires. »Er hat Charisma und ist ein charmanter Unterhalter.

Nach dem Treffen betrachtete ich den Fall mit gemischten Gefühlen. Er hatte mich fast davon überzeugt, daß es für Shelley das beste sei, nicht zu prozessieren.«

Bevor er den Fall annahm, hatte Squires sich Gedanken über die möglichen Auswirkungen eines Prozesses auf Shelley gemacht, und sie gebeten, einen Psychologen aufzusuchen. Dr. John Wise, Kinderpsychologe aus Waco, traf Shelley zweimal im Januar und einmal im April. Seine Schlüsse waren klug, aber ohne Beweiskraft. Wise meinte, Shelley habe eine ›sehr traumatische Erfahrung‹ erlitten, sei jedoch ›nicht bereit, an ihren Problemen zu arbeiten. Sie leidet an einer Art Überschätzung und ist der Meinung, sie hätte alles unter Kontrolle.‹

Gleichzeitig wies er darauf hin, daß solche Überschätzungen für Teenager typisch seien. Es käme jetzt darauf an, wie Shelley es aufnähme, wenn sie mit der Wirklichkeit konfrontiert würde. Wenn man sie nicht behandele, würde sie laut Wise irgendwann mit ernsthaften Depressionen sechs oder acht Monate lang in einer Klinik verbringen müssen. Mit *seiner* Behandlung hörte er Ende April auf.

Zum Schluß bemerkte Wise, daß ein Prozeß ›weder schädlich noch hilfreich‹ sei.

Shelley wußte endlich, was sie wollte: Bobbys Geld — Geld, um sich auf ihre Weise zu helfen und um ihn für immer los zu sein. Bobbys Worte hatten sie nicht gerührt. Sie erzählte Squires, was sie davon hielt.

»Es war, als spräche man mit einem Stein«, erinnerte sich Squires. »Später schlug ich ihr verschiedene Alternativen vor, zum Beispiel nicht zu prozessieren oder zu versuchen, sich zu versöhnen oder einen Vergleich. Sie wies alles zurück. Für sie war diese neuentdeckte Religion, die Idee, sich zu versöhnen, sein Wunsch, die Familie solle wieder beisammen sein, nur Teil des Versuches, sie zu manipulieren und seinen Besitz zu behalten.«

Doch selbst nachdem er beschlossen hatte, weiterzumachen, glaubte Squires nicht daran, daß es zu einem Prozeß kommen würde. Er war sicher, daß Sessions einen Vergleich anstrebte. »Er war ein Meister im Verhandeln. Sein ganzer Erfolg beruhte darauf — ich konnte mir nicht vorstellen, daß er das alles aufs Spiel setzen wollte, indem er sich einer Jury stellte.«

Doch genau das hatte Sessions vor. Und Shelley war überglücklich, ihn zur Rechenschaft ziehen zu können.

Der Prozeß

Ich wußte bis ganz zum Schluß nicht, auf welcher Seite sie (die Geschworenen) waren — wem sie glaubten. Ihren Mienen konnte ich nichts entnehmen. Sie zeigte bis zum Schluß keine Gefühle oder so. Man sah, daß sie ab und zu Widerwillen empfanden, aber nichts deutete darauf hin, für wen sie waren.

Robert Krienke, der Sprecher der mit Shelleys Klage befaßten Geschworenen, unterhielt sich mit einem Reporter vom *Waco Tribune Herald*. Rod Squires und sein Partner Dale Williams blieben stehen, um Krienke die Hand zu schütteln. Der Sprecher ging zur Tür des Gerichtssaals, an Shelley vorbei, die noch geblieben war, um nach dem Spruch mit anderen Geschworenen zu sprechen.
 »Wir alle trafen uns zufällig im Aufzug«, erinnerte sich Krienke. Er stieg zusammen mit Shelley und anderen im dritten Stock ein, um nach unten zu fahren.
 Der Aufzug fuhr ein Stockwerk tiefer, wo sich die Türen öffneten. Draußen standen Bobby und Linda Sessions und ihre Anwälte. Sie stiegen nicht ein, und die Türen schlossen sich wieder.
 Kurz bevor sie im ersten Stock anhielten, wandte sich Shelley an Krienke. »Alles, was ich wollte«, sagte sie, »war, daß meine Mutter mir glaubte.«

Vier Tage zuvor, am Montag, den 26. August 1985, rief Richter Derwood Johnson vom Bezirksgericht des McLennon County in Texas, den Fall Nummer 85-542-3 auf. Vor ihm stand eine 18jährige Frau aus Navarro County, die ihren 43 Jahre alten Vater des wiederholten sexuellen Mißbrauchs während dreier Jahre in ihrer Kindheit anklagte.

Der Richter war ein Mann Anfang fünfzig, mit sich lichtendem Haar. Er galt als fairer Richter, der erwartete, daß die Anwälte gut vorbereitet waren. Anwälte, die schon einmal mit Johnson zu tun gehabt hatten, wußten, daß sein juristischer Stil nicht aggressiv war. Er hörte sich die Meinungen der gegnerischen Parteien lieber an, als sie zu beeinflussen.

Vor ihm standen zwei junge, gut eingeführte Anwälte aus Waco, Rod Squires und Dale Williams, die Shelley vertraten. Unter den Anwälten der Verteidigung waren ein bekanntes Gesicht, Fred Horner aus Waco, und zwei aus Corsicana, Jack Smith und Savannah Robinson. Der Fall war bei Johnson gelandet, weil der Angeklagte seine Tochter angeblich während einer Viehausstellung in Waco mißbraucht hatte.

So viel wußte der Richter.

Shelley hoffte, daß der Einfluß ihres Vaters nicht bis McLennon County reichte, aber sie rechnete nicht fest damit.

Erst eine Woche vor Prozeßbeginn hatten die Anwälte ihres Vaters versucht, den Prozeß zu verschieben. Jack Smith ersuchte darum, vom Prozeß beurlaubt zu werden. Er argumentierte, er habe für eine Versicherung gearbeitet, bei der sein Klient eine Versicherung abgeschlossen hatte, und deshalb läge ein Interessenskonflikt vor. Richter Johnson lehnte ab.

Dann behauptete Smith, der neue Anwalt, Fred Horner aus Waco, der den Fall für ihn übernehmen würde, müßte sich erst noch mit der Materie vertraut machen. Horner brauche noch Zeit. Wieder lehnte Johnson ab.

Squires und Williams entschieden, daß Sessions an einem Aufschub gelegen sei; möglicherweise, um ›sein Geld beiseite zu schaffen‹. Außerdem vermuteten sie, daß Sessions auf einen Vergleich aus war. Sie glaubten, daß er einen langen Prozeß scheute, der in den Medien breitgetreten würde.

»Unsere niedrigste Forderung belief sich auf 500 000 Dollar«, erinnerte Williams sich. »Wir wollten sichergehen, daß ihr College nicht gefährdet war. Und daß (sie) gewisse finanzielle Sicherheiten als Starthilfe für ihr eigenes Leben hatte. Ich bin sicher, seine Anwälte dachten: Er wird bestimmt 500 000 Dollar für die Versorgung des Mädchen bereitstellen.« Aber Bobby Sessions hatte andere Pläne; vielleicht weil er glaubte, daß Gott sich der Sache annehmen würde. Oder er war tatsächlich so sehr von sich überzeugt, wie Dale Williams vermutete. »Ich glaube, er hielt sich für unbesiegbar«, bemerkte Williams später.

Der Fall wurde unter dem offiziellen Titel *Shelley Sessions und Beistand gegen Bobby Rowe Sessions* geführt. Da sie minderjährig war, waren ihre Anwälte auch ihr gesetzlicher ›Beistand‹. Er war eine Art *Dallas* in Waco – und ein Skandal.

Bobby hatte sich nicht vorgerichtlich einigen wollen. Jetzt sah er sich einer Forderung von 10 Millionen Dollar seitens seiner Tochter gegenüber. Niemand hatte je von einem vergleichbaren Fall gehört. Aber Shelley kümmerte sich wenig um Geld oder Präzedenzfälle. Sie ging nur aus einem Grund vor Gericht: Gerechtigkeit. Man hatte ihrem Vater für seine an ihr verübten Verbrechen einen Erholungsurlaub genehmigt. Sie wollte das berichtigt wissen.

Indem sie vor das Zivilgericht gingen, brachten Shelley und ihre Anwälte zum Ausdruck, daß sie die vom Gesetzgeber für Kinderschänder vorgesehenen Sanktionen für kaum angemessen hielten. »Bobby Sessions hatte nicht den vollen Preis für seine Taten bezahlt«, erklärte Rod Squires. »Die Gesetzgebung war typisch für eine Gesellschaft, in der ein Mann wie Sessions im Grunde tun und lassen konnte, was ihm gefiel.«

Der Fall hatte familiäre Auswirkungen. Shelley hatte ihren eigenen Vater vor Gericht gebracht und so die Familienehre beschmutzt. Das schlug sich in der Sitzordnung im Gerichtssaal nieder: Bobby Sessions, der Angeklagte, war von seinen Verwandten umringt. Shelley Rene Sessions, die Klägerin, saß allein. Aus der Ferne sah die Stadt Corsicana und das ganze County nervös zu.

Rod Squires kam sich vor, als befände er sich plötzlich im luftleeren Raum. Er hatte sich einverstanden erklärt, Shelleys Fall zu übernehmen; aber wo waren die Präzedenzfälle?

»Ich forschte ein wenig nach, aber wir fanden keinen ähnlichen Fall in diesem Land«, erinnerte er sich. »Normalerweise gibt es, was man elterliche Immunität nennt, aber wir fanden kein gesetzliches Hindernis in Texas, das uns davon abhalten konnte, Klage einzureichen.«

Dale Williams war schon seit über zehn Jahren juristisch tätig. Er hatte lange Körperverletzungsrecht an der Baylor University Law School in Waco gelehrt. Seine Firma – zu der Squires, Shelleys Rechtsbeistand, und Spike Patillo gehörten – war auf schuldhafte Tötungen und auf Unfälle spezialisiert, die zu Lähmung oder Verlust von Gliedmaßen geführt hatten.

Als sich Shelley zum ersten Mal mit Squires darüber beraten hatte, welche Entschädigungen sie im Rahmen des Gesetzes von ihrem Vater verlangen konnte, hatten er und Williams sofort gemerkt, daß dieser Fall nicht zu den für sie üblichen gehörte, aber sie hatten der Herausforderung nicht widerstehen können.

Im Gerichtssaal sahen die am Vortag von den gegnerischen Anwälten nach dem Zufallsprinzip aus Wacos Bürgerschaft ausgewählten neun männlichen und drei weiblichen Geschworenen gespannt zu, wie sich Dale Williams erhob und zu ihnen trat. »Sie haben bereits eine gewisse Vorstellung davon, um was es in diesem Fall geht«, begann er im Plauderton, »und wir treten jetzt in die Beweisphase des Prozesses ein.

Sie wissen, daß etwas sehr Schreckliches geschehen ist, und sie leugnen es nicht.«

›Sie‹ – Bobby Sessions und seine Verteidiger – leugneten es nicht direkt; aber sie würden, wie Williams wußte, versuchen, es zu verharmlosen.

Es handelte sich um einen Zivilprozeß. Shelley Sessions verklagte ihren Vater auf tatsächliche und strafende Bußen – 5 Millionen Dollar als Entschädigung dafür, was er ihr angetan hatte, und 5 Millionen als Strafe. »Und wenn Sie alle Indizien vernommen haben, werden Sie entscheiden, wie groß der Schaden ist, den dieses Mädchen erlitten hat«, sagte Williams, »und zwar nicht nur vergangenen, sondern auch künftigen Schaden. Wieviel es jedesmal wert sein wird, wenn sie an ihre Junior High- und High-School-Jahre denkt; jedesmal, wenn sie an diese Rinderausstellungen denkt; jedesmal, wenn jemand sie nach ihren Eltern fragt; und jedesmal, wenn sich jemand nach ihrem Vater erkundigt. Jedesmal, wenn sie eine Beziehung mit einem Mann eingeht.«

Wieviel war all dieses Leid wert? Für Shelley ließ es sich nicht in Dollar ausdrücken. Aber genau das würden die Geschworenen von ihr verlangen; daß sie dem Grauen eine Zahl zuordnete. Und es war nicht nur das vergangene Entsetzen; die Juroren waren gehalten, dem *künftigen* Schrecken eine Zahl zu geben.

»Es wäre großartig, wenn in einer Situation wie dieser«, sagte Williams, »die Betroffene jedes Jahr oder alle fünf oder auch nur alle zehn Jahre zum Gericht kommen und sagen würde: ›Also gut; diese Schäden habe ich in den letzten zehn Jahren erlitten‹. Dann könnten die Geschworenen entscheiden. Aber so funktioniert unser System nicht.«

Williams drückte sich vorsichtig, aber offen aus. »Er hatte ein Büro auf der Ranch, und er konnte von dort aus sehen, wann seine Frau die Ranch verließ. Und wenn sie die Ranch verließ, raste er zum Haus und vergewaltigte seine Tochter.«

Williams erinnerte sich: »Ich wollte es nicht riskieren, daß sich jemand durch die Offenheit der Zeugenaussagen verletzt fühlte.« Er bemühte sich, die Geschworenen auf die Deutlichkeit vorzubereiten.

»Was auch immer bei dieser Untersuchung herauskommen mag«, sagte er und wies auf Shelley, »dieses junge Mädchen dort ist ein mutiges Mädchen. Sie wurde von dem Mann dort drüben zu Tode erschreckt; von diesem Mann sexuell und körperlich verletzt. Und der Grund dafür, daß dies – in unserem ganzen Land – unter den Teppich gekehrt wird, ist Furcht.«

Da er voraussah, daß die gegnerische Verteidigung versuchen würde, die Affäre komplizierter zu machen, erinnerte Williams die Geschworenen: »Es gibt schwarz, und es gibt weiß; und es gibt falsch, und es gibt richtig. Und wenn sie recht hat, hat er unrecht.«

War es wirklich so einfach?

Williams rief als ersten Zeugen der Anklage Bobby Rowe Sessions auf.

Jack Smith, ein großer Mann mit Schnauzbart, musterte die Geschworenen eingehend. »Man sah, daß er versuchte, unsere Reaktionen zu erkennen«, sagte Robert Krienke. »Es war fast ein Spiel, bei dem er versuchte, unsere Stimmen zu zählen. Wo er die Andeutung eines Lächelns oder ein Nicken oder etwas ähnliches sah, machte er sich Notizen.«

Bobby Sessions war sicher, daß nichts so einfach war, wie es aussah. In einer objektiven, sensiblen Welt gab es vielleicht richtig und falsch, schwarz und weiß, und eine Logik, die besagte, daß Shelley recht hatte, wenn Bobby unrecht hatte.

Aber in Waco, Texas, wurden die Geschworenen an diesem Montagnachmittag rasch in die Grauzonen eingeführt.

Als Dale Williams begann, Sessions zu befragen, wußte er sofort, daß es ihm nicht gelingen würde, den Angeklagten festzulegen. »Er schaffte es, jede Frage umzudeuten und zu verdrehen«, erinnerte sich Williams. »Ich ließ ihn einfach gewähren.«

Anfangs antwortete Bobby Sessions nur widerstrebend. Er hielt den Kopf gesenkt, vermied jeden Augenkontakt und antwortete nur mit ja oder nein.

Gefragt, was 1978 in dem Motelzimmer auf der Rückfahrt von New Jersey geschehen war, erwiderte Bobby: »Es ist wirklich nicht viel passiert.« Er erklärte, Shelley und Michael hätten gewöhnlich in einem Bett und Linda und er in einem anderen Bett geschlafen. Aber in jener Nacht hätten die Kinder keine Ruhe gegeben, und sie seien getrennt worden.

»Michael fühlte sich in meinem Bett nicht wohl«, sagte Bobby in seiner gedehnten Sprechweise, »also brachte ich ihn zu Linda ins Bett, und ich legte mich zu Shelley.« Wie Bobby es beschrieb, war er einfach eingeschlafen. »Das nächste, was mir bewußt wurde, war, daß Shelley schreit. Alle wachen auf, und sie und Linda gehen ins Bad. Sie kommt wieder heraus. Ich frage sie: ›Was ist passiert?‹ Shelley sagt: ›Du hast deine Hand in meinen Schlüpfer getan.‹ Ich fing an zu weinen, und Shelley weinte auch. Ich sagte, daß ich es bedaure. Ich hätte es nicht bewußt getan; ich hätte geschlafen. Shelley sagte: ›Es ist gut‹.

Wir umarmten uns, sagten, daß wir einander liebten, und das war alles.«

Sie ›liebten einander‹? Was konnte das sein zwischen Vater und Tochter?

Als Williams nach dem Geschenk zu Shelleys dreizehntem Geburtstag fragte, wurde der Angeklagte leiser. Der Richter mußte ihn auffordern, lauter zu sprechen.

Wenn Bobby glaubte, seine Leisetreterei lege Zerknirschung nahe, hatte er seine Zuhörer gründlich fehleingeschätzt. »Wir konnten ihn nur schwer verstehen. Er sprach nicht lauter, und ich fand es wirklich ärgerlich«, erinnerte sich die Geschworene Sharon Storrs, Typistin bei einer Anzeigenagentur.

Bobby war nicht zerknirscht. Er hielt den sexuellen Mißbrauch seiner Tochter für eine Methode, ›eine gewisse Aufmerksamkeit, eine gewisse Zuneigung‹ zu zeigen und zu erhalten.

Und wie sah Shelleys Reaktion auf seine Liebkosungen und seinen Fingern in ihrer Vagina aus? »Shelley schien es sehr zu gefallen.«

Selbst Dale Williams hatte eine so dreiste Antwort nicht erwartet. »Sie meinen wohl, es *mißfiel* ihr?« fragte er.

Aber Bobby korrigierte ihn höflich und wiederholte: »Es schien ihr sehr zu gefallen.«

»Man sollte glauben, ein Mann, der seine Tochter derart mißbraucht hatte; der ein Kriminalverfahren hinter sich hatte; der sich einer kriminellen Handlung schuldig bekannt hatte; der einen Selbstmordversuch hinter sich hatte –, daß man einen solchen Mann in den Zeugenstand zitieren und einfach fertigmachen könnte«, sagte Williams.

Williams fragte sich, was Sessions sich von seiner Taktik erhoffte. »Ich erwartete nicht, daß er gewisse Dinge zugeben würde.«

Als Williams nach dem ersten Mal fragte, als Bobby oralen Sex bei Shelley ausübte, sagte er, seine Tochter habe das initiiert: »Sie lag auf der Couch und hatte keine Kleider an.«

Bobby Sessions enthüllte das Geheimnis seines Erfolges: Die große Lüge. In diesem Fall lautete die große Lüge, Shelley sei eine Partnerin gewesen. Er war ein meisterhafter Verkäufer, weil er instinktiv zu wissen schien, wo ein grundsätzliches Bedürfnis bestand. Und jetzt gelang es ihm – sei es, weil er es selbst glaubte, sei es aus Geschick – die einzig mögliche Schwachstelle in diesem Fall zu finden: daß Shelley genossen hatte, was er ihr antat.

Und als er sich für die Geschworenen den Sex mit seiner minderjährigen Tochter in Erinnerung rief, behauptete er: »Meistens bat mich Shelley, oralen Sex mit ihr zu machen.

Tatsächlich«, sagte Bobby, »schien es eine Einbahnstraße zu sein. Eines nachts bat ich sie, das gleiche für mich zu tun.«

Es klang so einfach, so einleuchtend... dabei sprach Sessions über seine junge Tochter, ein Mädchen, das viel zu eingeschüchtert war, um sich auch nur zu bewegen, wenn er seine sexuellen Praktiken an ihr ausübte. Es ergab alles einen Sinn; aber er log – und er redete über ein dreizehn Jahre altes Mädchen, das zudem noch seine Tochter war.

Sharon Storrs hörte fassungslos zu. »Ich dachte: Er kann nicht bei Sinnen sein. Was versucht er dir einzureden? Hier geht es nicht um eine ›Affäre‹ – hier geht es um Mißbrauch!«

Storrs beobachtete Shelley, während ihr Vater aussagte. Sie versuchte, sich auszumalen, was Shelley mit ihren beiden Töchtern gemeinsam haben mochte. »Damals war sie achtzehn«, erinnerte sich Storrs. »Sie wirkte wie ein kleines Mädchen auf mich.«

Shelley blieb im Gegensatz zu ihrer Mutter während der ganzen Aussagen ihres Vaters im Gerichtssaal. Linda wollte die Einzelheiten nicht hören. Aber Bobby Sessions war im Zeugenstand so selbstsicher wie in einer Hotel-Rezeption. »Shelley und ich sprachen darüber, ob wir nach dem oralen Sex anderen Sex ausprobieren sollten, und Shelley bat mich, weiterzumachen.«

»Also haben Sie, als das Mädchen dreizehn Jahre und vier Monate alt war, sie sexuell mißbraucht, indem Sie die Finger in ihre Vagina steckten, oralen Sex an ihr vollzogen und Geschlechtsverkehr mit ihr hatten. Ist das richtig?« fragte Williams.

»Ja, Sir.«

»Haben Sie, Mr. Sessions, sich damals bewußt gemacht, daß Sie die Rechte dieses kleinen Mädchens verletzten?«

»Ich habe es nicht so gesehen, Sir.«

»Sie haben nicht daran gedacht, daß ein kleines Mädchen ein Recht darauf hat, nicht vergewaltigt zu werden?«

»Es kam mir nie in den Sinn.«

Als Williams die Tatsachen mit Sessions durchging, machte er die große Lüge immer offensichtlicher. Williams erinnerte die Geschworenen daran, daß Bobby Sessions nicht über eine beliebige erotische Liaison mit einer Geliebten sprach — jener Person, die er in seinem Kopf erschaffen hatte, um seine Handlungen zu rechtfertigen — sondern mit seiner Tochter.

»Haben Sie daran gedacht, daß es Ihre Tochter war, mit der Sie diese sexuellen Handlungen ausführten?«

»Nicht, während wir Sex hatten. Nein, Sir.«

»Haben Sie sich gewünscht, daß sie in Ihnen den Vater sah, während Sie diese sexuellen Handlungen an ihr vollzogen?« fragte Williams weiter.

»Nicht, während wir Sex hatten. Nein, Sir.«

Sessions hatte gehofft, mit dieser Lüge zu überzeugen, aber Williams machte rasch auf den fundamentalen logischen Fehler aufmerksam. Bobby Sessions hatte behauptet, sein Verlangen nach der Zuneigung seiner Tochter habe ihn dazu getrieben, mit ihr Sex zu haben; kurz darauf beschrieb er sie wie eine erwachsene Partnerin. Schritt für Schritt enthüllte Sessions seine Perversionen vor den Geschworenen — mit demselben dramatischen Sinn, den er bewiesen hatte, als er sein Geschlechtsteil vor seiner Tochter entblößte.

Er gab eine Vergewaltigung nach der anderen zu. »Wir hatten Sex, wenn meine Frau sich im Haus aufhielt; ja, Sir.« Aber als Williams fragte, weshalb er sich Aktbilder von seiner Tochter wünschte, erwiderte Bobby: »Ich weiß es wirklich nicht, Sir.«

Alles, was er zu wissen schien, war: »Es geschah viele Male, auf viele verschiedene Arten, aus vielen verschiedenen Gründen.«

Aber Sessions versuchte bei jeder Gelegenheit, die Jury zu täuschen: »Ich genoß, was wir gemeinsam taten. Auch Shelley schien es zu genießen. Und wir hatten Sex, wann immer sich eine Gelegenheit dazu bot.«

Zu Bobbys Pech war er bei dieser Gelegenheit Angeklagter in einem Prozeß, den dasselbe Mädchen angestrengt hatte, von dem er angab, sie habe seine sexuellen Praktiken genossen. Er würde diese Behauptungen durch gewaltsame Umdeutungen der Haltung seiner Tochter beweisen müssen. Hörte sie plötzlich auf, das schwierige Kind zu sein, das sie laut seiner Versicherung war? Und wenn es so war, was hatte sie dazu gebracht, sich erneut zu ändern, und diesen Prozeß anzustrengen? Er machte beides geltend. Williams vertraute darauf, daß die Geschworenen ihm dies nicht abkaufen würden.

Er fragte Sessions direkt von seinem Platz aus, ohne sich um die Jury zu kümmern. »Ich überließ es meinem Partner, auf die Reaktionen zu achten.« Aber in diesem Fall konnte Williams nicht umhin, die Geschworenen in der ersten Reihe anzuschauen. »Einige von ihnen rollten mit den Augen oder schüttelten die Köpfe. Und ich sah tatsächlich reine Wut; sie hätten diesen Burschen liebend gern erdrosselt«, sagte er.

Nach fast vierzigminütiger Befragung traf Williams eine Schwachstelle. Er befragte Sessions nach seiner Gewohnheit, seine Tochter zu bestrafen oder zu belohnen, indem er von ihr sexuelle Akte verlangte oder sie entschuldigte.

»Es ist sehr schwierig, hier oben zu sitzen und alle diese Fragen zu beantworten und alles klingt so oder so, und keiner weiß, wie es wirklich war«, beschwerte sich der Angeklagte. »Wenn Sie in einer bestimmten Lage sind, können Sie nicht aus ihr heraus, und Sie haben keine Kontrolle, und das ist ein Problem — Sie wollen die Kontrolle haben.«

Bobby Sessions brach in Schluchzen aus. Williams schwieg, bis er sich wieder gefaßt hatte.

Also erkannte selbst Bobby, daß seine Kontrolle unvollständig war. Shelley hatte seine Regeln verletzt — sie war ein kleiner Meteor mit einer eigenen Stimme und eigenem Temperament. »Wenn sich Shelley schlecht benahm oder etwas tat, was sie nicht tun sollte, oder wenn sie Regeln brach«, sagte Bobby fast bittend, »wie wollen Sie jemanden disziplinieren, den Sie nicht kontrollieren können? Und dazu kommt die große Furcht, jede Kontrolle zu verlieren.«

Wer fürchtete sich vor wem? Anfangs schien es, als meinte Sessions, die Übergriffe eines kleinen Mädchens hätten ihm Angst eingejagt – als würde seine Unfähigkeit, sie zu kontrollieren, ihn vernichten. Aber bald schien es, als habe er etwas anderes sagen wollen.

»Ich war in einem Dilemma gefangen. Ich konnte nicht ›nein‹ sagen und hart bleiben und sie züchtigen; aus Angst, daß sie sich an die Polizei wandte oder es ihrer Mutter erzählte.«

Am meisten fürchtete sich Bobby Sessions davor, daß seine Tochter zur Polizei ging. »Der einzige Ausweg«, erklärte er, »war zu sagen: ›Du kannst tun, was du willst, wenn es geschieht.‹«

Williams hakte nach: »Was haben Sie gemeint mit ›wenn es geschieht‹?«

»Der einzige Weg, der mir offenstand, war der sexuelle.«

In einem Punkt hatte Sessions recht: Er befand sich in der Tat in einem Dilemma. Auf eine verdrehte Art war er davon überzeugt gewesen – wie er zu sagen versuchte –, *sie* würde ihn nicht wegen sexuellen Mißbrauchs anzeigen, wenn *er* Sex von ihr verlangte!

Er verstieg sich zu der Behauptung, seine Tochter habe sexuelle Gefälligkeiten von ihm verlangt – genau, wie er es ihr angekündigt hatte. »Ich habe hier nicht die Absicht, meine Tochter anzuschwärzen«, sagte er heuchlerisch zu Williams. »Ich liebe Shelley von ganzem Herzen. Und ich bedaure sehr, was geschehen ist. Wenn ich es ungeschehen machen könnte, würde ich es tun. Aber ich kann es nicht. Ich möchte Shelley helfen. Ich würde lieber nicht hier oben sitzen und mit Worten spielen, um Shelley wie jemand aussehen zu lassen, der sie nicht ist, oder damit ich wie jemand aussehe, der ich nicht bin.«

Williams nahm die Herausforderung an. »In Ordnung«, sagte er. »Dann frage ich Sie, was Ihre Worte bedeuten.«

Sessions gab an, es sei zu ›einigen Vorfällen‹ gekommen. Er sprach zuerst von Shelleys Wunsch, auf Partys zu gehen. »Sie war erst vierzehn oder fünfzehn Jahre alt«, sagte er, »und wir sagten ihr, sie könne sich erst mit Jungen treffen, wenn sie sechzehn sei. Ich konnte nicht alles durchsetzen. Es war zu schwer. Und schließlich sagte ich ihr, sie könne gehen, wenn sie sich von den Jungen fernhielte.«

»Von was fernhalten?« wollte Williams wissen.

»Von den Jungen.«

»Den Jungen?«

»›Küß die Jungen nicht‹«, zitierte sich Sessions selbst und belebte dadurch unbeabsichtigt die pathologische Dynamik neu, die er in bezug auf seine Tochter geschaffen hatte. »›Geh tanzen, tu, was immer du willst; aber küß die Jungen nicht‹. Sie brauchte ein bißchen Freiheit. Wir mußten ihr zeigen, daß wir ihr vertrauten. Ich mußte sie gehen lassen. Ihr Verlangen war zu stark. Und sie ging.

Als ich sie von der Party abholte, fragte ich sie: ›Hast du dich an das gehalten, was ich dir gesagt habe?‹ und sie sagte mir ins Gesicht: ›Nein, hab' ich nicht.‹

Ich wurde sehr wütend und schrie sie an und sagte: ›Ich bringe dich zu der Party zurück. Wenn dir so gefällt, was diese Leute tun, kannst du bei ihnen bleiben. Ich lasse dich bei ihnen.‹ Und Shelley schrie mich an: ›Hey, fahr mich nicht zurück. Ich werde tun, was du willst! Ich werde dir mehr Gefallen tun... Ich tue, was immer du willst... aber fahr mich nicht zurück!‹«

Williams wußte, daß Sessions jetzt über ein vermintes Feld ging — und er schien nicht einmal zu merken, daß die Minen explodierten.

»Lassen Sie uns kurz darüber reden«, sagte der Anwalt. »Sie haben eine Tochter, die damals vierzehn oder fünfzehn Jahre alt war, und Ihrer Meinung nach war sie zu jung, um sich von Jungen küssen zu lassen?«

»Das habe ich nicht gesagt«, widersprach Sessions.

»Haben Sie Ihrer Tochter gesagt, Sie wünschten nicht, daß sie die Jungen küßte?«

»Bei dieser einen Gelegenheit, ja, Sir.«

»Weshalb wollten Sie nicht, daß sie die Jungen küßte?«

»Es war nur ein Vorwand; ich wollte ihr zeigen, daß sie lernen mußte, sich ein gewisses Vertrauen zu verdienen, indem sie tat, was wir sagten.«

Williams landete einen Schlag. »Sie hatten Sex mit Ihrer Tochter, und Sie wollten nicht, daß sie Jungen küßte, damit sie Vertrauen verdiente? Ist es das, was Sie meinen?«

»Nicht so, wie Sie es auslegen. Nein, Sir«, stammelte Sessions.

Als Williams die Sprache auf Ricky Layfield brachte, fand sich Sessions erneut in einer Logik gefangen, die zwar eine gute Geschichte abgab, aber letztlich keinen Sinn machte. Er erzählte dem Gericht, bei seiner Rückkehr aus der Schweiz im Frühjahr 1983 sei Shelley zu ihm gelaufen, um ihm zu sagen, daß Ricky zu Besuch gekommen sei und sich wie ein perfekter Gentleman benommen habe. »Sie wollte ihn als Freund«, erklärte Sessions, »und ich sagte: ›Fein.‹«

Williams fragte, wie er sich dann diese Szene erkläre, die er in der High-School gemacht habe?

Der Landwirtschaftslehrer. Joe Dan Kilcrease. »Er ist ein guter Freund von mir und liebt Shelley sehr«, sagte Bobby. Kilcrease war einer seiner Spione. Er rief ihn an, sagte Bobby, »und er sagte: ›Shelley und Ricky gehen zusammen, und sie läßt alle anderen Jungen auf der Schule abblitzen, und sie handelt sich damit gewisse Probleme ein. Es wird ihr schaden, und du mußt etwas dagegen unternehmen.‹«

»Wußte er, daß Sie Shelley mißbrauchten?« fragte Williams wie aus der Pistole geschossen. Bobbys Schilderung war glaubwürdig – aber nur in einem glaubwürdigen Zusammenhang. Es war Williams' Aufgabe, die Geschworenen daran zu erinnern, daß die Umstände keineswegs normal gewesen waren. Er brach den Bann der Darstellung Bobbys.

Sessions konnte seine Linie nicht beibehalten. Seine Geschichte konnte nicht erklären oder rechtfertigen, was als nächstes geschah. Bobby wollte die Jury glauben machen, daß er nur in Shelleys Schule gegangen war, um mit ihr zu reden. Weshalb hatte er nicht warten können, bis sie nach Hause kam?

Ein paar Minuten später beschrieb Bobby seinen Selbstmordversuch in der Sprache der Psychotherapie. »Ich hatte den sehr selbstsüchtigen Einfall«, teilte er Williams mit, »daß der beste Weg, die Geschichte nicht bekannt werden und die Familie zusammenhalten zu lassen, sei, mich selbst aus der Szene zu entfernen.«

Aber dann erlitt Bobby einen plötzlichen Gedächtnisverlust: »Ich habe absolut keine Erinnerung daran, was geschehen ist, nachdem ich mich angeschossen hatte; bis zu meinem dritten oder vierten Tag im Timberlawn Hospital.«

Er erinnerte sich nicht, Shelley angerufen und ihr angedroht zu haben, er würde sie umbringen.

Bobby Sessions wollte die Jury glauben machen, er hätte nicht viel darüber nachgedacht, was er seiner Tochter antat; er erkenne erst jetzt, daß er einen Fehler gemacht hatte.

»Ich lerne täglich dazu«, vertraute er Williams während einiger eindringlicher Fragen an, in denen es um die Massage ging, die er seiner Nichte hatte angedeihen lassen. »Eins der Dinge, die ich über mich selbst und alles andere lernen muß, ist die Tatsache, daß ich nie ganz sicher sein kann, was andere denken.«

»Dann erzählen Sie der Jury«, sagte Williams, »was Sie sich dabei gedacht haben, als Sie Ihrer neunzehn Jahre alten Nichte den Nacken massiert haben?«

Sessions nahm wieder seine naive Pose ein. »Ich habe mir gar nichts dabei gedacht.« Aber er steckte erneut in einem Dilemma fest. Seine moralische Blindheit — ob sie wirklich bestand oder nicht — mochte eine Erklärung sein; aber sie war keine gute Entschuldigung für einen erwachsenen Mann. »Sie bat mich darum«, erwiderte er.

Dasselbe hatte er auch in Shelleys Fall behauptet. *Sie* hatte *ihn* gebeten, Sex mit ihr zu machen. Jetzt war seine Cousine Michelle die Schuldige; sie hatte Bobby gebeten, sie zu massieren. »Sie sagte, ihre Schultern und der Rücken seien sehr verspannt«, erklärte er der Jury. »Michelle und ich unterhielten uns. Sie ist eine sehr vernünftige junge Dame. Sie ist meine Nichte. Sie ist mein Patenkind. Ich habe mir nichts dabei gedacht.«

Bobby hatte zu predigen angefangen. »Ich sprach mit

Michelle über eine Stelle in den Römerbriefen, die mein Leitspruch geworden war. ›Das Alte ist vergangen, und alle Dinge werden neu.‹ Michelle sagte, die Art, wie ich mich verändert hätte, gefiele ihr. Ich glaubte ihr. Ich hatte keinen Anlaß zu vermuten, daß Michelle sich etwas dabei dachte, daß ich ihr die Schultern massierte.«

Und wenn sie sich etwas dabei gedacht hätte? Bis jetzt unterschied sich seine Erklärung nicht von der, die er zu Shelley abgegeben hatte.

»Allein die Tatsache, daß es ein Problem wurde, sagt mir, daß ich mich sehr getäuscht hatte. Für mich war die ganze Geschichte unproblematisch. Ich habe mich bei Michelle und ihrer Mutter entschuldigt; mehr konnte ich nicht tun.«

Williams verweilte nicht lange bei dieser Massage. Als er wieder zu Bobby sprach, hatte er das Thema geändert: »Mr. Sessions, Sie wissen doch sicher, daß Ihre Tochter durch das, was Sie ihr angetan haben, großen psychischen Schaden erlitten hat?«

»Wenn Sie mich nach meinem persönlichen Eindruck fragen«, stammelte Sessions, »muß ich Ihnen sagen, daß ich zu der Meinung gelangt bin, daß Shelley Beratung braucht.«

Williams hatte ihn in die Ecke gedrängt. Bobby hatte bereits zugegeben, daß Shelley ein ›schwieriges‹ Kind war; was bedeutete, daß sie ein Problem hatte. Folglich ...

»Und Sie wissen selbst«, fuhr Williams fort, »daß dadurch ihre Demütigung und Verwirrung entstanden ist?«

»Ich neige dazu, es anzunehmen; ich würde sagen, daß es sich – oberflächlich betrachtet – so verhält. Gerade jetzt gibt es vieles, das ich nicht begreife; ich weiß kaum etwas über die Ursachen und Gründe.«

Williams half ihm gern, denn Sessions war im Begriff, Shelleys Anklage gegen ihn zu bestätigen. »Sie würden also zustimmen, daß Ihre Tochter emotionale Verletzungen davongetragen hat?«

»Ich würde sagen«, erwiderte Sessions und steckte unwissentlich seinen Hals in die Schlinge, »daß sie nicht nur deshalb, sondern auch wegen vieler anderer Dinge emotional aufgewühlt sein mußte.«

Williams förderte einen Bogen Papier zutage. »Mr. Sessions, letzte Woche haben Ihre Anwälte in Ihrem Namen eine Klage eingereicht. Sie stellten fest, daß Shelley Sessions ... ich lese vor: ›der Angeklagte leugnet, daß Shelley Sessions aufgrund des Verhältnisses emotional oder psychisch verletzt wurde‹. Ist das Ihre Meinung?«

»Nein ...«

»Euer Ehren« – Jack Smith war aufgestanden – »wir erheben gegen diese Art der Befragung Einspruch. Mr. Sessions ist kein Rechtsanwalt. Er hat das Plädoyer nicht vorbereitet, und ich glaube nicht, daß er qualifiziert ist, in diesem besonderen Fall zu antworten.«

Es war der erste Disput im Gerichtssaal – aber er betraf den Kern des Prozesses.

Smith protestierte dagegen, daß Williams zusammenhanglos aus der Klageschrift zitierte. Er forderte Williams auf, weiterzulesen.

»Ich lese den Paragraphen gern vor, Euer Ehren«, sagte Williams. »›Der Angeklagte leugnet, daß Shelley Sessions körperliche Verletzungen oder Schmerzen erlitten hat. Obwohl das Verhältnis die Klägerin emotional aufgewühlt haben soll, hat sie zahlreiche Hilfsangebote seitens der Familie sowie medizinische Versorgung abgelehnt. Der Angeklagte leugnet deshalb, daß Shelley Sessions emotionale oder psychische Verletzungen in der Folge des Verhältnisses davontrug. Der Angeklagte leugnet deshalb, daß Shelley Sessions medizinischer Hilfe bedarf.‹«

Williams hielt kurz inne. »Sie leugnen also, daß Ihre Tochter medizinische Hilfe braucht?« fragte er dann noch einmal.

»Dieses Plädoyer gründet sich auf sehr ...« begann Bobby.

»In Ordnung«, unterbrach ihn Williams. »Ich frage Sie noch einmal. Leugnen Sie, daß Ihre Tochter medizinische Hilfe braucht?«

»Einspruch!« Miß Savannah Robinson war aufgesprungen. »Er ist berechtigt, seine Antwort zu erklären«, sagte sie zu Richter Johnson. »Wenn ein einfaches ›ja‹ oder ›nein‹ nicht als Antwort ausreicht, hat er das Recht, die Antwort an die Jury so zu formulieren, daß sie nicht mißverständlich ist.«

Der Richter stimmte zu und belehrte Sessions: »Wenn ein einfaches ›ja‹ oder ›nein‹ nicht die richtige Antwort wäre, haben Sie das Recht, Ihre Antwort zu erläutern.«

»Also, eine Ja- oder Nein-Antwort würde hier nicht ausreichen«, erwiderte Sessions. »Nach meiner Meinung haben wir uns um Beratung und medizinische Hilfe für Shelley bemüht. Meine Ärzte im Timberlawn sagten, Shelley würde Hilfe brauchen, um diese Geschichte zu überwinden. Alle haben das gesagt.«

Sessions war in einer schwierigen Lage. Auf der einen Seite wollte er zeigen, daß er ein besorgter Vater war. Deshalb drückte er seinen Wunsch aus, Shelley zu helfen. Andererseits hatte ihn Shelley angeklagt, sie verletzt zu haben. Deshalb wirkte seine Meinung, daß sie Beratung brauchte, wie ein Schuldbekenntnis.

Aber als Williams fragte, ob er der Meinung sei, daß Shelley durch das, was er ihr angetan hatte, emotionale oder psychische Verletzungen erlitten hatte, entzog sich Sessions einer klaren Antwort.

»Ich weiß es nicht«, sagte er. »Ich denke, sie braucht Beratung.«

Gab es da einen Unterschied? War es möglich, daß Shelley Beratung brauchte — aber nicht verletzt worden war?

William kam auf einen früheren Gegenstand zurück und fragte Sessions, wie lange er das sexuelle Verhältnis als Methode der Kontrolle über sie beibehalten habe.

»Der Sex war keine Methode der Kontrolle«, widersprach Bobby Sessions.

»Ich meine, mich erinnern zu können, daß Sie uns früher gesagt haben, er sei Ihre einzige Möglichkeit gewesen, sie zu kontrollieren; Sie sagten, wenn sie etwas unternehmen wollte, hätten Sie nachgegeben und sie darauf hingewiesen, daß es sie zehn ›Nummern‹ kosten würde. War das Ihre Methode, sie zu kontrollieren?«

»Nur in einem Fall, über den Sie mich befragt haben, Sir«, erwiderte Bobby.

»Und in diesem Fall haben Sie Sex benutzt, um sie zu kontrollieren?«

»Nicht, um sie zu kontrollieren. Es ist wirklich schwer, ein Wort zu definieren, wenn man in einer solchen Lage ist. Wir waren in einer ziemlich üblen Lage.«

»Oh.«

»In einer wirklich üblen Lage.«

»Oh.«

»Manchmal. Aus anderen Gründen«, fuhr Sessions fort. Aber er hatte sich eine Grube gegraben. »Manchmal diente der Sex der Kontrolle über mich.«

Das wäre ein interessantes Thema gewesen — wie Bobby Sessions die Kontrolle Shelleys über *ihn* empfand. Denn genau das hatte sicherlich stattgefunden; auf einer weniger bewußten Ebene, die aber in ihrer Beziehung sehr real gewesen war. Er hatte zugelassen, daß seine Tochter ihn kontrollierte.

»Sie geben zu, daß das, was Sie Ihrer Tochter angetan haben, falsch war?« fragte Williams.

»Ja, Sir. Das tue ich.«

»Haben Sie damals gewußt, daß es gegen das Gesetz ist?«

»Ja, Sir.«

»Weshalb haben Sie das Gesetz mißachtet?«

»Nach einer Weile schien das keinen Unterschied mehr zu machen.«

»Haben Sie sich bei Ihrem Tun je schmutzig gefühlt?«

»Ja, Sir.«

»Haben Sie je erkannt, daß Sie Ihre Tochter verletzten?«

»Ja, Sir.«

»Wir sind im Augenblick mit dem Zeugen fertig, Euer Ehren.« Williams blickte von seinen Notizen auf. Er hatte das Gefühl, einige Punkte für sich verbuchen zu können.

Der erste Verhandlungstag war vorbei.

Um neun Uhr am folgenden Morgen wurde Shelley vereidigt. Sie war nervös. Gestern war sie zum ersten Mal in ihrem Leben in einem Gerichtssaal gewesen; heute trat sie zum ersten Mal in den Zeugenstand.

Rod Squires hatte Shelley auf diesen Dienstagmorgen vorbereitet. »Sie konnte kaum sprechen«, erinnerte er sich. »Ich hatte erhebliche Bedenken, sie in den Zeugenstand zu rufen. Ich meine, wir hatten keine andere Wahl, aber ich hatte ein ungutes Gefühl. Wenn sie nicht von sich aus erzählte, war es unser Problem, sie dazu zu bewegen, Auskunft über die wichtigsten Punkte zu geben.«

Squires und Shelley hatten sich in den letzten drei Tagen jeweils mehrere Stunden lang in seinem Büro unterhalten. Er glaubte, daß Bobby ein sehr brauchbarer Zeuge sein würde, der sich artikuliert und überzeugend auszudrücken verstand. Shelley, glaubte er, wollte ihrem Vater gegenübertreten, aber sie fürchtete, daß es ihm gelingen könnte, sich selbst als Opfer darzustellen. »Man mußte es aus ihr herausquetschen«, erinnerte sich Squires. »Sie wollte nicht reden und wußte nicht, wie man redet. Sie hatte die ganze Geschichte in sich vergraben.«

Squires und Williams waren schon seit ihrem ersten Treffen vor fast acht Monaten besorgt, daß das psychologische Risiko, dem Shelley ausgesetzt war, zu hoch sein könnte.

»Ich sagte ihr, es sei ihre Chance, ihre Geschichte zu erzählen«, sagte Squires. »Sie müsse aus ihrem Herzen sprechen. Sie müsse der Jury ihre Seele bloßlegen und ihnen einen Einblick in die Hölle gewähren, die sie durchlebt hatte.«

Trotz der monatelangen Vorbereitungen vernahm Squires gewisse entsetzliche Details der Vergewaltigungen zum ersten Mal. »Ich erfuhr erst am Vortag, weshalb sie nicht einfach ihre Tür verschlossen hatte«, erinnerte sich Squires. Erst jetzt erzählte ihm Shelley, wie Bobby die Tür zu ihrem Schlafzimmer aus den Angeln gehoben hatte, als sie gerade auf die Ranch gezogen waren.

»Schwören Sie, die Wahrheit und nichts als die Wahrheit zu sagen, so wahr Ihnen Gott helfe?«

»Ich schwöre«, erwiderte Shelley leise.

Als der Prozeß näher rückte, hatte sich in Shelley Leben eine günstigere Perspektive eröffnet. Ihre drei forschen jungen Anwälte aus Waco wurden ihre Vertrauten, Freunde und

Beschützer. Sie halfen ihr, auf die Baylor University zu kommen.

»Als ich Shelley zum ersten Mal traf«, erinnerte sich Rod Squires, »fiel es ihr sehr schwer, ihre Gefühle auszudrücken. Die größte Sorge machte mir, daß wir es auf der einen Seite mit der sehr charismatischen und dynamischen Persönlichkeit des Angeklagten zu tun hatten, und auf der anderen Seite mit Shelley, die sehr gehemmt, fast automatenhaft schilderte, was sie durchgemacht hatte. Sie war völlig verhärtet, und wir konnten sie nicht aufbrechen. Offensichtlich war das ihre Methode, mit ihren Erlebnissen fertig zu werden.«

Shelley hielt sich bei den sanften, direkten Fragen Squires' gut, aber Robinson, die Anwältin der Verteidigung, war ein anderer Fall. Die Strategie der gegnerischen Anwälte bestand darin, ihren Klienten als besorgten Vater erscheinen zu lassen, der seine Tochter zu sehr geliebt hatte, jetzt bereute und sich bessern wollte. Shelley hingegen wurde als undankbare und unzugängliche junge Delinquentin dargestellt, deren Aufsässigkeit unmittelbar für den Exzeß verantwortlich war, zu dem die Vater-Tochter-Beziehung entartet war.

Shelley war kaum auf eine derartige sophistische Attacke vorbereitet, aber ihre Ehrlichkeit sprach für sie.

»Haben Sie Ihren Vater je geliebt?« fragte Robinson.

»Nein, Ma'am.«

»Haben Sie ihn geliebt, als Sie noch ein Baby waren?«

»Ich weiß nichts über mich als Baby.«

Shelley hielt sich gut. Nicht, weil sie besonders gut auf die Verhandlung vorbereitet gewesen wäre, sondern weil sie Jahre Zeit gehabt hatte, sich über ihre Gefühle zu ihrem Vater klarzuwerden. Jetzt konnte sie ohne Zögern und Mehrdeutigkeiten antworten.

»Mochten Sie Ihre Weihnachtsgeschenke?« fragte Robinson.

»Ja, Ma'am.«

»Aber Ihren Vater mochten Sie nicht?«

»Nein, Ma'am.«

»Mochten Sie Ihre Geburtstagsgeschenke?«

»Ja, Ma'am.«

»Aber Ihren Vater mochten Sie nicht?«
»Nein, Ma'am.«
Als nächstes versuchte Bobbys Anwältin, Shelley als Zeugin unglaubwürdig zu machen, indem sie sie darauf hinwies, daß eine Berührung auch eine andere als sexuelle Bedeutung haben konnte. »Ist nicht Ihre ganze Familie sehr herzlich?« fragte sie. »Umarmt Sie Ihre Familie nicht, wenn Sie morgens in die Küche kommen?«
»Seine Familie ist so«, erwiderte Shelley sachlich. Robinson bemühte sich, Shelleys Klage bezüglich der ersten Fälle ihrer Belästigung in New Jersey zu widerlegen.
»Ist es möglich, daß Ihr Vater Ihnen helfen wollte; daß Sie tatsächlich verspannte Muskeln hatten?« wollte sie wissen.
Shelley war unerschütterlich.
»Nein, Ma'am«, erwiderte sie ohne Zögern. »Wenn man so jung ist, ist man voller Energie und hat keine Muskelverspannungen.«
»Sie glauben also nicht, daß Ihr Vater ein anderes Motiv hatte, zum Beispiel das Motiv, Ihnen zu helfen?«
»Nein, Ma'am«, sagte Shelley einfach.
Robinson beharrte auf dieser Spur und warf Shelley weiter vor, die Sorge ihres Vaters um sie mißdeutet zu haben. Aber Shelley bewies, daß sie die schlauen Versuche der Anwältin, die Fallen, die sie ihr legte, durchschaute.
»Und Sie haben nicht erkannt, daß Sex mit dreizehn Jahren falsch war?« fragte Robinson. Sie wollte Shelley dazu verführen, zuzugeben, daß sie in die ›Affäre‹ eingewilligt hatte.
»Ich weiß nicht.«
»Ich glaube, Sie haben zuvor angegeben, später erkannt zu haben, daß es falsch war.«
»Ich erkannte, daß es falsch war, wenn ein Vater es mit seiner Tochter tat.«
»Glauben Sie nicht, wenn Sie Ihrer Mutter davon erzählt hätten, würde es sofort aufgehört haben?«
»Nein, Ma'am.«
»Weshalb nicht?«
»Weil sie — obwohl sie es jetzt weiß — nicht dort drüben hinter meinem Platz sitzt. Sie sitzt hinter *ihm*.«

»Glauben Sie nicht, daß Ihre Mutter einen großen Kampf mit sich selbst auszufechten hatte und lange gebraucht hat, bis sie wußte, wo ihr Platz war?«

»Das ist möglich«, erwiderte Shelley, »aber ihre Probleme waren nicht so groß wie meine.«

Robinson legte Shelley nahe, zuzugeben, daß die Zänkereien zwischen ihren Eltern ein Beweis dafür waren, daß Linda auf ihrer Seite gestanden habe. »Trat sie nicht für Sie ein, als Sie schwimmen oder in den Zirkus gehen wollten?«

Aber Shelley begriff die Bedeutung dieser Kämpfe. »Sie verteidigte mich bei kleinen Anlässen. Aber wenn es um größere Dinge geht, ist meine Mutter sehr schwach und setzt sich nicht für mich ein.«

Shelley erinnerte die Geschworenen instinktiv daran, daß es bei diesem Prozeß nicht um Badefreuden und Zirkusbesuche ging, sondern um ›größere Dinge‹ — zum Beispiel um acht Jahre sexueller Mißbrauch. Und sie bewies eine logische Fähigkeit, die ihre erwachsenen Fragesteller immer wieder aus dem Konzept brachte.

»Wären Sie überrascht, wenn Ihre Mutter später in dieser Verhandlung bezeugen würde, daß sie Sie für wild hielt und glaubte, Sie hätten gewisse Einschränkungen nötig gehabt?«

»Ja, Ma'am«, erwiderte Shelley, »denn ich war nicht wild. Ich konnte gar nicht wild sein, weil ich nirgendwo hingehen durfte.«

Wo lag die Grenze zwischen legitimer elterlicher Sorge, Ausnutzung und Mißbrauch? Shelleys verwundbarer Punkt im Zeugenstand war ihre Jugend. Sie war — wie alle Teenager — aufsässig und hielt ihre Eltern für verschroben, übermäßig besorgt und verständnislos. Ihre Stärke war ihre große Aufrichtigkeit.

»Waren Ihr Vater und Ihre Mutter wegen Ihrer schulischen Aktivitäten besorgt?« fragte Robinson.

»*Er* war besorgt.«

Robinson beharrte beim Thema der elterlichen Sorge, und Shelley schoß jedesmal zurück.

»Wie waren die Regeln?« fragte die Anwältin. »Haben (Ihre

Eltern) eine Sperrstunde festgesetzt, zu der Sie im Haus sein mußten?«

»Es gab nie eine Sperrstunde«, sagte Shelley, »weil ich nie abends ausging.«

»Hat man Ihnen später erlaubt, zu einem Rendezvous zu gehen?«

»Nein, Ma'am, weil es mir nicht erlaubt war, mich mit einem Jungen zu verabreden.« Shelleys Zorn auf Bobby war unüberhörbar. Der Zorn brachte ihre Logik durcheinander und bewies zugleich ihr Schamgefühl und ihre Verletztheit.

»Glauben Sie, daß Bob geholfen wurde?«

»Ihm wurde geholfen, aber er ist immer noch krank. Er wird immer krank sein.«

»Wieso glauben Sie, daß er immer krank sein wird?«

»In bezug auf seinen Willen und sein Denken. Er weiß jede Situation und jeden Menschen zu handhaben. Er wird immer und mit allem fertig. Er kann alles tun, was er will, und er kann allen etwas vormachen. Ich habe so etwas bei keinem anderen erlebt.« Aber wieder schien die Angst vor den Fähigkeiten ihres Vaters Shelley Wahrnehmungsfähigkeit einzuschränken.

Robinson, die fast ein Jahr lang nicht mit Bobby gesprochen oder ihn im Umgang mit anderen Menschen erlebt hatte, wollte wissen: »Hatten Sie ein bestimmtes Erlebnis, von dem Sie mir berichten, und das mir erklären könnte, wieso Sie glauben, daß sich Ihr Vater nicht verändert hat?«

»Das Lügen und Verbergen. Wenn man sich verändert hat und ein Christ geworden ist, braucht man nichts zu verbergen und nicht zu lügen.«

»Sie glauben also, daß Ihr Vater lügt?«

»Ja, Ma'am.«

»Wie gut ist Ihr Gedächtnis, Shelley?«

»Ich erinnere mich an das, was ich durchgemacht habe, und daran, wie weh es mir tat.«

»Erinnern Sie sich nicht an das Gute, das Ihnen widerfahren ist?«

»In meinem Leben gab es nicht viele Dinge, von denen ich sagen könnte, daß sie gut waren.«

»Erinnern Sie sich nicht an die Trophäen, die Sie gewonnen haben, oder an Anerkennungen oder Ihren Namen in der Zeitung?«

»Zu derselben Zeit wurde mein Leben zerstört, deshalb spielte es keine Rolle.«

Shelley ließ sich nicht ablenken oder austricksen.

Als sie sich nicht an das genaue Datum erinnern konnte, an dem ihr Vater zum ersten Mal Geschlechtsverkehr mit ihr hatte, redete die Anwältin sofort auf sie ein: »Wenn Sie sich nicht erinnern können, wie können Sie dann denken, daß Ihr Vater lügt?«

Shelleys Stimme zitterte. »Alles beweist, daß er lügt. Es ist seine Natur. Er ist ein Lügner.«

»Sie mögen Ihren Vater nicht, nicht wahr?« fragte Robinson, die immer noch versuchte, Shelley Schuldgefühle gegenüber ihrem Vater einzureden.

»Nein, Ma'am.«

»Sie hassen ihn, stimmt's?«

»Ja, Ma'am.«

»Sie haben diese Klage erhoben, um Ihren Vater zu bestrafen, nicht wahr?«

Shelley war schon zu oft der Gefühllosigkeit angeklagt worden, um sich durch diese kampflustige Anwältin einschüchtern zu lassen.

»Um ihn zu bestrafen«, sagte sie klar, »und um jedermann zu zeigen, was wirklich geschehen ist – und ich meine, er sollte mich für das, was ich noch durchmachen werde, schon durchgemacht habe und in diesem Augenblick durchmache, entschädigen.«

»Gut. Haben Sie je zu jemandem gesagt, Sie möchten am liebsten ein Gewehr nehmen und ihn töten?«

»Ich glaube schon.«

»Haben Sie zu einem Arzt gesagt, Sie hätten ihn gern tot gesehen?«

Shelley sagte, sie könne sich nicht daran erinnern, aber sie fuhr fort: »Wenn er an dem Schuß gestorben wäre, wäre das eine Erleichterung für mich gewesen.«

»Wenn Ihr Vater gestorben wäre, hätte das Ihre Probleme gelöst?« fragte die Anwältin nach.

»Nein.«

»Würden Sie Ihre Mutter mehr lieben, wenn Ihr Vater stürbe?«

»Nein, Ma'am.«

»Wenn Ihr Vater stürbe, würden Sie sich dann selbst mehr mögen?«

»Nein, Ma'am.« Shelley seufzte. »Aber ich würde ihn nicht mehr in der Stadt sehen und mich an das erinnern müssen, was mit mir geschehen ist.«

Das Wort ›Vater‹ verlor allmählich seine Aura der Autorität. Shelley ließ sich von ihm nicht einschüchtern oder in eine unterwürfige ›Tochter‹-Haltung zwingen.

»Sie glauben also nicht wirklich, daß Ihr Vater eine tiefe religiöse Verwandlung durchgemacht hat und auf dem Weg zur Besserung ist?«

»Er hat es vielleicht, aber das ändert nichts an dem, was er mir angetan hat, oder was ich für ihn empfinde.«

»Ändert es etwas daran, ob Sie ihn lieben können oder nicht?«

»Ich werde ihn nie lieben.«

»Ändert es etwas an seinem Bestreben, die Familie wieder zu vereinigen und Sie in diese Familie einzuschließen?«

»Es gibt keine Familie, die wiedervereint werden könnte.«

Soweit es Shelley betraf, hatte Bobby Sessions seine Rechte als Vater verwirkt. Sie schuldete ihm keine Loyalität oder Zuneigung als Tochter.

Sie erzählte Robinson, Bobby brauche zusätzliche Strafe: »Er hat nur kurze Zeit in einer Art Country Club verbracht und bekam Bewährung – und ich bin es, die für alles leiden muß –, nicht er ... Ich kann nicht zurückbekommen, was er mir genommen hat.«

»Und wie kann er all die Jahre zurückbekommen, in denen Sie ihn gehaßt und ihm Ihre Liebe verweigert haben?«

»Er kann es nicht«, erwiderte Shelley einfach.

»Wird er eine Tochter zurückerhalten, die ihn liebt, Shelley?«

»Er hatte sie nie.«

Robinson bemühte sich weiterhin, Shelley als undankbare Tochter darzustellen. Und Shelley entsprach weiterhin dieser Darstellung.

»Hat Ihr Vater Sie je gehaßt, Shelley?«

Zum ersten Mal an diesem Verhandlungstag erhob Dale Williams Einspruch. »Euer Ehren, wir...« Er unterbrach sich und schüttelte den Kopf. »Kein Einspruch, Euer Ehren«, sagte er. Shelley hielt sich gut; weshalb sollte er weitere Verwirrung stiften?

»Hat Ihr Vater Sie je gehaßt, Shelley?«

»Wie ich schon sagte«, erwiderte Shelley, »er liebte mich mehr, als er sollte.«

Robinson bemühte sich, Bobbys Angebot, Shelley zu helfen, als Beweis für seinen guten Willen seiner Tochter gegenüber anzuführen.

Aber Shelley verzichtete darauf. »Wenn ich Hilfe erhalten kann, werde ich sie auch bekommen«, sagte sie, »aber nicht von ihm. Er kann nur sagen: ›Ich will dafür bezahlen‹. Ich will nichts von ihm haben. Er kann mir nicht helfen. Ich kann versuchen, mir selbst zu helfen, und jemanden zu finden, von dem ich glaube, daß er mir helfen kann.«

Shelley wollte keinen Berater akzeptieren, den Bobby ausgesucht hatte, selbst wenn kein Haken dabei war. Sie sagte: »Er könnte sich wirklich weniger um mich sorgen.«

»Sie meinen, Ihr Vater könnte sich weniger um Ihr Wohlbefinden sorgen?« erkundigte sich Robinson harmlos.

»Wenn er sich um mich gesorgt hätte«, gab Shelley zurück, »hätte er mir nicht angetan, was er mir antat.«

Shelley wurde heftiger – und emotionaler –, als Robinson einen weiteren Vorstoß machte: »Haben Sie einen bestimmten Grund, weshalb Sie die Sache noch schlimmer machen, als sie schon ist?«

»Ich will, daß die Wahrheit herauskommt und bin seiner Versuche müde, zu verschleiern, was er mir angetan hat.«

»Und zehn Millionen Dollar sollen es kurieren?«

»Nein. Aber das hier wird es kurieren. Jeder wird es wissen.«

Das war ihr wichtig. Jahrelang hatte er sie mißbraucht; dann mußte sie zuschauen, wie er selbst das zu seinem Vorteil ummünzte.

»Als er sich angeschossen hat, hat es nicht jeder gewußt?«

»Er tat es, um Sympathien zu bekommen!« schrie Shelley. »Um alle wieder auf seine Seite zu ziehen . . . Wenn er sich hätte töten wollen, würde er sich in den Kopf geschossen haben. Er wußte genau, was er tat.«

Shelley war eine lebende Widerlegung all dessen, was die neue ›psychologische‹ Gesellschaft repräsentierte: Sie beurteilte ihren Vater nach seinen Taten, nicht nach seinen Motiven. Sie interessierte sich nicht für das, was er sagte; nur für das, was er tat. Und sie beurteilte ihre Mutter und ihre übrigen Verwandten auf dieselbe sachliche Art.

»Gibt es keinen Weg, wie Ihre Familie Ihnen beweisen kann, daß sie Sie liebt?« fragte Robinson und deutete auf die Sitze hinter dem Tisch der Verteidigung. »Daß sie Sie wieder in die Familie aufnehmen möchte?«

»Sie alle haben sich von mir abgewandt. Sie können mir nicht beweisen, daß sie mich lieben. Jeder einzelne von ihnen hat sich von mir abgewandt.«

»Ihre Tante Pat«, sagte Robinson, »hat sie sich von Ihnen abgewandt?«

»Ja«, erwiderte Shelley unglücklich. »Sie sitzt bei ihm.«

»Nur, daß sie bei ihm sitzt, heißt, daß sie sich von Ihnen abgewandt hat, Shelley?«

Shelleys Kräfte ließen nach. Nachdem sie all die Monate stark gewesen war, fing sie an, ihren Gefühlen freien Lauf zu lassen. »Es hängt mit der Moral zusammen«, flüsterte sie. »Ein Mensch muß eine Moral haben.« Eine Träne rollte ihre Wange hinab, als sie zu all den Leuten hinüberschaute, die sie im Stich gelassen hatten. Es war das erste Mal, daß Dale Williams sah, daß Shelley eine Träne vergoß.

»Sie glauben, keiner Ihrer Verwandten, die bei Bob sitzen, hat eine Moral?« erkundigte sich Robinson.

»Ja, das glaube ich.« Robinson reichte Shelley ein Taschentuch. Sie verließ den Zeugenstand.

Meine Familie und alle versuchten nach Kräften zu zeigen, wie aufsässig ich war. Ich dachte immer: Was erwartet ihr? Erwartet ihr, daß ich glücklich, unbekümmert und voller Zuversicht bin? Sie versuchten die ganze Woche während der Verhandlung, mich schlecht dastehen zu lassen. ›Oh, sie war so aufsässig; sie ist ein ganz schreckliches Kind!‹

Als ihre und die Anwälte der Gegenseite ihre Experten aufriefen, blieb Shelley nicht im Gerichtssaal. Der Psychologe John Wise, der mit Shelley gesprochen hatte, um herauszufinden, ob die Klage ihren Streß und ihre Verwirrung vergrößern würde, wurde in den Zeugenstand gerufen. Der 55 Jahre alte Psychologe hatte Shelley insgesamt viermal gesehen.

Der Prozeß bedeutete »eine Entfremdung Shelleys nicht nur ihrem Vater, sondern auch ihrer Mutter, ihrem Bruder und ihren übrigen Verwandten, die eine gewisse Treue zu ihrem Vater bewiesen«, begann Squires. »Und man weiß, was das bedeutet; sie wurde von allem abgeschnitten, mit dem sie aufgewachsen war.« Wise sprach unverblümt. »Nicht schädlich, nicht hilfreich«, so resümierte er über die Auswirkung des Prozesses auf Shelleys Psyche.

Die Verteidigung argumentierte, daß wahre Gesundheit nur in der Familie erreichbar war — und daß eine Fortsetzung dieses Prozesses diese gesundheitsfördernde Bindung noch mehr schädigen würde.

Sie riefen deshalb Dr. Leslie Carter auf, der gesagt hatte, man könne Shelley helfen. Er wollte die Familie wieder vereinigen.

Dale Williams analysierte die Verteidigungsstrategie und fand, daß Carter keine Hilfe für Bobby Sessions sein würde:

»Die meisten amerikanischen Forscher sind sich weitgehend über Schäden und spätere Probleme sexuell mißbrauchter Kinder einig. Ich erwartete wirklich nicht, daß Dr. Carter anderer Ansicht sein würde. Nach Dr. Carters Vereidigung sollte sich erweisen, daß ich recht hatte. Also machten wir uns über seine Aussage keine großen Sorgen. Wir dachten, (die Verteidigung) würde schon merken, daß er ihnen mehr schadete als nützte.

Zum Beispiel, als sie Sarah Conn in den Zeugenstand riefen. Sarah legte dar, daß man durch die Bereitschaft zur Vergebung und dank der Liebe Gottes mit solchen Problemen fertig werden und ein normales Leben führen konnte. Nun, unsere nationale Erfahrung lehrt uns, daß das nicht wahr ist. Nach meinem Eindruck bekräftigte Dr. Carter lediglich, daß Shelley für den Rest ihres Lebens Probleme haben würde. Daß sie eine Kandidatin für einen vollständigen seelischen Zusammenbruch, für Selbstmord und Drogenmißbrauch war. Daß sie eine lebenslängliche Kandidatin für sexuellen Mißbrauch war. Und Dr. Carter unterstützte das alles tatsächlich. Ich meine, er wußte ganz klar, daß er diesmal von den Anwälten der Gegenseite bezahlt wurde, und er wollte nicht über Bord gehen. Man findet immer einen Weg, die Sache ein wenig anders darzustellen, aber er ist wirklich eine ehrliche Haut. Meiner Meinung nach war er für uns ebenso hilfreich wie Dr. Wise.«

Dr. Wise klärte die Jury darüber auf, was für ein Leben vor Shelley lag: »Heftige Depression. Schwere Angstzustände. Möglicherweise Selbstmordversuche. Drogen- oder Alkoholmißbrauch, um – psychologisch gesprochen – den Schmerz zu überstehen, den sie empfindet.«

Wie sich herausstellte, war Shelley nicht das einzige Inzestopfer im Gerichtssaal. Sarah Conn, Hausfrau aus Texas und Mitglied der Dr. Charles Solomon's Grace Fellowship International, enthüllte, daß sie als Kind ebenfalls mißbraucht worden war.

Diese Enthüllung war eine Überraschung für Shelleys Anwälte – und wie sich Dale Williams erinnerte, ein unerwartetes aber willkommenes Geschenk von Bobbys Verteidigern.

Mrs. Conns letzte Worte bei ihrer Befragung durch Savannah Robinson wurden zwischen Schluchzern hervorgestoßen.

Robinson reichte ihr ein Taschentuch. »Sie waren einmal selbst ein Opfer?«

»Ja«, erwiderte die Hausfrau, die zur christlichen Beraterin geworden war.

Dale Williams erinnerte sich, einen Blick auf Sarah Conns Gesicht geworfen zu haben, als sie diese letzte Frage beantwortete. Er beschloß daraufhin, auf seine geplanten Fragen über ihre Qualifikation zu verzichten, die Fähigkeit einer Person zu beurteilen, sich von einem seelischen Trauma zu erholen. »Meistens will man im Kreuzverhör kein Risiko eingehen«, erklärte Squires später. »Man möchte nicht in unerforschte Gebiete vorstoßen. Aber Dale Williams brach diese ungeschriebene Regel bei Sarah Conn. Ich nehme an, deshalb wurde es so dramatisch. Weil niemand auf das vorbereitet war, was sie letztlich bezeugte, und darauf, wie sie es bezeugen würde.«

Williams beschloß, die Gelegenheit beim Schopf zu fassen — und er hoffte, es würde nicht zu schmerzlich...

»Es tut mir leid, Mrs. Conn«, begann er. »Ich wußte nicht, daß Sie dieses Problem hatten... Sagten Sie, mehrmals?«

»Ja.«

»Wie wurden Sie belästigt?«

»Als ich etwa vier Jahre alt war, gab es einen Nachbarsjungen... möchten Sie, daß ich es genauer beschreibe?«

»So genau, wie Sie können, ohne daß es Ihnen zu nahe geht.«

»Da war ein Junge im Teenageralter, der mich, als ich vier Jahre alt war, aufforderte, sein Geschlechtsteil anzufassen, und ich erinnere mich jedenfalls nicht, wie, außer, daß es geschah, oder, wissen Sie, wahrscheinlich... viel mehr war es wohl nicht.

Und im Alter von sechs Jahren war es ein älterer Mann, den meine Eltern mit in die Kirche nahmen; er belästigte mich zwei- oder dreimal.«

»Auf welche Art?«

»Also, er hat mich angefaßt. Und dann, als ich zehn Jahre alt war, kam mein Bruder — es gab keine Penetration, aber alles andere.«

»Was meinen Sie damit?«

»Wissen Sie, was ich meine, wenn ich ›Penetration‹ sage?«

»Ja, das verstehe ich, aber was meinen Sie mit ›alles andere‹?«

»Alles... Nun, er befriedigte sich selbst und benutzte dabei meinen Körper.«

»Wie alt war Ihr Bruder?«

»Vierzehn... Dreizehn, vierzehn.«

»Haben Sie... Sie haben uns von diesen drei Gelegenheiten erzählt...«

»Und als ich vierzehn war, habe ich... Da war ein Diakon in einer Kirche, mit dem ich nach Hause ging, und ich blieb bei ihm und seiner Frau. Meine Eltern brachten mich dorthin, wo er arbeitete. Er lebte außerhalb der Stadt, und er lud mich zu sich nach Hause ein; ich sollte ein paar Tage bei den beiden leben, und er fing an, mich im Aufzug anzufassen... zog mich an sich... und als ich mich von ihm losreißen konnte, lief ich, und... das war in Forth Worth... und ich lief vor ihm weg, ließ all meine Habseligkeiten dort und rief jemanden an, der mich abholen sollte. Also, in diesem Aufzug... Also, es kam nicht zum Letzten, aber...«

»Wurden Sie je penetriert... ich meine, als Kind?«

»Nein.«

»Hat man Sie je aufgefordert, oralen Sex auszuführen, als Sie ein Kind waren?«

»Nein.«

»Hat jemand, als Sie ein Kind waren, oralen Sex bei Ihnen vollzogen?«

»Nicht, als ich ein Kind war.«

»Nicht, als Sie ein Kind waren?«

»Nein.«

»Haben diese — diese vier Vorfälle sexuellen Mißbrauchs, die Sie beschrieben haben, Sie beschäftigt?«

»Ob sie mich beschäftigt haben?«

»Ja.«

»Es hat mich beschäftigt, daß sie passiert sind; ja.«

»Sie werden sie nie vergessen, oder?«

»Nein.«

»Keine weiteren Fragen, Euer Ehren.«

Robert Krienke war durch diese Befragung bewegt. Sarah Conn weinte. Rod Squires zog später ein Fazit: »Ich denke, es hat sehr bildhaft gezeigt, daß diese Wunden nie heilen; daß der Schorf nie abfällt und man wieder heil ist. Daß es noch dreißig, vierzig, fünfzig Jahre später da ist; und daß es intensiven Schmerz und sehr intensiven Kummer hervorruft.«

Dale Williams glaubte, daß die Zeugin ihnen sehr geholfen hatte.

Linda Sessions war die letzte Zeugin im Prozeß ihrer Tochter. Sie betrat den Zeugenstand mit einer großen Bibel in der Hand. Der Staat Texas verlangt nicht, daß Zeugen auf die Bibel vereidigt werden. Linda hatte der Verhandlung mit Unterbrechungen beigewohnt. Sie hatte den Gerichtssaal verlassen, als die Aussagen ihres Mannes und ihrer Tochter zu sehr ins Detail gingen. Sie war am Dienstag in den Zeugenstand gerufen worden, aber ihre Aussage war durch Dr. Carter, der von Dallas nach Waco gekommen war, unterbrochen worden.

Linda, erinnerte sich die Geschworene Storrs, war eine hübsche Frau, gut, aber nicht auffallend gekleidet. »Ich war selbst Mutter«, sagte Storrs, die zwei Töchter hat. »Ich konnte sie einfach nicht verstehen.« Lindas Loyalität Bobby gegenüber, daß sie ihre Tochter dem Rebekah ausgeliefert hatte ... Beides ließ auf eine seltsame Einstellung einer Mutter zu ihrer Tochter schließen.

Für die Geschworene Storrs stellte Linda Sessions das ›bizarrste Stück im Puzzle‹ dar.

»Linda wurde aufgefordert, die Geschworenen davon zu überzeugen, daß Bob eine wirkliche Bekehrung erfahren hatte, ein anderer Mensch geworden war, und daß es nicht mehr nötig war, ihn zu bestrafen«, erinnerte sich Williams. Aber die ständig wiederkehrende Frage lautete: *Wo war Linda, als sich ihr Mann viele Male in einem so langen Zeitraum an ihrer Tochter verging?*

Jack Smith stellte diese Frage, als er versuchte, Linda sanft an die Jahre zu erinnern, in denen die Kämpfe, deren Zeugin sie gewesen war, so heftig wurden. Es stellte die Glaubensbereitschaft stark auf die Probe, daß Linda Bobs heimliches Treiben und Shelleys Schmerz nicht wahrgenommen haben sollte.

»Also, ich glaube, Sie sagten gestern aus, es sei Ihnen nicht aufgefallen, was während dieser Zeit zwischen Shelley und Bob vor sich ging«, sagte Smith.

»Das ist richtig«, antwortete Linda.

Dale Williams saß unmittelbar vor ihr. Sie hielt demonstrativ die Bibel in der Hand. »Linda ist ein religiöser Mensch, aber das bedeutet nicht, daß sie völlig aufrichtig ist«, sagte er später.

»Halten Sie es für möglich, daß Sie eine unbewußte Kenntnis dieser Dinge hatten, die Sie unterdrückten?« erkundigte sich Smith. »Oder vielleicht nicht direkt eine Kenntnis; vielleicht hatten Sie einen *Verdacht*, den Sie die ganze Zeit über unterdrückt haben, Linda?«

Smith hatte sich nach dem psychischen Gespür Lindas erkundigt, und zum ersten Mal bekam er eine zustimmende Antwort. »Ja«, erwiderte sie unschuldig. Aber dann hatte sie Gott gefunden.

»Letzte Nacht hat mir der Herr gezeigt, daß ich es unterdrückt habe. Ich hatte diesen Verdacht. Wissen Sie, ich konnte es nicht zugeben, weil es aussah, als ob ... Also, letzte Nacht habe ich es wirklich gefühlt. Ich habe bei ihr gefehlt.«

Linda saß keine drei Meter von Shelley entfernt. Sie versuchte während ihrer ganzen Vernehmung, direkt zu ihrer Tochter zu sprechen; ihr mitzuteilen, daß sie Bob hatte verzeihen müssen, damit sie wieder eine ganze Person und die Familie wieder vereint werden konnte. Und dabei umklammerte sie für jedermann sichtbar die Bibel.

Aber als ihr Anwalt sie fragte: »Worin besteht Ihre Sorge um Shelley, Linda?« verlor sie jede Beherrschung.

»Shelley ist nicht an den Ort gekommen, an dem sie ihrer Mutter hätte vergeben können, und Shelley ist nicht an den Ort gekommen, an dem sie ihrem Vater hätte vergeben können«, sagte sie mit erhobener Stimme. Sie lehnte sich nach vorn und deutete auf ihre Tochter. »Wenn Shelley nicht zu Gott kommt und ihn um Vergebung bittet, wird sie in die Hölle kommen, und das ist es, was mir am meisten Sorge bereitet.«

Während die Geschworenen berieten, gingen Rod Squires, Dale Williams und Spike Patillo essen.

Williams sagt, er habe eine gebildete Jury gewollt. »Sie waren intelligent. Ich mag keine Leute, die sich von der simplen Emotionalität der religiösen Bekehrung (Bobbys) schwankend machen lassen. Ich wollte Leute haben, die ich für klug genug hielt, solche Dinge zu durchschauen.«

Die Geschworenen befaßten sich seit elf Uhr morgens mit dem Fall. Gegen vierzehn Uhr hatten die zwölf Männer und Frauen ihre Aufgabe ausgeführt. Die meiste Zeit hatten sie mit Formalitäten verbracht; sie hatten den Jurysprecher ernannt und die Liste der in Texas für Geschworene gültigen Regeln verlesen.

»Wir gingen vorsichtig vor und wollten alles nach Vorschrift machen«, erinnerte sich Storrs. »Wir wollten vermeiden, daß Unklarheiten aufkamen und Shelleys Chancen verbaut wurden oder die Verhandlung wiederholt werden mußte.« Nach den Verfahrensfragen befaßte sich die Jury vor allem mit der Frage, ob sie Shelley *mehr* als die verlangten 10 Millionen Dollar zusprechen sollten. »Jemand in der Gruppe wollte ihr 5 Millionen mehr zugestehen«, erinnerte sich Storrs.

Niemand maß der religiösen Bekehrung Bobby Sessions' eine Bedeutung bei. Niemand war der Meinung, Shelley habe in irgendeiner Weise freiwillig an der ›Affäre‹ partizipiert. Tatsächlich waren einige der Geschworenen über die Bezeichnung ›Affäre‹ aufgebracht.

»Das Geld«, erwiderte jemand und faßte die Eindrücke der Geschworenen über Linda Sessions zusammen. »Sie hat sich für Bobby und gegen ihre Tochter entschieden.«

Außerdem beschäftigte es die Geschworenen, daß man Bobby Sessions, der eines Verbrechens überführt war, in ›eine Country-Club-Anstalt‹ überwies, wie Krienke es bezeichnete, ›und Shelley in das Lester-Roloff-Heim in Corpus Christi sperrte. Es war ganz klar, wer Spaß haben würde und wer nicht.‹

Als die neun Männer und drei Frauen an diesem Nachmittag würdevoll in den Gerichtssaal zurückgingen, konnte Shelley kaum an sich halten.

Krienke schaute Shelley direkt an, als er aufstand, um den Geschworenenspruch vorzulesen. »Wir befinden zugunsten der Klägerin«, sagte er. Über Shelleys Gesicht breitete sich ein Lächeln aus. Als Richter Johnson nach der Höhe des Schadensersatzes fragte, erwiderte Krienke: »Zehn Millionen Dollar.«

Jack Smith wollte die Geschworenen einzeln befragen. Sharon Storrs gefiel diese Vorstellung nicht. »Ich war zu Tode erschrocken«, erinnerte sie sich. »Ich war wegen Sessions erschrocken. Shelley hatte mehrmals ein Bild von ihm als extrem manipulierend und sehr einflußreich an verschiedenen Stellen gezeichnet, und ich sah in ihm fast ein Mitglied der Mafia. Für mich war er schlicht ein Teufel.«

Und Storrs blieb nach dem Urteilsspruch nicht länger. »Ich war zu aufgewühlt und spürte, daß ich gehen mußte. Ich hatte das Gefühl, bald zusammenzubrechen. Ich ging an Shelley vorbei, umarmte sie kurz und wünschte ihr viel Glück, dann verließ ich rasch den Gerichtssaal. Dort waren Fernsehkameras, und ich wollte nicht im Fernsehen erscheinen. Ich war nicht in der Verfassung, mit jemandem zu sprechen. Ich wollte nur in meinen Wagen steigen und nach Hause fahren.«

Shelley weinte. Sie hatte gewonnen. Nach all den Jahren der Geheimhaltung und Scham hatte sie für ihren Vater, ihre Familie und ihre Freunde eine Botschaft: Er hatte unrecht, sie hatte recht. Sie lächelte.

Bobby Sessions hatte unrecht bekommen. Shelley Sessions hatte recht bekommen.

Epilog

Daß ihr Vater zur Zahlung von 10 Millionen Dollar verurteilt worden war, machte Shelley überglücklich. Sie umarmte Geschworene, ihre Anwälte und Betty und James Duvall – die einzigen Mitglieder der Familie, die zu ihr gestanden hatten. Als sie mit den Duvalls wieder im Hilton ankam, wo sie in der Woche des Prozesses gewohnt hatten, gratulierten ihr Portiers und Hotelangestellte. Das Trio packte seine Sachen, sie stiegen in James' Caravan und fuhren in bester Stimmung nach Corsicana zurück.

Shelley und ihre Anwälte hatten einen außergewöhnlichen Sieg errungen. In Utah hatte es einige Jahre zuvor einen Fall gegeben, in dem ein Inzestopfer geklagt und gewonnen hatte, aber die Entschädigung war minimal gewesen. Nie zuvor in der Geschichte der amerikanischen Rechtssprechung war einem Inzestopfer eine angemessene Entschädigung für seine Leiden zugesprochen worden. Shelleys Standhaftigkeit vor Gericht und ihr Mut, sich ihrem reichen und gesellschaftlich angesehenen Vater entgegenzustellen, hatten ihr viele Bewunderer eingebracht. »Sie hatten hundertprozentig recht mit dem, was Sie getan haben«, schrieb ihr eine Frau aus Dallas, »und ich bewundere Ihren Mut, Ihren ganzen Schmerz in der Öffentlichkeit auszubreiten.«

Shelley würde viel Mut brauchen, um dem zu begegnen, was sie noch erwartete.

Wenige Monate nach dem Rechtsspruch heiratete sie einen Jungen, mit dem sie auf die Schule gegangen war – und wiederum wenige Monate später bereute sie es. Ihr Ehemann entpuppte rasch seine wahre Natur und mißhandelte sie.

Zur selben Zeit meldete Bobby Sessions Konkurs an. Die Shelley zugesprochenen 10 Millionen Dollar schienen plötzlich gefährdet. Die Konkursanmeldung bewies zweifelsfrei, daß Bobbys Tränen während der Verhandlung unecht gewesen waren. Hätte er seine Taten wirklich bedauert, würde er nicht versucht haben, sich seinen gesetzlichen Auflagen zu entziehen. Der Konkurs machte einen neuen Prozeß erforderlich, der sich fast zwei Jahre lang hinzog. Bobby gab nicht nach. Shelleys einzige Möglichkeit, einen Teil der ihr zugesprochenen Entschädigung zu erhalten, war ein Vergleich.

Auch die Angriffe von Shelleys Ehemann wurden heftiger. Sie standen in keinem Verhältnis zu dem, was Shelley tat. Wenn ihm das Essen nicht schmeckte oder eine Fernsehsendung nicht zusagte oder der Ton nicht gefiel, in dem Shelley ihn fragte, wie sein Tag verlaufen war, flogen seine Fäuste. Eines Tages war Shelley beim Abwaschen, als sie sah, wie er im Garten mit Steinen nach ihrem Hund warf. Sie ging ans Fenster und rief ihm zu, aufzuhören. Aber er drehte sich nur um und warf einen Stein durch das Küchenfenster. Seine junge Frau stand in einem Regen aus Glassplittern.

Es kam ein Tag, an dem er nach Feierabend verkündete, daß er eine Freundin in Houston hatte. Dann verschwand er. Als er zwei Tage später zurückkam, telefonierte Shelley gerade mit Williams' und Squires' Partner Spike Patillo, dem Anwalt, der die Firma leitete, die Shelleys Angelegenheiten nach dem Urteilsspruch verwaltete. Sie wollte sich scheiden lassen.

»Ich hab' dich sowieso nur wegen des Geldes geheiratet«, sagte ihr Mann höhnisch. Da sie wahrscheinlich gar kein Geld bekommen würde, fügte er hinzu, sehe er keinen Grund, die Ehe aufrechtzuerhalten.

Das war ein weiterer Tiefpunkt in Shelleys qualvollem Leben, der die Bürde der Einsamkeit, die ihr Vater ihr auferlegt hatte, noch vergrößerte. Wem konnte sie vertrauen?

Glücklicherweise verfolgten ihre Anwälte den Fall hartnäckig weiter. Endlich konnte Shelley in ihr Notizbuch schreiben: ›16. Juni 1987. Vergleich getroffen. Gott sei Dank, es ist vorbei!‹

Sie mußte sich mit kaum einem Zehntel des Betrages begnügen, den ihr die Waco-Jury zugesprochen hatte; ›aber es war die Sache immer noch wert.‹

Das Gericht sprach der jetzt zwanzig Jahre alten Shelley das

Konstruktionsbüro und die Ranch ihres Vaters zu. Das Vieh – darunter ihr preisgekrönter Brahman – und die Einrichtungen der Farm wurde versteigert, und die Villa und die Anbaufläche wurden für 1,87 Millionen Dollar zum Verkauf angeboten. Alle Einrichtungen der Circle S Construction Company wurden an einem heißen Samstag auf einem freien Parkplatz auf der anderen Straßenseite vom McDonalds in Corsicana versteigert. Shelley mußte zugegen sein und jedes Angebot aufschreiben, um sicherzustellen, daß ihr Vater keine Tricks versuchte. Er unterließ es.

Tatsächlich schien der Vergleich mit Bobby die Möglichkeit einer Versöhnung zu schaffen. Er hatte um das Recht gebeten – und Shelley hatte es ihm zugestanden –, im Ranchhaus zu leben, bis der Besitz verkauft war. Er würde für die Nebenkosten aufkommen, aber keine Miete bezahlen müssen, als Gegenleistung dafür, daß er den Besitz in Schuß hielt. Shelley kam sogar gelegentlich mit Robbie Shelton, ihrem neuen Freund, zu Besuch.

Ich fing an, zu denken, daß wir vielleicht darüber hinwegkommen und wieder zusammen leben könnten. Shelley wollte trotz ihrem Zorn die Verbindung zu ihrem Vater nicht abbrechen. Der Prozeß hatte sie gelehrt, ihrem Zorn Luft zu machen und ihn zu überwinden.

Linda und Bobby behielten ihre religiösen Verbindungen in der Stadt bei, und Mitglieder dieser Kirche waren Shelley gegenüber freundlich, wenn sie ihnen begegnete. *Vielleicht hat sie sich verändert.*

Allmählich festigte sich Shelleys Leben. Sie und Shelton verliebten sich ineinander und beschlossen, zu heiraten. Sie hatte ihn durch ihre Chefin in Cato's Bekleidungsgeschäft in Corsicana kennengelernt, wo sie für 3,75 Dollar pro Stunde als Kassiererin gearbeitet hatte. Der Freund ihrer Chefin war Robbies Zimmergenosse. Obwohl sie mehrmals miteinander gesprochen hatten, trafen sie sich erst am 22. März 1986 ›richtig‹. »Sie erschreckte mich furchtbar«, erinnerte sich Robbie an jenen Abend. Sie hatte Quetschwunden und blutete; Erinnerungen an die Fäuste ihres Ehemannes.

Nach der Scheidung trafen sich Shelley und Robbie wieder. Am 26. September 1987 heirateten sie, nur wenige Monate nach dem Vergleich. »Ich wußte, daß er nicht hinter meinem Geld her war«, sagt sie über Robbie, einen leise sprechenden jungen Mann, der seit sieben Jahren im Verwaltungscenter eines Supermarkts arbeitete.

Die Frischvermählten verwandten einen Teil des Versteigerungserlöses darauf, ein neues Haus mit drei Schlafzimmern am westlichen Rand Corsicanas zu kaufen. Kurze Zeit später war Shelley schwanger. Am 17. Dezember 1988 um 21.30 Uhr erblickte der sieben Pfund schwere Brandon Shelley das Licht der Welt; einen Monat zu früh. Es war keine leichte Geburt. Da Shelleys Blutdruck in den acht Monaten ihrer Schwangerschaft gestiegen war, hatten die Ärzte entschieden, die Geburt künstlich einzuleiten. Als die künstliche Erweiterung des Muttermundes nicht ausreichte, mußten sie Brandon mittels Kaiserschnitt herausholen. Es war harte Arbeit. *Robbie war die ganze Zeit über bei mir. Er machte sogar Aufnahmen vom Entbindungsraum.*

Aber für Brandon war die Sache noch nicht ausgestanden. Er mußte später in der Nacht ins Baylor Medical Center in Dallas gefahren werden, weil seine Lungen zu kollabieren drohten. Corsicana besaß kein Atemgerät. Robbie begleitete ihn, aber Shelley war noch zu schwach, um sich zu bewegen. Sie mußte zwei Tage lang warten, bis ihr die Ärzte erlaubten, zu ihrem Baby zu fahren. *Ich mußte im Rollstuhl hinfahren. Und ich hatte diese schrecklichen Kopfschmerzen, die man bekommt, wenn man zu früh aufsteht.* Am Ende der Woche mußte Brandon nicht länger künstlich beatmet werden und konnte nach Hause geholt werden. »Ich liebe ihn«, sagte Shelley. »Er hat die blauen Augen und die Ohren seines Vaters; von mir hat er den Mund und das Kinn.«

Heute führen Shelley, Robbie und Brandon ein zurückgezogenes Leben in Corsicana. Robbie arbeitet noch immer im K-Markt. Shelley lehrt zweimal wöchentlich Aerobic beim lokalen YMCA, die restliche Zeit widmet sie ihrem Haushalt und dem Baby. Beide lieben Autos. Ihre Motorräder haben sie verkauft, aber sie besitzen eine Corvette, einen Chevy Pickup mit Vierradantrieb, einen Blazer (›für Brandon‹) und ein Boot zum Wasserskifahren.

Als Shelley eines Nachmittags mit dem Boot auf dem Cedar Lake fuhr, bahnte sich eine neue Sicht der Dinge an. Sie entdeckte ihre Mutter in einem großen Kabinenkreuzer. Als die beiden Boote nebeneinander lagen, wurde Shelley eingeladen, den Kreuzer zu besichtigen. Kühlschrank, Ofen, Bett, Bad. Ein Prachtstück. Aber der Schock kam, als Linda Sessions ihrer Tochter erzählte, daß Bobby – der nicht an Bord war – den Kreuzer gekauft hatte. *Ein weiteres Indiz für meine Vermutung, daß er Geld in die Schweiz geschafft hatte. Für einen Arbeitslosen schien er eine Menge Geld zu haben.* Ein weiterer Keil war in die bereits auseinanderbrechende Versöhnung getrieben worden.

Shelley und Robbie besuchten ihren Vater immer noch von Zeit zu Zeit, und bei bestimmten Anlässen kam die Familie nach wie vor zusammen. Es war keine große, glückliche Familie. Aber zumindest schien die Atmosphäre gereinigter. Eine Zeitlang. Aber wirkliche Klärung erwies sich als schwer erreichbar. *Ich wollte wirklich glauben, daß sich mein Vater verändert hatte.*

Aber es war nicht so.

Seine Besessenheit, andere zu kontrollieren, brach immer wieder hervor. Sessions nahm Robbie bei Familientreffen immer wieder beiseite und entschuldigte sich für das, was geschehen war, als wolle er ihn prüfen und sich einschmeicheln. Und er rief Shelley an und erzählte ihr von seiner Hoffnung, daß die Familie wieder zusammenkäme. *Er sang sogar ein Lied am Telefon.* Selbst Shelleys Mutter merkte langsam, wie Bobby ihre Tochter anstarrte.

Meine Mutter machte eine Bemerkung zu mir über sein Anstarren. Und ich sagte: ›Stört es dich nie, mit jemandem zu schlafen, der seiner Tochter so etwas angetan hat?‹ Und sie erwiderte: ›Ich schlafe nicht mit ihm. Aber Gott hat mich aufgefordert, bei ihm zu bleiben.‹ Ist das nicht verdreht? Was für eine Ehe!

Schließlich überredete Linda ihren Mann, für zwei Tage zu einem religiösen Berater in Oklahoma zu gehen. *Als er zurückkam, sagte meine Mutter: ›Gott hat ihn wieder in Ordnung gebracht.‹ Es ist verrückt.*

Eine ständige Quelle des Kummers für Shelley ist ihr jüngerer Bruder, der immer noch über die Ereignisse in der Familie verwirrt scheint.

Ich fragte meine Mutter, ob sie ihm je erzählt habe, was geschehen ist. Sie bejahte es. Aber als ich sie fragte, was sie ihm gesagt habe, erwiderte sie: ›Ich habe ihm erzählt, daß sein Vater dir gegenüber etwas Unrechtes getan habe, und daß ihm vergeben worden und alles wieder gut sei.‹

Manchmal klagte Michael seine Schwester an, sie habe alle Probleme in der Familie verursacht und das ganze Geld der Familie an sich gebracht. Bei anderen Gelegenheiten schien er von der strengen Disziplin überfordert, die Bobby von ihm verlangte. Er fragte Shelley, ob er zu ihr ziehen könne.

Meine Mutter und mein Vater glauben, daß alles vergessen ist und wir wieder eine einzige, glückliche Familie werden könnten. Aber er hat sich nicht verändert. Und es kann nie so sein, wie es sein sollte.

Wenn Shelley mehr Kontrolle über ihr Leben erlangt und mehr Einsicht, ist sie vielleicht eines Tages wenigstens fähig, ihr Leben so einzurichten, wie sie es haben möchte. Sie hat sich zu einem Leben in Corsicana entschlossen, das in mancher Hinsicht völlig anders als ihr früheres Leben ist. Um sie sind viele Menschen, die in Shelleys Leben eine wichtige Rolle gespielt haben, aber sie hat nur zu James und Betty Duvall ein engeres Verhältnis. Cherry Layfield ruft Shelley gelegentlich an, um sie zu fragen, wie es ihr geht. Ricky Layfield arbeitet immer noch in der Konstruktion. Er und Shelley grüßen sich, wenn sie sich treffen, machen aber keine Versuche, einander näherzukommen. Henry Edgington ist in einen anderen Bezirk von Texas gezogen und hat seit dem Prozeß nicht mehr mit Shelley gesprochen.

Allmählich baut sich Shelley eine Familie auf. Und sie findet es in keiner Hinsicht merkwürdig, in demselben County zu leben, in dem ihr Vater sie früher mißbraucht hat, und in dem er immer noch lebt. Es ist sowohl ihre als auch seine Heimat. Shelley hat nie vergessen, daß er unrecht und sie recht bekommen hat. Für sie war es den Kampf wert.

ENDE

Danksagungen

Viele Menschen haben an der Realisierung dieses Buchs mitgewirkt. Am meisten danke ich meiner Frau Janet für ihre unermüdliche Hilfe und Geduld. Dorothy Gilbert spornte uns schon früh an und trug die für ein solches Projekt unerläßliche Begeisterung, Zuversicht und Sensibilität bei. Ohne sie wäre dieses Buch nie zustande gekommen. Kelli Pryor war bei der Recherche von unschätzbarem Wert. John Drape war von Anfang bis Ende eine wertvolle Hilfe beim Recherchieren und Durchlesen. Und ich danke Stacy Creamer, unserem Herausgeber, für seinen Glauben an das Buch.

Peter Meyer

Band 13 327
Joan Barthell
Tod in Kalifornien
Deutsche
Erstveröffentlichung

Joan Barthell
Tod in Kalifornien
Die Geschichte einer unglaublichen Hörigkeit

Der wahre Kriminalfall
TRUE CRIME
BASTEI LÜBBE

Stellen Sie sich vor, Sie sind 31 Jahre alt, blond und atemberaubend hübsch. Sie sind die Verlobte eines erfolgreichen amerikanischen Werbeagenten, bei dem die Schauspielerprominenz ein- und ausgeht. Sie verbringen mit ihm ein Wochenende auf dem Lande. Mitten in der Nacht werden Sie durch unheimliche Geräusche wach. Ihr Verlobter ist ermordet worden. Und der Mörder bedroht Sie. Später will er Ihr Liebhaber werden – und das Schlimmste von allem: Sie müssen sich eingestehen, daß er eine schreckliche Faszination auf Sie ausübt...
Ein Alptraum? Nur ein weiterer Kriminalroman? Leider nein. Es ist bittere Realität, was sich da abgespielt hat unter der warmen Sonne Kaliforniens.

BASTEI LÜBBE

Sie erhalten diesen Band im Buchhandel, bei Ihrem Zeitschriftenhändler sowie im Bahnhofsbuchhandel.